6 €

*Les auteurs remercient chaleureusement Éric Delcambre, maître formateur à l'IUFM de Lille, qui a rédigé les fiches consacrées à la musique, Sophie, Alice et tous les élèves de CE2, CM1 et CM2 pour leur précieuse participation et leur enthousiasme.*

# Sommaire

# Avant-propos

Ce livre pose les jalons d'une démarche interdisciplinaire qui permet, à partir de trente œuvres d'art, de tisser des liens entre les arts plastiques et les autres disciplines : français, mathématiques, histoire, géographie, sciences, musique. Les programmes officiels de 2002 incitent les enseignants à décloisonner l'enseignement artistique et à exploiter les ressources pédagogiques que recèle l'image à la fois dans sa dimension esthétique et dans sa dimension d'objet de connaissance : « Les questions se rapportant à l'image, son origine, sa nature, ses composantes, son fonctionnement et son sens sont posées aussi bien dans le cadre de leur production que dans leur analyse en relation avec les autres disciplines. » Apprendre par les œuvres d'art permet de redonner aux apprentissages fondamentaux souffle et dynamisme.

Cet ouvrage présente une large palette de thèmes exploitables par l'enseignant :

- le paysage, la nature (Sisley, Uccello, Hokusaï, Rousseau) ;
- la nature morte (Braque, Cézanne, Chardin) ;
- le portrait (Vinci, Clouet, Daumier, Dubuffet) ;
- les animaux (préhistoire, mosaïque romaine, Delacroix, Giacometti) ;
- la ville (Léger, Delaunay) ;
- l'imaginaire (Magritte, Klee, Miró, Haring) ;
- l'art décoratif (enluminure, vase grec, mains de Khamsa) ;
- l'art ethnique (masque du Cameroun, peinture aborigène d'Australie) ;
- les origines de l'art (préhistoire, Grèce, Égypte) ;
- la peinture et la géométrie (Klee, Léger, Vasarely).

Toutes les œuvres présentent un riche éventail de techniques plastiques (sculpture, peinture, dessin, enluminure, orfèvrerie, masque, mosaïque, poterie, gravure, fresque, collage...).

## Objectifs généraux

Le choix des œuvres proposées ici vise à familiariser les enfants et l'enseignant avec un patrimoine culturel large et accessible à tous. Sortir l'œuvre du musée, briser la distance convenue qui existe entre le monde des enfants et celui des œuvres consacrées doit permettre aux élèves de s'approprier de grandes productions du répertoire et d'en faire des références personnelles.

Les trente œuvres sélectionnées permettent de traverser l'histoire de l'art et celle de l'humanité. Elles donnent une approche chronologique et concrète des civilisations. Elles facilitent la mémorisation de repères structurants. Elles nourrissent la connaissance de la richesse culturelle internationale et des civilisations éloignées dans le temps ou dans l'espace. La juxtaposition d'œuvres issues de cultures très différentes montre à l'enfant l'étendue des possibilités expressives et la variété des formes d'intelligence. Elle permet aussi de réconcilier des cultures diverses, dont plusieurs résonnent au cœur de la société française.

Dans une société médiatique, dans laquelle l'univers de l'enfant est envahi par des images d'origines et de valeurs diverses, il est important de lui proposer une sélection d'œuvres de qualité. En lui donnant des éléments de connaissance du contexte de fabrication des images et de la pluralité des significations, son intelligence est stimulée. Il peut commencer à se constituer les bases d'une pensée critique. La fréquentation des œuvres d'art et le fait que l'enfant soit lui-même sollicité pour agir lui permet de sortir de la passivité de la consommation d'images stéréotypées et de développer son imagination.

Parallèlement, l'engagement de cet ouvrage dans l'interdisciplinarité introduit une dimension ludique dans l'apprentissage des disciplines traditionnelles (mathématiques, français, histoire en particulier) et suscite, comme cela a pu être testé par les auteurs, l'intérêt et la curiosité des enfants du cycle 3.

## Caractéristiques de l'ouvrage

Chaque œuvre (présentée par ordre chronologique) donne lieu à trois séquences pédagogiques, développée chacune sur une double page : une fiche de présentation et d'analyse de l'œuvre, une fiche d'arts visuels, une fiche interdisciplinaire.

### 1. Présentation et analyse de l'œuvre

De façon précise et concise, cette double page donne à l'enseignant des informations clés pour situer l'œuvre dans l'histoire, en comprendre le contexte et les composantes essentielles (biographie de l'auteur, techniques utilisées, composition de l'œuvre, couleurs, détails).

### 2. Arts visuels

Basée sur les Instructions Officielles de la discipline, cette fiche propose une exploitation plastique de l'œuvre : dessin, gravure, sculpture, collage, œuvre collective, assemblage, etc. Elle indique précisément les objectifs pédagogiques recherchés, la liste du matériel, la durée de réalisation en classe, et en détaille chaque étape. L'enseignant n'ayant reçu aucune formation particulière peut ainsi aisément faire réaliser ces propositions.

### 3. Interdisciplinarité

Exploitant les ressources spécifiques induites par l'œuvre d'art (soit par son contexte historique, culturel, géographique, soit par ses composantes plastiques), chaque fiche propose une séquence détaillée d'expression écrite, de géographie, d'histoire, de mathématiques, d'instruction civique, de sciences de la vie ou de musique. Des pistes de travail élargissent le propos et relient les œuvres retrouvées aux autres œuvres préconisées par les programmes officiels de 2002.

## Conseils pratiques

La démarche proposée par cet ouvrage devrait conduire l'enseignant à profiter des ressources locales qui sont à sa disposition : musées, galeries, sites historiques... Il est précieux que les enfants puissent être en contact direct, le plus souvent possible, avec des œuvres originales pour en apprécier les dimensions, la matière, le contexte de réalisation.

On conseille notamment la visite des musées suivants : musée de la préhistoire de Saint-Germain-en-Laye, département « Antiquités grecques, romaines et égyptiennes » ; département des peintures du musée du Louvre (Uccello, Vinci, Clouet, Chardin, Delacroix...) ; château de Chantilly (enluminures du Moyen Âge) ; musée du quai Branly à Paris (art africain, aborigène d'Australie) ; musée Dapper à Paris (art africain) ; musée d'Art brut de Lausanne ; Institut du monde arabe à Paris (art du Maghreb) ; musée Guimet à Paris (Hokusaï) ; maison de Delacroix à Paris ; musée Van Gogh à Amsterdam ; musée d'Orsay à Paris (Sisley, Rousseau, Daumier, Van Gogh, Cézanne) ; musée Fernand Léger à Biot ; musée Matisse à Nice ; musée Miró à Barcelone ; Fondation Maeght de Saint-Paul-de-Vence (Miró, Giacometti, Braque, Léger) ; musée d'Art moderne de la ville de Paris (Delaunay, Léger) ; Fondation Vasarely à Aix-en-Provence ; centre Pompidou à Paris (Miró, Klee, Braque, Dubuffet, Magritte, Giacometti, Haring).

On conseille également à l'enseignant de présenter aux enfants d'autres œuvres des artistes étudiés, en allant notamment sur le site de la réunion des musées nationaux (www.rmn.fr) ou en visionnant des documentaires comme ceux de la collection « Palette » aux Éditions Arte.

Reproduction couleur p. 201

- Bois de renne sculpté
- Vers 11 000 av. J.-C.
- Hauteur : 10,50 cm

# Analyse de l'œuvre

## Bison se léchant (préhistoire)

*Le site de la Madeleine, à Tursac en Dordogne (France), découvert en 1863, donne le nom de « magdalénien » à cette période (-16 000 / -10 000), qui marque l'apogée de la création préhistorique et de l'art pariétal (soit les manifestations graphiques qui ornent les grottes). Les chefs-d'œuvre comme Altamira, Niaux, Lascaux, etc. datent de cette période. Les instruments de chasse servaient de support à de petites gravures d'animaux. Réalisés dans du bois de renne ou dans des os de mammouth, ils témoignent de l'étonnante créativité et de la finesse d'exécution du magdalénien.*

### Présentation

Cette gravure de bison est une pièce maîtresse de ce que l'on nomme « l'art mobilier », terme désignant les productions artistiques exécutées sur des supports transportables (bâton percé, propulseur à crochet, pagaie, etc.).

Ce bison est la partie sculptée d'un propulseur, sorte de bâton dont l'une des extrémités est percée en forme de crochet, l'autre extrémité étant souvent sculptée, décorée en forme d'animal (bouquetin, cheval, oiseau, etc.). (Voir p. 13.)

### Composition

Comme toujours dans l'art mobilier, l'artiste adapte son dessin à la forme de l'objet, ce que l'on appelle la « loi du cadre ». On pense qu'ici, c'est par manque de surface que l'animal a été représenté la tête rabattue (fig. 1).

Imposante, cette dernière occupe les trois quarts de la place. Si l'on s'amuse à repositionner la tête, on est étonné par la justesse et l'expressivité du dessin (fig. 2).

### Technique

Cette création réunit à la fois la technique de la sculpture (bas-relief) et celle de la gravure. L'outillage « lithique » (qui désigne des outils fabriqués dans la pierre) est à cette période très raffiné, permettant une grande précision d'exécution. Ici, le rythme des stries qui figurent les poils (fig. 3) est savamment ordonnancé. L'artiste magdalénien rend bien la spontanéité du mouvement de la tête.

La justesse du relief de l'œil ainsi que son dessin sont étonnants (fig. 4). La puissance de l'animal est rendue par la massivité de la silhouette.

Fig. 1

Fig. 2

Fig. 3

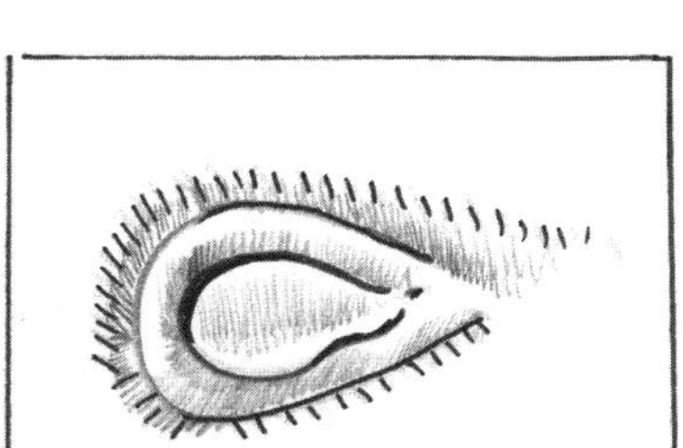

Fig. 4

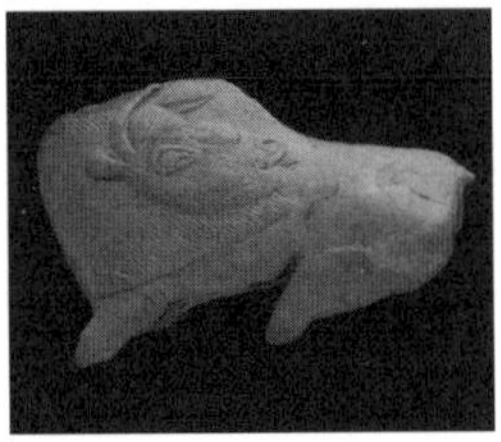

# Gravure sur plâtre

## Bison se léchant (préhistoire)

### Objectifs

- Maîtriser des outils (plâtre, plume à gratter, calque).
- Apprendre à connaître une technique ancienne.
- Rechercher des effets (relief, effets de lumière et de texture).
- Utiliser le dessin dans ses différentes fonctions en utilisant diverses techniques.

### Matériel

- un paquet de plâtre fin ;
- un grand récipient ;
- une petite boîte en plastique rigide ou semi-rigide rectangulaire par élève ;
- de la gouache ;
- un crayon ;
- un porte-plume et une plume vaccinostyle.

### Durée

2 heures

### • Déroulement

Dans un grand récipient, préparer une dose de plâtre, proportionnée au nombre d'élèves (fig. 1). Pour teinter le plâtre, ajouter une noisette de gouache (marron ou jaune). Bien mélanger pour éviter les grumeaux.

Demander à chaque élève d'avancer sa boîte. Y verser le plâtre délicatement, en le répartissant équitablement dans le fond avec une cuillère, de façon à éviter les bulles d'air (on peut mettre un peu de savon dans le fond pour faciliter le démoulage) (fig. 2).

Avec un petit bout de carton, lisser le plâtre pour obtenir une surface régulière (fig. 3).

Attendre que le plâtre a refroidi, puis démouler (fig. 4).

Avec un crayon de papier bien taillé pour obtenir un trait fin, dessiner le bison (préalablement, les élèves auront réalisé des esquisses d'après la reproduction) (fig. 5). Pour les élèves désirant une représentation très fidèle au modèle, le report du dessin original peut se faire à l'aide d'un calque posé sur le plâtre.

Avec un porte-plume muni d'une plume vaccinostyle ou sergent-major même abîmée, graver le dessin dans le plâtre en appuyant très légèrement, ce qui permettra de réaliser des détails précis (points, poils, bouche, etc.). Creuser avec la « tranche » de la plume pour donner la forme générale du bison et suggérer le relief (fig. 6 et 7). Les traits apparaissent en blanc.

Une fois la gravure terminée, passer, à l'aide d'un chiffon très souple imbibé de gouache noire ou grise, un voile coloré pour « patiner » l'ensemble, ou recouvrir le tout d'un vernis gouache très léger.

### • Remarques

- Avec ce principe, on peut faire d'autres animaux ou personnages préhistoriques.
- On peut aussi graver sur du plâtre blanc et peindre le fond autour de l'animal.

Fig. 1

Fig. 2

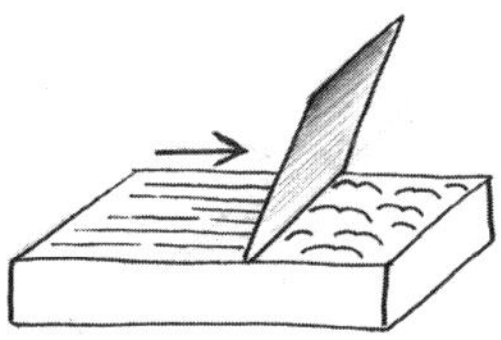

Fig. 3

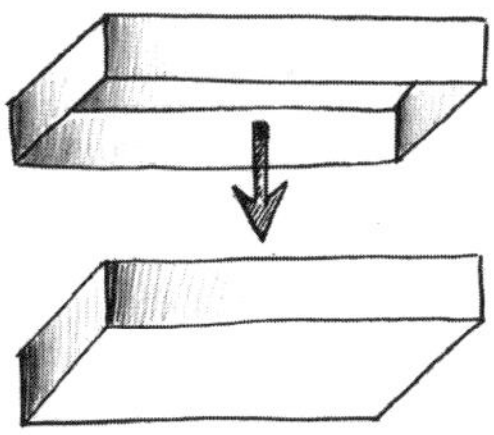

Fig. 4

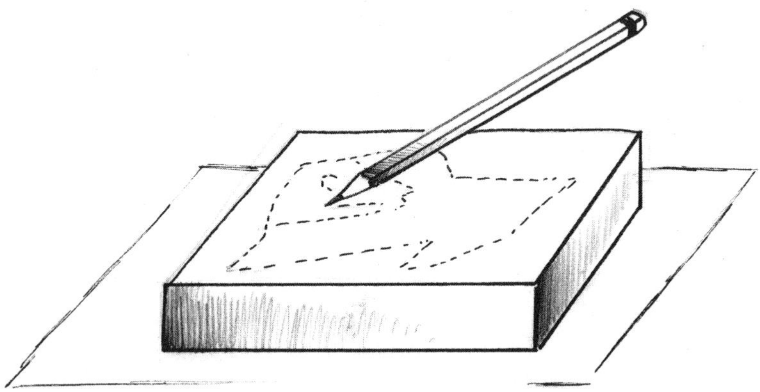

Fig. 5

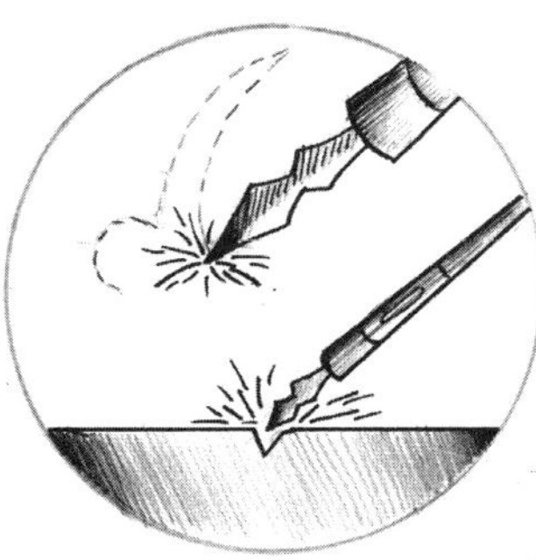

Fig. 6

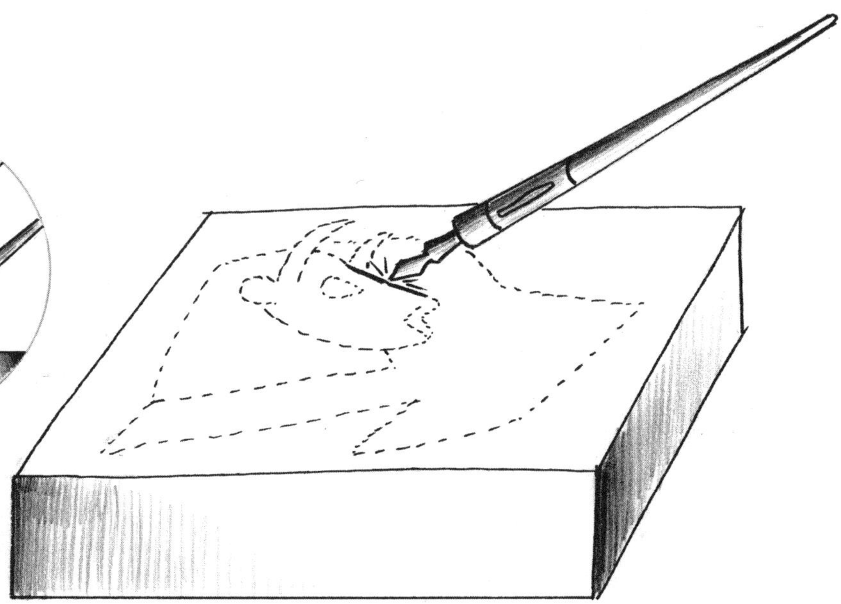

Fig. 7

# Les premiers artistes

## Bison se léchant (préhistoire)

**Objectifs**

- Découvrir les premières créations artistiques.
- Appréhender l'art préhistorique et la technique qu'il met en œuvre.
- Aborder la démarche de l'historien.

**Durée**

45 minutes

### • Observation de l'œuvre

Demander aux élèves d'observer la reproduction et de réfléchir aux questions suivantes, écrites au tableau : « De quoi s'agit-il ? Qu'est-ce qui est représenté ? Quel est le support de cette sculpture ? Cette sculpture représente un animal que les chasseurs appréciaient beaucoup. De quel animal s'agit-il ? Qui en est l'auteur ? Que sait-on de ces premiers hommes ? Quelles étaient leurs occupations ? Comment le sait-on ? Ont-ils laissé des écrits pour raconter leur vie ? Se contentaient-ils de fabriquer des objets simplement utiles ? » Etc.

Expliquer que le bison était largement exploité par les hommes préhistoriques car il leur apportait une gamme variée de ressources alimentaires (graisse, viande…) et techniques (graisse pour le feu, peau pour les vêtements et l'habitat, os et tendons pour l'outillage…).

La chasse au bison nécessitait une organisation très complexe et fournissait en une seule expédition des ressources très importantes permettant la constitution de réserves hivernales.

C'est à partir du paléolithique moyen que l'on peut remarquer des incisions sur des os ou des pierres dont le rôle n'était pas seulement fonctionnel, mais qui avaient également une fonction artistique.

L'une des plus anciennes formes d'expression artistique humaine a été découverte en Afrique du Sud : des pierres gravées et colorées de motifs géométriques complexes ont été datées de plus de 70 000 ans avant Jésus-Christ.

L'art préhistorique est très varié :

- L'art pariétal, qui vient du mot *paroi*, regroupe les manifestations graphiques (peintures, gravures, empreintes, signes) qui ornent les grottes.
- L'art rupestre est présent dans les abris sous roche moins encaissés et exposés à la lumière.
- L'art mobilier désigne les productions artistiques exécutées sur des objets en général de petites dimensions.

Le propulseur dont il est question ici (voir p.8) fait partie de l'art mobilier, comme les deux exemples ci-dessous.

Propulseur avec cheval

Propulseur « au faon »

## • Découverte de l'art préhistorique

Montrer aux élèves des documents représentant des peintures préhistoriques de bisons (par exemple, celles de la grotte Chauvet, 32 0000 ans av. J.-C., ou de la caverne de Niaux, 13 000 ans av. J.-C.).

Leur demander d'essayer de reproduire l'un de ces bisons (peinture ou sculpture) sur une feuille. Ils se rendront compte que la tâche n'est pas aussi simple qu'elle en a l'air... L'art des hommes préhistoriques était plus achevé qu'on ne le pense couramment : ils utilisaient des supports divers (parois de roche, andouiller...), des matériaux variés et complexes (des colorants comme l'ocre, jaune, rouge ou brun, des outils...), et avaient même des notions de perspective, comme en témoignent de nombreuses peintures de la grotte Chauvet.

## • Initiation à la démarche de l'historien

Questionner les élèves : « Où a-t-on découvert les œuvres des hommes préhistoriques ? Qui a fait ces découvertes ? Quand ? Les œuvres étaient souvent cachées au fond de grottes profondes. On pourrait donc penser qu'elles n'étaient pas destinées à être vues. Pourquoi ? » Etc. Laisser les élèves chercher des réponses.

Les explications données seront nuancées et on insistera sur les mystères que conserve cette période éloignée (les grottes sont l'habitat des hommes préhistoriques ; certaines réalisations peuvent être liées au chamanisme, à certains rites religieux...).

En conclusion, les élèves écriront sur leur cahier (trace écrite) : « Il y a 35 000 ans avant J.-C., les hommes se sont mis à dessiner le monde qui les entourait. On admire et on découvre encore aujourd'hui de très belles sculptures et de très belles peintures dans des grottes et des cavernes. Les scientifiques pensent que ces œuvres avaient une fonction religieuse. »

### PISTES DE TRAVAIL

Autres œuvres préconisées par les programmes officiels de 2002 :
les peintures de Lascaux et d'Altamira (Espagne).

*Reproduction couleur p. 201*

- Limon/peinture
- Vers 1550-1295 av. J.-C.
- 65 x 52 cm

# Analyse de l'œuvre

## Peinture murale (Égypte)

*Vers 1 550 av. J.-C., les murs des tombeaux de la vallée du Nil sont ornés de peintures. Disposées en « registres » superposés ou en bandeaux, celles-ci figurent différents épisodes de la vie du défunt. Chez les Égyptiens, l'art a une fonction religieuse et une vocation pratique. Il accompagne le rite de la mort et aide à atteindre l'éternité. Dans la peinture ou la sculpture, la figure humaine est soumise à des règles strictes, et les conventions de représentation établies par les prêtres imposent des canons mathématiques précis.*

### Présentation

Le fragment de cette peinture murale provient de la tombe du scribe Ounsou, située dans la ville de Thèbes (actuellement Louksor) en Égypte. Ounsou était scribe comptable des grains dans le temple du dieu Amon. On assiste ici au défilé des porteurs d'offrandes.

### Composition

La disposition en registres superposés permet une vision chronologique linéaire. La lecture peut se faire de droite à gauche ou de gauche à droite (fig. 1).

Le dessin, la proportion obéissent à des fractionnements mathématiques : l'homme debout doit ainsi tenir dans une « mise aux carreaux » de 18 à 19 (fig. 2). Le souci d'éternité a conduit à créer un style, qui durera trois millénaires : tête de profil, œil et torse de face (pour montrer le mouvement des bras et des mains), jambes et pieds de profil. Noter l'œil de face sur la tête de profil (fig. 3). Toute l'anatomie repose sur une ligne droite perpendiculaire à la ligne du sol (fig. 4). Les figures des hommes et des femmes sont structurées par des figures géométriques simples avec le triangle pour dominante (fig. 5 et 6).

### Technique et couleur

La peinture égyptienne ne joue pas avec l'ombre et la lumière : la couleur est posée pratiquement en « aplat » (c'est-à-dire de façon uniforme). Les parois des tombeaux sont enduites de plâtre mélangé à du limon du Nil ; c'est ce support calcaire qui permet un rendu précis, lisse et stable. L'artiste égyptien utilise le roseau en guise de pinceau ; il le taille, l'écrase, suivant l'épaisseur de traits recherchée.

Pour les couleurs, le blanc provient de la craie, le bleu (azurite) du carbonate de cuivre, le jaune de l'oxyde de fer, l'ocre de la terre et le noir de la suie.

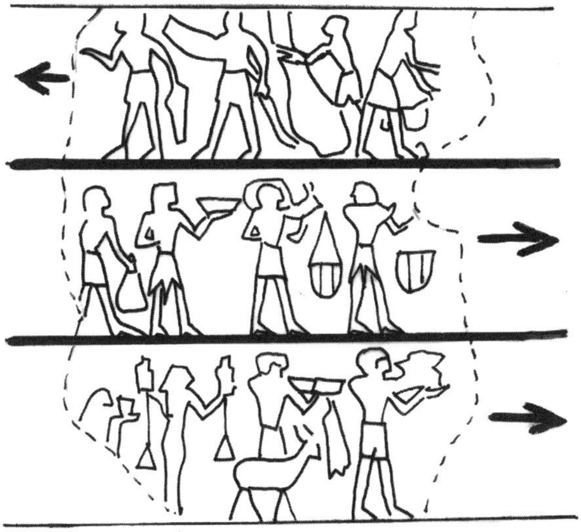

Fig. 1

Fig. 2

Fig. 3

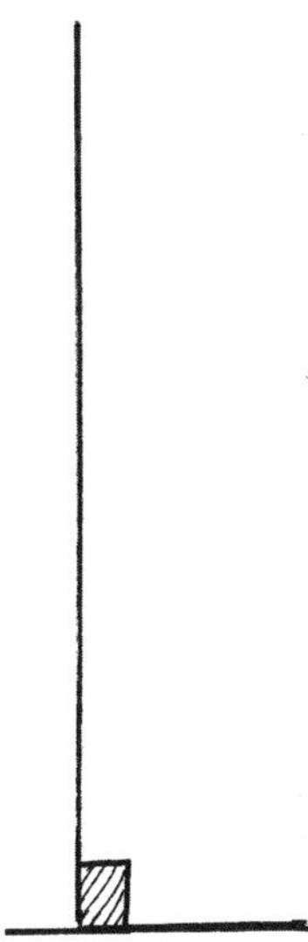

Fig. 4

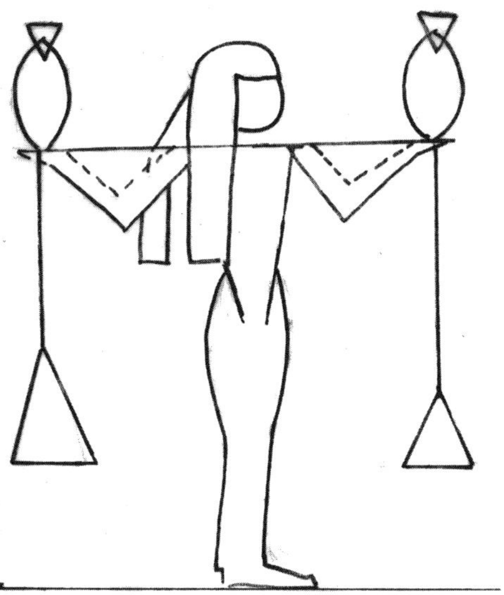

Fig. 5

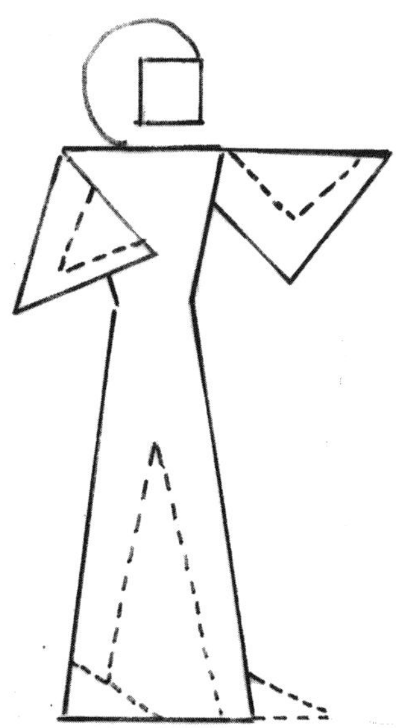

Fig. 6

# Fresque égyptienne / Bas-relief

## Peinture murale (Égypte)

### Objectifs

**A :** - Analyser un code de représentation.
- Appréhender la notion de structure et le rapport d'échelle.
- Réaliser une production en deux ou trois dimensions.

**B :** - Créer avec des matériaux de récupération.
- Associer des techniques (sculpture/peinture).

### Matériel

**A :** - une feuille de Canson blanche 1/2 raisin ;
- une règle ;
- une crayon HB ;
- de l'aquarelle ;
- de la gouache dorée.

**B :** - un bloc de polystyrène d'environ 4 cm d'épaisseur par élève ;
- un couteau-scie ;
- un crayon et un feutre ;
- de la gouache ou de l'acrylique.

### Durée

**A** : 3 heures
**B** : 4 heures (2 à 3 séances)

### • Proposition A : fresque égyptienne

Plier la feuille en quatre. Avec une règle et un crayon de papier, repasser très légèrement sur les plis. Les trois lignes horizontales serviront de repères pour la construction d'un « Égyptien ».

Le dessin se fera à main levée ou à la règle, au choix. Faire une croix comprise entre la ligne supérieure et inférieure avec intersection sur la ligne intermédiaire (fig. 1).

Tracer deux triangles pour les jambes et deux pour les pieds (fig. 2 et 3). Pour la tête, on utilisera un rectangle et un cercle qui le touche sur deux angles ; un autre rectangle permettra de figurer le cou (fig. 4). Pour les bras, insister sur l'articulation (bras, avant-bras). Utiliser la ligne supérieure pour aligner la main et l'épaule (fig. 5).

Détailler le personnage (dessiner l'œil, la bouche, etc.). Arrondir les angles à main levée. Ajouter des objets (vase, fruits, etc.). Gommer les lignes de construction ; peindre à l'aquarelle pour obtenir des couleurs légères, proches de la fresque ; laisser le blanc du papier pour les vêtements. Le fond sera réalisé avec de la gouache dorée diluée. La marge horizontale située sous le personnage peut être constituée de rectangles de couleur (fig. 6).

### • Proposition B : bas-relief

Se procurer un petit bloc de polystyrène. En suivant le mode de représentation géométrique de l'Égyptien de la fiche précédente, dessiner au feutre, sur le polystyrène, la silhouette d'un personnage de façon à ce que sa tête et ses pieds touchent les bords de la pièce.

Avec un couteau-scie de cuisine, tailler dans la matière sur environ 2 cm d'épaisseur (fig. 1), d'abord verticalement, puis horizontalement de façon à obtenir de petits blocs (fig. 2). La silhouette du personnage commence à apparaître en « bas relief » (fig. 3).

Continuer ainsi pour faire « émerger » le personnage. Peindre à l'acrylique ou à la gouache (fig. 4).

# Proposition A

Fig. 1

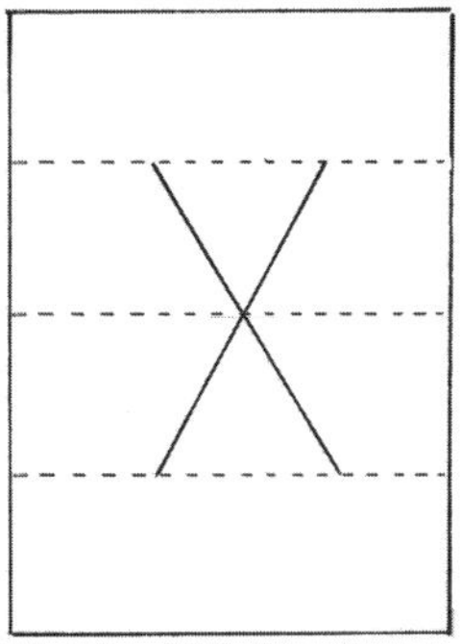

Fig. 2

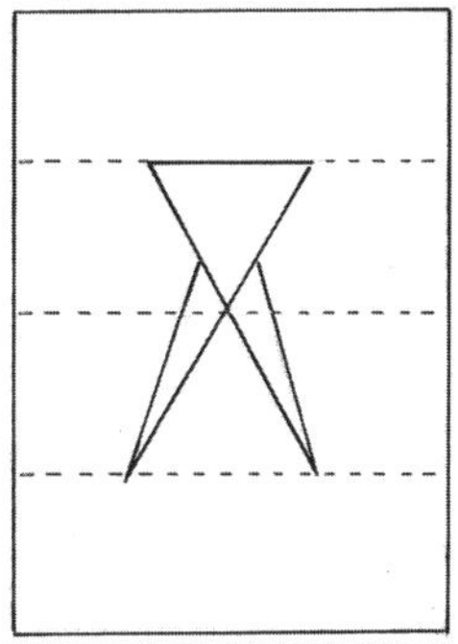

Fig. 3

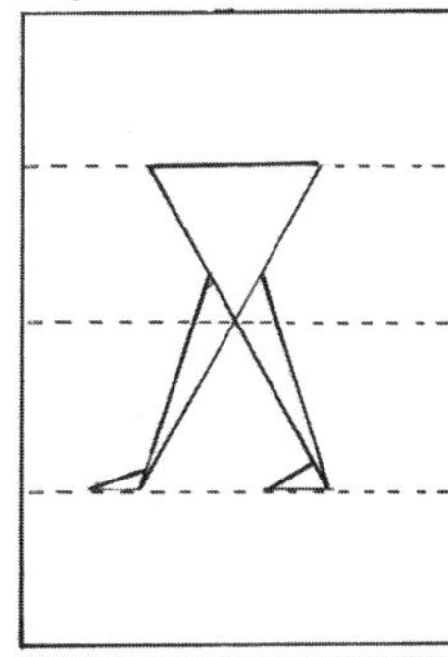

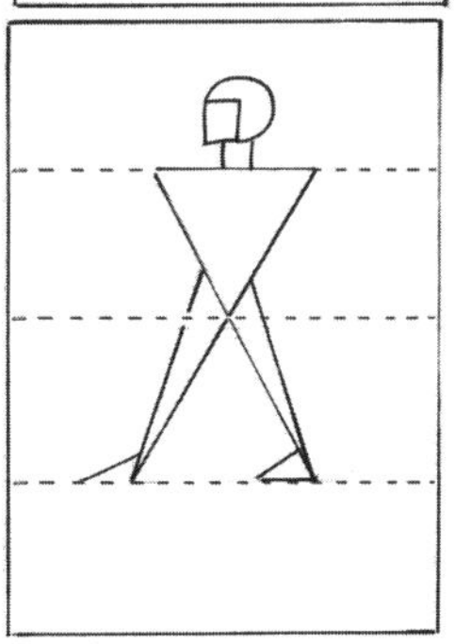

Fig. 4

Fig. 5

Fig. 6

# Proposition B

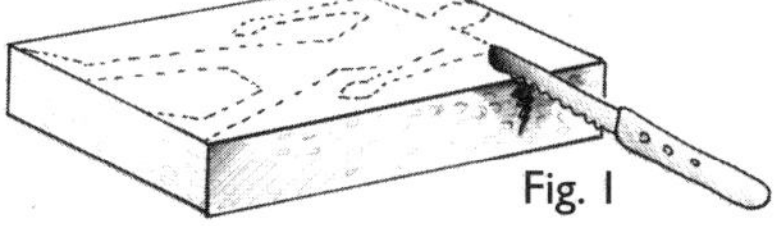

Fig. 1

Fig. 2

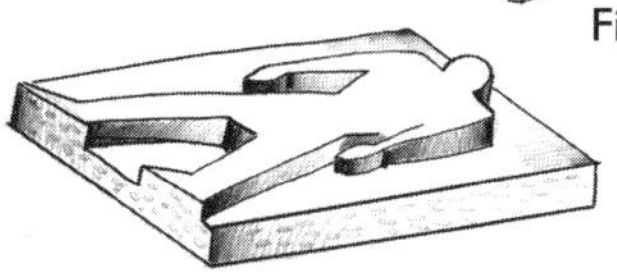

Fig. 3

Fig. 4

# Les triangles

## Peinture murale (Égypte)

**Objectifs**

- Observer et décrire une figure géométrique.
- Définir les triangles particuliers.
- Utiliser un vocabulaire spécifique.

**Durée**

45 minutes

## • Introduction

Présenter la reproduction de la peinture murale aux élèves et leur proposer d'y repérer, à l'aide de leur équerre, les angles droits : épaules, jambes des personnages, etc.

Leur préciser que les Égyptiens utilisaient un quadrillage très précis pour dessiner (voir la fiche « Analyse de l'œuvre », pp. 14-15) et que la géométrie est au cœur de l'art égyptien tant au niveau pictural qu'architectural. On pourra parler, à titre d'exemple, des pyramides.

## • Définition du triangle

Demander aux élèves de définir le terme « triangle » (s'appuyer sur le préfixe de ce mot : « tri » = trois).

Faire rechercher d'autres mots ayant le même préfixe (*tricycle, trimaran*…) et faire la relation avec le nombre trois (*un trois-roues, un trois-coques*…).

Déboucher sur la définition suivante : « Un triangle est une figure géométrique à trois côtés. »

## • Propriétés des triangles

Distribuer à chaque élève le document 1 de la page suivante.

Afficher l'agrandissement au tableau. Pour chacune des formes, demander aux élèves : « Combien cette figure a-t-elle de côtés ? de sommets ? Les côtés sont-ils tous de la même longueur ? La figure a-t-elle des côtés parallèles ? perpendiculaires ? Peut-on tracer des diagonales ? Y a-t-il des angles droits ? des angles égaux ? Combien ? » Etc.

Conclure collectivement (trace écrite) : « Le triangle est une figure géométrique plane fermée ayant trois côtés, trois sommets et trois angles. »

## • Classement des triangles

Distribuer aux élèves des morceaux de pailles de trois couleurs et longueurs différentes (par exemple, une rouge de 3 cm, une bleue de 4 cm et une jaune de 5 cm). Demander aux élèves, réunis en groupes, de construire le plus de triangles possibles à l'aide des pailles. Chaque production sera fixée sur une feuille à l'aide de ruban adhésif.

Procéder à une mise en commun afin de déterminer collectivement les familles de triangles. On aura préalablement dégagé le point commun à tous les triangles d'une même famille (la couleur des pailles associée à la longueur d'un côté permettra de faciliter les observations).

Conclure (trace écrite) : « Un triangle ayant un angle droit est un triangle rectangle. ◺ » ; « Un triangle ayant deux côtés égaux est un triangle isocèle. △ » ; « Un triangle ayant les trois côtés égaux est un triangle équilatéral. △ »

## • Variantes

- Apprendre aux élèves de CM1 à tracer au compas un triangle dont on connaît la mesure des côtés.
- Faire découvrir aux élèves de CM2 une nouvelle propriété des triangles : la somme des trois angles est égale à 180°.

**Document 1**

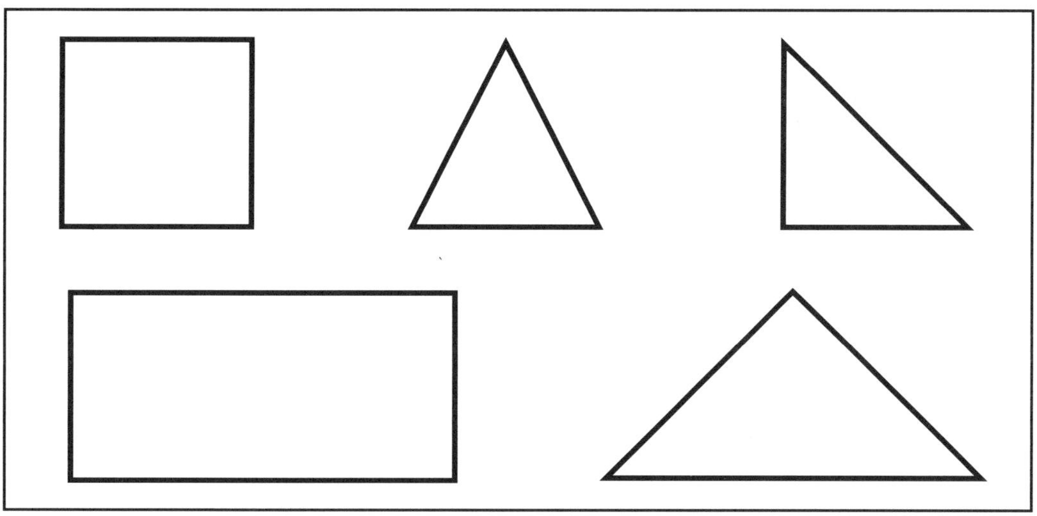

### PISTES DE TRAVAIL

- Dans le cadre d'un travail sur les solides en géométrie, on peut proposer aux élèves de CM1 et de CM2 d'étudier les pyramides et d'en construire une pour mettre en évidence les particularités de ce solide.
- Autre œuvre préconisée par les programmes officiels de 2002 : le trésor de Toutankhamon (Égypte, 1532 av. J.-C., découvert en 1922).

# Analyse de l'œuvre

## Amphore à col (Grèce)

*Reproduction couleur p. 202*

- Céramique (style attique à figures noires)
- VIIe siècle av. J.-C.
- Hauteur : 38,90 cm ; diamètre : 26 cm.

*De la peinture de la Grèce antique, nous est parvenue essentiellement celle qui décorait les vases. Tout à la fois objets utilitaires et œuvres d'art, ces derniers voient leur style évoluer tout au long des siècles.*
*Le style attique (qui vient d'Athènes) fait suite au style archaïque, dit « géométrique ». La terre de l'Attique, qui devient rouge à la cuisson, est utilisée par les potiers comme fond coloré. Les figures noires se détachent ainsi de façon très contrastée (on inversera plus tard ce principe, les silhouettes rouges des personnages se détachant sur le fond noir). L'ornementation, d'abord linéaire, faites d'entrelacs, de chevrons, de méandres décoratives, fait peu à peu place à une figuration végétale (volutes, rosettes…), puis à des scènes mythologiques.*

### Composition

La décoration du vase est une savante harmonie entre des éléments décoratifs végétaux (fig. 1), des frises géométriques en créneaux (fig. 2) et des éléments figuratifs (personnages).

Répartis au niveau du col et de la base (fig. 3), les motifs décoratifs entourent et mettent en valeur les personnages, cette alliance (figuratif/décoratif) étant l'une des clés de l'extrême beauté de cet art .

L'élégance de la ligne prédomine, ainsi qu'un sens remarquable des proportions morphologiques des personnages (fig. 4). La ligne blanche qui trace les détails des personnages est d'une grande finesse.

### Technique et couleur

Les vases étaient réalisés en argile. Le potier déposait le bloc d'argile sur un tour (plateau en bois rotatif, actionné par le pied), puis « montait » progressivement la forme. Pour les vases plus complexes, de grandes tailles, il y avait assemblage de différents morceaux reliés entre eux.

Les motifs noirs étaient peints au pigment avant la cuisson ; pour la finesse des détails, l'artiste utilisait un stylet (petite pointe de métal très aiguisée servant à « dessiner » en gravant dans la terre ou le vernis coloré).

La cuisson se faisait entre 800 et 900°. Cette étape était très délicate, et devait parfois se renouveler plusieurs fois avant l'obtention d'un bon rapport des rouges et des noirs.

Fig. 1

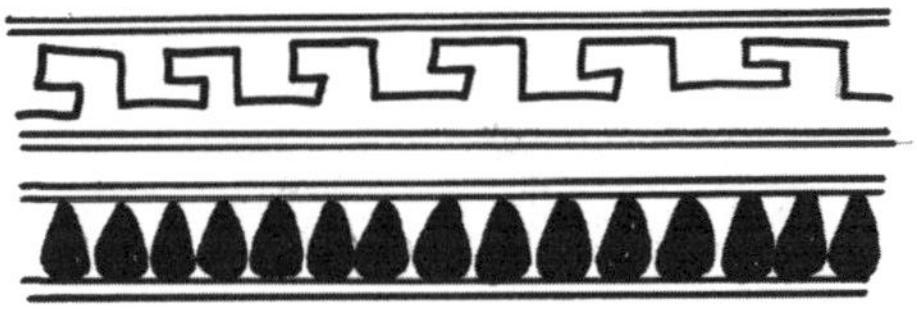

Fig. 2

Fig. 3

Fig. 4

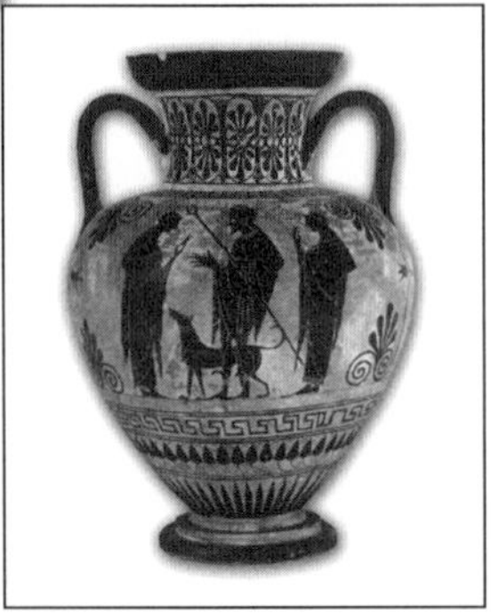

# Décorer un vase

## Amphore à col (Grèce)

### Objectifs

- Exploiter les caractéristiques d'une forme donnée.
- Transformer un objet en personnage.
- Appréhender la notion de symétrie.
- Se sensibiliser à l'harmonie des couleurs ; faire un choix, une sélection colorée.

### Matériel

- une feuille de carton noir 1/4 raisin ;
- des pastels secs ou gras.

### Durée

1 h 30

### • Déroulement

Plier la feuille verticalement en deux (fig. 1). Donner à chaque élève une photocopie des silhouettes de vases grecs (voir annexe, document 1, p. 198) et une boîte de pastels (secs ou gras).

À l'aide d'une couleur claire, dessiner la moitié gauche d'un vase (en un seul trait, le haut et le bas à 2 cm du bord) (fig. 2). Plier la feuille et appuyer de façon à reporter le tracé sur la partie droite (fig. 3).

Demander aux élèves de dessiner un personnage en s'inspirant de la forme du vase (certains utiliseront le col pour faire un chapeau, d'autres les anses pour les bras ou les oreilles…).

Pour donner du volume au « personnage vase », tracer d'abord des lignes courbes au niveau de la taille ou du cou, et proscrire, si possible, les lignes horizontales (fig. 4). Le personnage doit « épouser » la forme et occuper pleinement le vase.

Colorier aux pastels, en se limitant à trois ou quatre tonalités. Utiliser le noir du papier comme élément coloré (fig. 5).

### • Variante

Photocopier et agrandir les silhouettes des vases (voir annexe, document 1, p. 198). Dessiner la tête d'un personnage réel ou imaginaire selon le principe énoncé précédemment. On pourra prendre la forme du vase à l'endroit ou à l'envers (fig. 6).

Colorier librement aux feutres ou aux crayons de couleur. On peut ensuite découper l'ensemble des « vases têtes » et les associer dans un grand collage collectif.

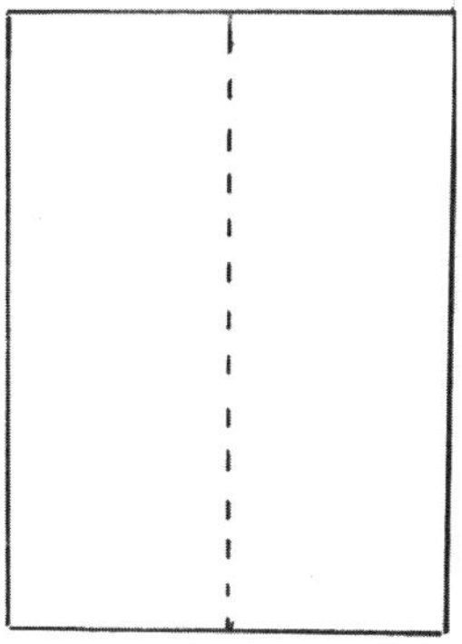

Fig. 1

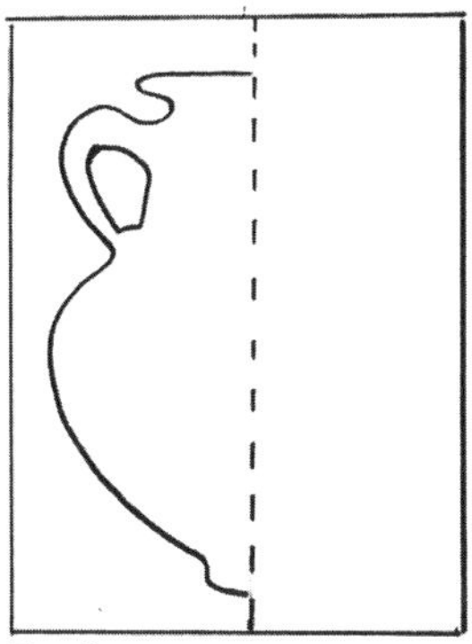

Fig. 2

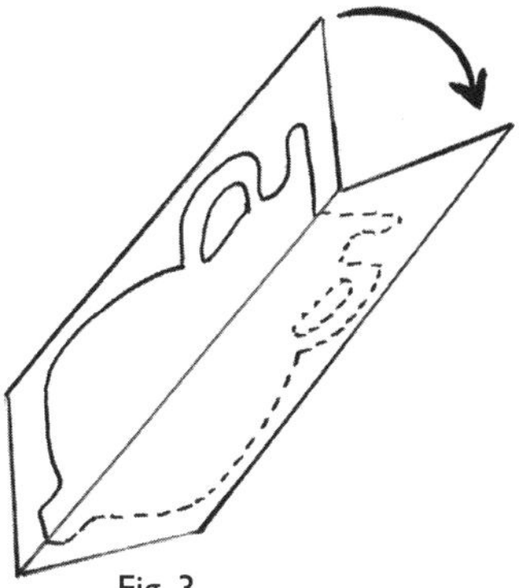

Fig. 3

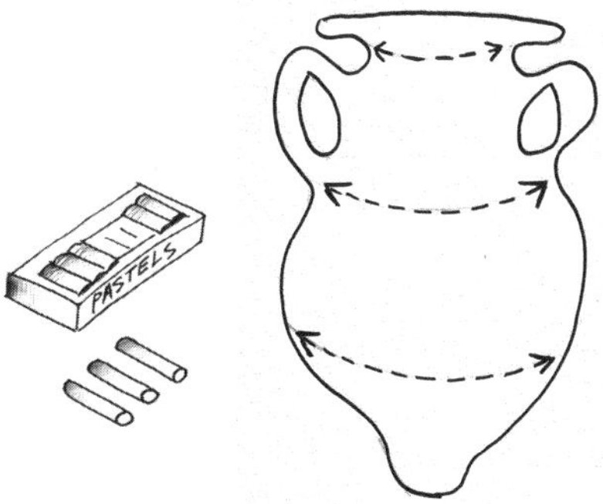


Fig. 4

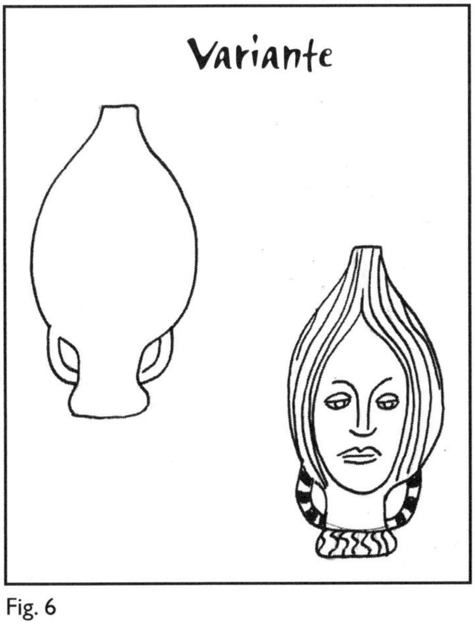


Fig. 6

Fig. 5

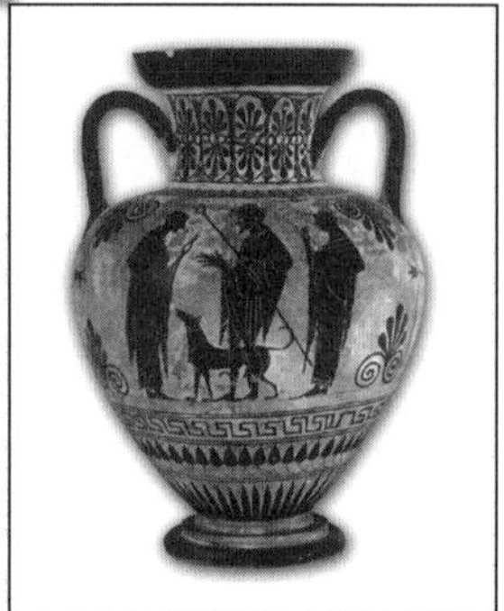

# Les mots formés à partir du grec

## Amphore à col (Grèce)

**Objectifs**

- Étudier la formation des mots.
- Identifier et connaître quelques racines grecques.
- Comprendre que l'étymologie permet de connaître le sens d'un mot.

**Durée**

1 heure

### • Sensibilisation

À partir de l'observation de la reproduction de l'œuvre, demander aux élèves de s'interroger sur la manière dont se manifeste, de nos jours, l'héritage de la civilisation grecque : « Quelles traces, autres que les objets que l'on peut admirer dans les musées, cette civilisation a-t-elle laissées ? » Si cela n'est pas dit par les élèves, leur signaler que notre langue comporte de nombreux mots formés à partir du grec ancien.

### • Découverte de la situation

Demander aux élèves d'observer ces définitions, que l'on aura pris soin d'écrire au tableau :

- Bibliophile : n. m. - Personne qui aime, recherche et collectionne les livres rares.
- Bibliothèque : n. f. - Meuble où l'on range les livres.
- Bibliobus : n. m. - Bus qui sert de bibliothèque où l'on peut emprunter des livres.
- Bibliographie : n. f. - Ensemble des ouvrages se rapportant à un sujet précis.

Interroger les élèves sur cette liste : « Ces mots ont-ils une partie commune ? Laquelle ? Quel est son sens ? » (« biblio », qui veut dire livre, du grec *biblion*).

### • Recherche étymologique

À partir de l'étude du mot « bibliophile » et du sens du mot « francophile » (qui aime la France), demander aux élèves de trouver la signification de *-phil-* (du grec *philos*, « ami »). Faire rechercher d'autres mots comportant la racine *phil-* et demander aux élèves d'en expliquer le sens.

Répéter cette activité. Ainsi, si le philanthrope est celui qui aime venir en aide aux hommes, demander aux élèves de trouver la signification de -*anthropo*- (du grec *anthrôpos*, « homme »).

## • Le grec et les mathématiques

En mathématiques, on utilise de nombreux préfixes grecs pour désigner des quantités. Demander aux élèves d'observer ces tableaux.

| **Kilogramme** | **Hectogramme** | **Décagramme** |
|---|---|---|
| 1 000 g | 100 g | 10 g |
| **Kilomètre** | **Hectomètre** | **Décamètre** |
| 1 000 m | 100 m | 10 m |

| | |
|---|---|
| **Triangle** | C'est un polygone à trois côtés. |
| **Pentagone** | C'est un polygone à cinq côtés. |
| **Hexagone** | C'est un polygone à six côtés. |
| **Octogone** | C'est un polygone à huit côtés. |

En déduire la signification des préfixes suivants :

déca- →
hecto- →
kilo- →

tri- →
penta- →
hexa- →
octo- →

## • Synthèse

Faire une synthèse (trace écrite) : « Le grec ancien a laissé beaucoup de traces dans la langue française. Les parties de mots héritées de langues anciennes sont appelées les racines du mot. Le mot *orthographe*, par exemple, a deux racines grecques :

- *ortho,* qui signifie "droit, correct" ;
- *graphe,* qui signifie "écrire".

Chercher l'étymologie d'un mot, c'est souvent chercher de quelle langue ancienne il est issu, comment il s'est formé. »

### PISTES DE TRAVAIL

- Faire de même avec les mots formés à partir du latin, et les emprunts faits à d'autres langues (anglais, allemand, turc...).
- Étudier les expressions issues de la mythologie gréco-romaine : « le talon d'Achille » ; « tomber de Charybde en Scylla » ; « être dans les bras de Morphée », etc., au niveau du sens et de l'étymologie.
- Autre œuvre préconisée par les programmes officiels de 2002 : le Parthénon (Athènes, Grèce, 447-438 av. J.-C.).

# Analyse de l'œuvre

## Mosaïque aux perroquets (Rome)

*Reproduction couleur p. 202*

- Mosaïque
- 150 av. J. C.

*Du latin* musiuum opus *(en référence aux grottes naturelles où les muses se reposaient), la mosaïque est un art très présent dans l'Antiquité hellénistique et au temps de la prééminence romaine.*
*Servant à la décoration des habitations (palais, villas), elle fait pleinement partie de l'architecture. Murale ou de pavement, elle est constituée de petites tesselles taillées (petits cubes de pierre ou de marbre dont la forme, régulière et géométrique, permet une grande précision dans le dessin), qui peuvent être en marbre, en pâte de verre ou en terre cuite. Elles sont fixées au support par du mortier.*

### Présentation

Cette mosaïque provient de l'acropole de Pergame, porte d'entrée de Rome en Orient, rivale d'Alexandrie, qui fut un royaume indépendant de 283 à 133 av. J.-C. Cette ville s'appelle aujourd'hui Bergama et est située en Turquie.

### Composition

Le corps du perroquet est situé sur une diagonale qui touche le haut droit et le bas gauche du rectangle. La brique sur laquelle il repose forme une autre diagonale qui croise la première (fig. 1).

Comme souvent dans les mosaïques de cette période, le sujet principal est clair et se détache du fond uni foncé (fig. 2).

La mosaïque est « encadrée », ce qui l'isole d'autres éléments proches, le contour blanc mettant en valeur le noir uni du fond. Les mosaïstes avaient un grand sens du dessin et de la perspective.

### Technique et couleur

Les nombreuses variations colorées de la pierre permettent d'obtenir une gamme extrêmement large de couleurs, à l'égal de la peinture.

Les petits cubes, ou tesselles, de parfois 1 $cm^3$, sont espacés par des interstices ou joints. C'est tout ce réseau d'espacement qui accentue la beauté de chaque nuance de couleur.

Les pierres obéissent au rythme du dessin (fig. 3). De délicats dégradés de bleus et de roses suggèrent le volume et le rythme des plumes (fig. 4).

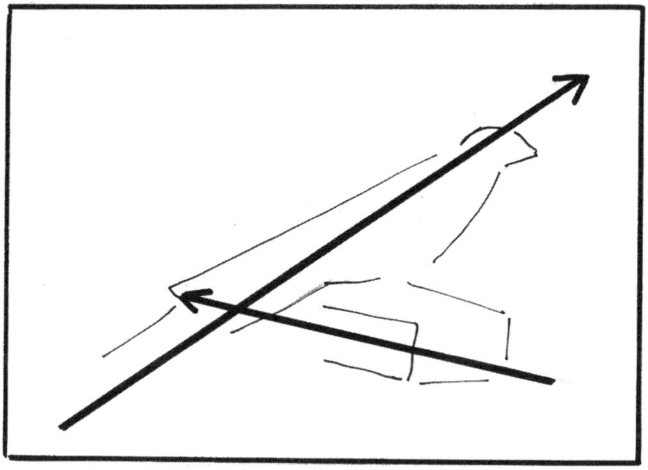

Fig. 1

Fig. 2

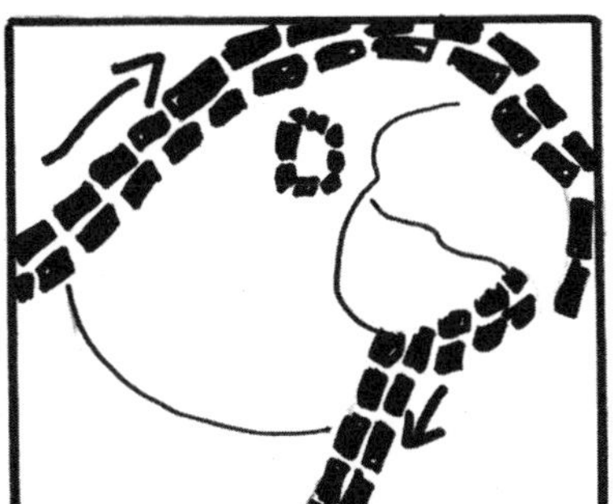

Fig. 3

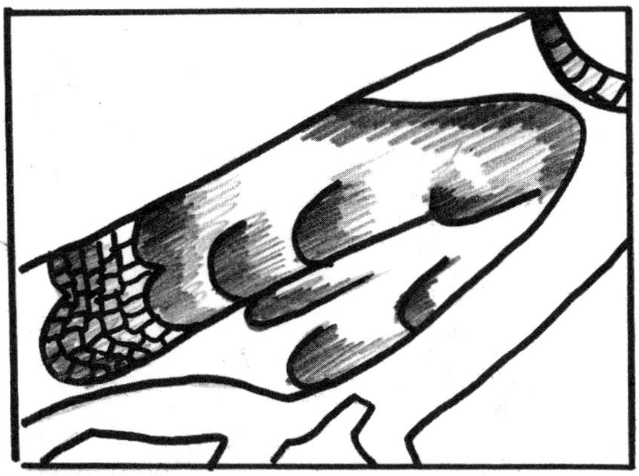

Fig. 4

# Mosaïque papier

## *Mosaïque aux perroquets (Rome)*

### Objectifs

- Dessiner avec des formes géométriques.
- Comprendre la technique de la mosaïque (fragmentation d'un espace).
- Rechercher des textures.
- Intégrer la notion de rythme.
- Choisir, manipuler et combiner des matériaux.

### Matériel

- une feuille de carton 1/4 raisin blanche ou noire ;
- des petites feuilles de Canson blanc ;
- des feutres et des pinceaux ;
- de la colle en bâton ;
- un crayon HB.

### Durée

3 séances d'1 heure

### • Déroulement

Sur la feuille de carton, tracer au crayon de papier une ligne horizontale à 5 ou 6 cm du bord. À main levée, tracer une ligne diagonale touchant les deux extrémités (fig. 1). Cette diagonale va servir d'axe au dessin et donnera du dynamisme à la forme.

Construire l'oiseau en suivant les schémas (fig. 2, 3 et 4). Dessiner les pattes en laissant un espace pour la brique.

Pour dessiner la brique en perspective, tracer d'abord deux rectangles, puis joindre les six angles (fig. 5).

Colorier les petites feuilles de canson avec des feutres de couleur de façon à laisser apparaître les rythmes des traits (fig. 6).

Découper les feuilles verticalement en bandes calibrées d'environ 1,5 cm (fig. 7). Couper pour obtenir des carrés ou des rectangles (fig. 8).

Enduire de colle en bâton des portions de surface et coller les carrés en prenant soin de laisser des interstices (joints) qui vont rythmer l'espace et fragmenter la couleur (fig. 9). On prendra soin de dissocier auparavant les petites pièces suivant leur couleur. Les rythmes créés par les traces de feutres seront des éléments enrichissants.

Pour les détails (œil, bec), il est bien entendu nécessaire de découper des morceaux à la forme convenue.

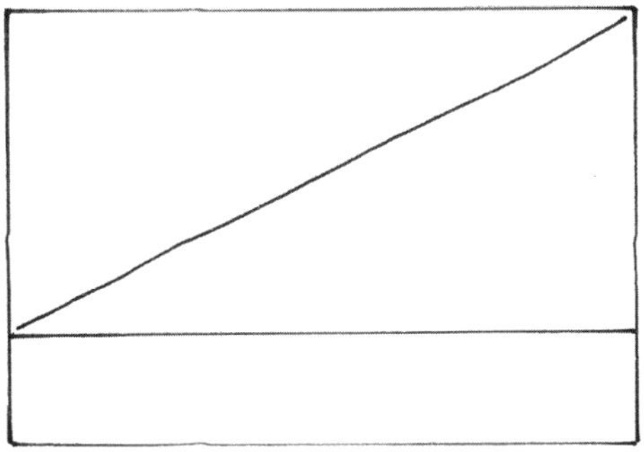
Fig. 1

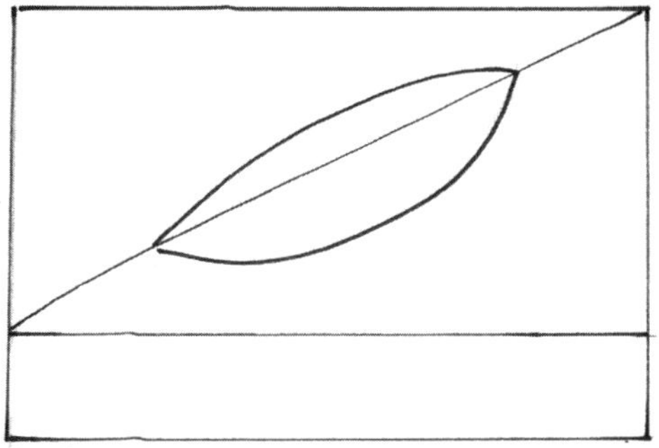
Fig. 2

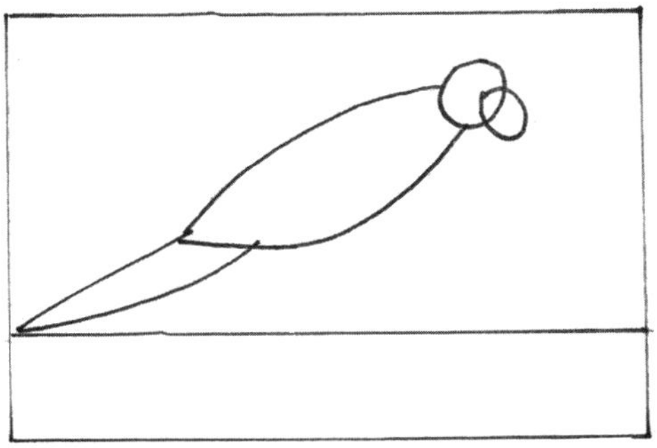
Fig. 3

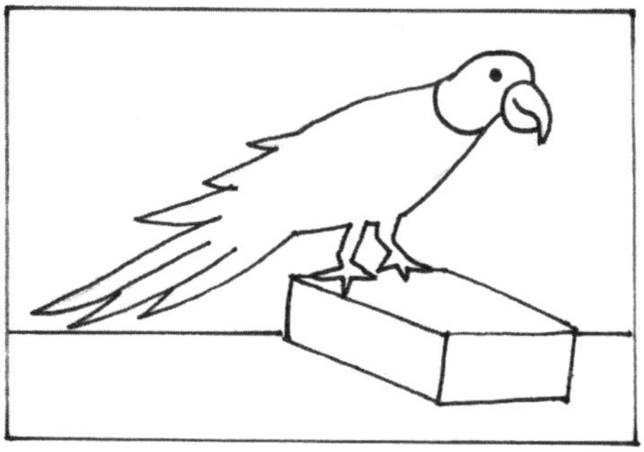
Fig. 4

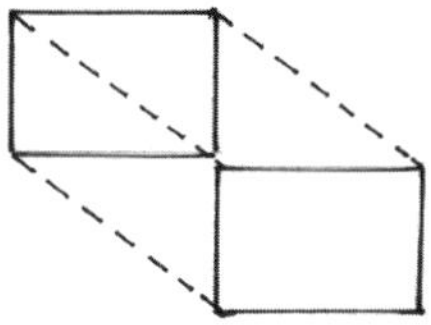
Fig. 5

Fig. 6

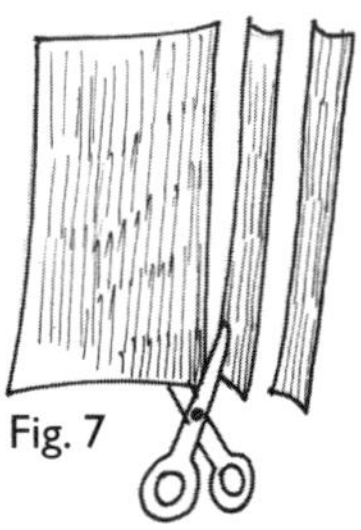
Fig. 7

Fig. 8

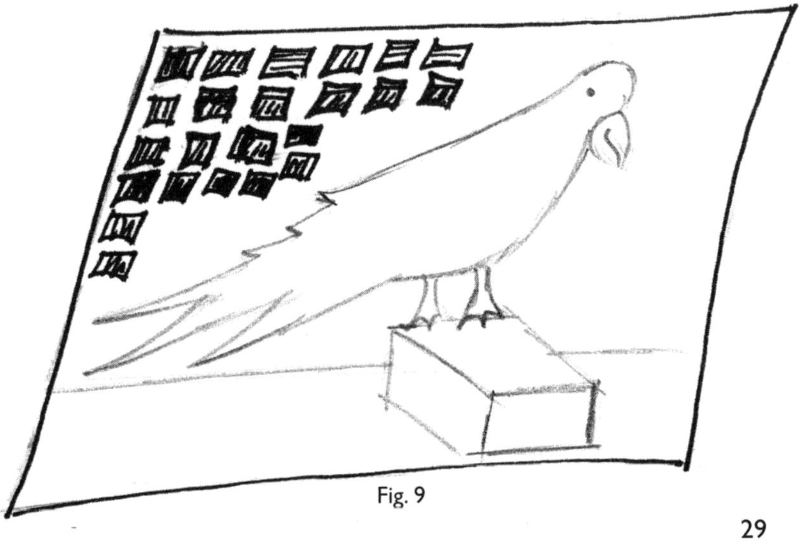
Fig. 9

# La numération romaine

## *Mosaïque aux perroquets (Rome)*

### Objectifs

- Découvrir les règles d'écriture de la numération romaine.
- Savoir convertir les nombres dans les deux systèmes.
- Permettre de revoir le principe de la décomposition des nombres entiers.

### Durée

1 heure

### • Découvrir les chiffres romains

Indiquer le titre de la reproduction aux élèves : « Mosaïque aux perroquets provenant du palais V de Pergame ». Leur demander ce que signifie la lettre V : « Où rencontre-t-on habituellement des chiffres romains ? » (Siècles, noms des rois, des empereurs, des papes, cadrans de montres, chapitres, sommaire des livres, dates inscrites sur des édifices, textes d'histoire, arrondissements de villes de France, actes de pièces de théâtre…)

### • Découvrir les règles de la numération romaine

Demander aux élèves de constituer des groupes de trois ou quatre. Dessiner au tableau un cadran de montre en indiquant les heures à l'aide des chiffres romains. Écrire les phrases suivantes : « J'ai lu 43 chapitres de mon livre. J'en suis au chapitre XLIV. » ; « La pièce de théâtre comprend 5 actes. Nous en sommes à l'acte IV ; plus qu'un et elle sera terminée. » ; « Le Douanier Rousseau (1844-1910) est un peintre du XIX$^{e}$ et du XX$^{e}$ siècles. » ; « La Révolution française a eu lieu en MDCCLXXXIX. »

Par déduction, demander aux élèves d'indiquer à quels nombres correspondent les lettres suivantes :

| | | | |
|---|---|---|---|
| I = | V = | X = | L = |
| C = | D= | M = | |

Leur demander de noter la date suivante, relevée sur un monument ancien, et d'essayer de trouver de quelle année il s'agit : MDCCCLXXVIII. Quand un groupe a terminé, demander aux élèves du groupe de rédiger les règles qui régissent la numération romaine.

Corriger collectivement les exercices et mettre en commun les idées des élèves concernant la numération romaine.

Trace écrite possible :

- « Les chiffres romains s'écrivent avec les sept lettres majuscules suivantes :
I (1) V (5) X (10) L (50) C (100) D (500) M (1 000).
Il n'y a pas de 0. La position des signes les uns par rapport aux autres est importante.
- Pour lire un nombre en chiffres romains, il faut transformer les symboles qui doivent être de valeur décroissante. S'ils ne le sont pas, ajouter ceux qui sont dans l'ordre décroissant et soustraire les autres ; calculer la somme des nombres.
Exemple : DCXIV D = 500 C = 100 X = 10 I = 1 V = 5
On écrit 500 + 100 + 10 – 1 + 5 = 614
- Pour écrire un nombre en chiffres romains : on peut procéder à une décomposition additive du nombre (3 427 = 3 000 + 400 + 20 + 7) ou procéder à la transcription rang par rang (3 427 = MMM + CCCC + XX + VII). On ne peut pas utiliser quatre fois le même symbole ; il faut repartir du symbole suivant en soustrayant (400 ne s'écrit pas CCCC, mais 400 = 500 - 100, soit CD). »

## • Lire et écrire les nombres en chiffres romains

Proposer aux élèves de lire individuellement les nombres suivants :

DC IV MCMXIV XXVII DCCXIII MDLCIX

Leur demander ensuite d'écrire en chiffres romains les nombres suivants :

34 109 43 396 1 244 2 349

Corriger collectivement.

## • Comparer la numération romaine et la numération arabe

Pour pouvoir comparer ces deux numérations, poser les questions suivantes : « Peut-on écrire le chiffre 0 ? Quel est le plus grand nombre que l'on peut écrire dans la numération romaine ? (3 999) Pourquoi ? (Il faudrait disposer d'autres symboles.) »

En fait, on employait une barre horizontale au-dessus du nombre pour indiquer un facteur 1 000 et deux barres pour un facteur 1 000 000 :

$\overline{V} = 5\ 000$ $\overline{X} = 10\ 000$

$\overline{\overline{V}} = 5\ 000\ 000$ $\overline{\overline{X}} = 10\ 000\ 000$

Demander aux élèves d'effectuer les opérations suivantes (« Est-ce facile ? Pourquoi ? ») :
CDXLII + CCCXLIV M – CMIII

Conclure (trace écrite) : « Les chiffres arabes (10 symboles : les chiffres de 0 à 9) permettent d'écrire, dans le système décimal, des nombres importants avec moins de caractères que dans le système romain. Le système décimal inclut le zéro positionnel et permet un alignement des chiffres qui facilite les calculs sur papier. »

### PISTES DE TRAVAIL

Autre œuvre préconisée par les programmes officiels de 2002 : la mosaïque *Les Travaux et les Jours* de Saint-Romain-en-Gal (musée des Antiquités nationales, Saint-Germain-en-Laye, Ier siècle av. J.-C.).

# Analyse de l'œuvre

## Masque de bélier (Afrique)

*Reproduction couleur p. 203*

- Bois peint
- 57 x 41,50 x 24 cm

*L'art africain fut méconnu, voire ignoré, jusqu'à la fin du XIXe siècle.*
*Il est à l'origine de l'art moderne, par l'influence considérable qu'il eut sur des artistes tels que Picasso, Matisse ou Klee.*
*L'art traditionnel africain a surtout un rôle social ; le masque est toujours lié à une coutume, accompagnant les diverses étapes de la vie (naissance, mariage, nativité, funérailles) : doté de pouvoirs magiques, il permet d'invoquer les dieux.*
*Le sculpteur a une place de choix dans la société africaine ; il est parfois appelé « roi sculpteur ». Les créations obéissent le plus souvent à des stéréotypes éprouvés, ou sont inspirées de visions surnaturelles.*

### Présentation

Ce masque, réalisé au Cameroun, est un « masque heaume » (masque réalisé en creusant et en taillant une seule pièce de bois) qui enveloppe toute la tête.

### Composition

La symétrie guide la structure de la tête, par la ligne centrale de l'arête du nez. Le reste du masque repose sur une harmonie de courbes qui lui donnent volume et expression (fig. 1).

Les traits sont simplifiés et géométrisés, ce qui permet d'obtenir une grande force expressive, éliminant toute ornementation superflue (fig. 2 et 3).

Le galbe de la corne est impressionnant par sa beauté stylistique (fig. 4).

### Technique et couleur

Le bois utilisé est souvent l'hévéa. On le sèche avant utilisation et on en ôte l'écorce. La forme générale est donnée avec l'herminette (sorte de petite hache dont l'extrémité est très tranchante), le reste de la taille se faisant parfois au couteau, au ciseau à bois ou à la gouge (ciseau à lame courbe permettant des entailles circulaires ou en forme de V).

L'artiste sculpteur a opté pour un contraste noir/blanc, qui divise chromatiquement la tête en deux parties.

Les teintes sont maintenant réalisées avec du colorant à cheveux pour le noir, du mercurochrome pour le rouge, du cirage pour le marron et de la caséine pour le blanc.

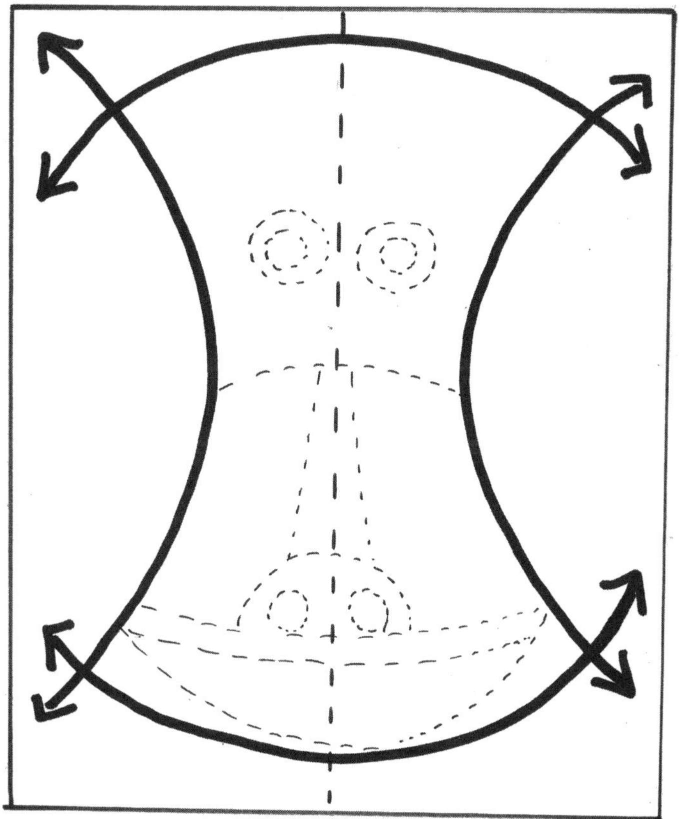

Fig. 1

Fig. 2

Fig. 3

Fig. 4

# Fabrication d'un masque africain

## Masque de bélier (Afrique)

### Objectifs

- Créer un relief simple par pliage.
- Réaliser une production à deux dimensions.
- Colorier avec un rapport de noir et de blanc.

### Matériel

- deux feuilles de bristol blanc 1/2 raisin (21 x 27 cm) assez épaisses (200 ou 250 g) ;
- une règle ;
- un crayon HB ;
- des ciseaux ;
- de la colle ;
- un feutre noir ;
- un élastique.

### Durée

Deux séances d'1 heure

### • Déroulement

Pour réaliser ce masque de bélier, chaque élève a besoin des deux feuilles de bristol. Sur l'une des feuilles, tracer à la règle un axe de symétrie vertical. À partir de celui-ci, tracer un triangle en suivant le schéma. En bas de la feuille, veiller à laisser une bande horizontale d'environ 6 cm de haut, qui servira de languette (fig. 1).

Sur les côtés droit et gauche du triangle, tracer deux languettes d'environ 2 cm de large. Découper ces languettes (fig. 2).

Replier délicatement les trois languettes vers l'intérieur en pinçant fermement avec l'ongle sur le pli. Faire de même sur l'axe de symétrie (fig. 3).

Faire une petite découpe au milieu de la languette inférieure (fig. 4). Plier et coller le triangle de façon à obtenir un volume (fig. 5). Découper la languette inférieure en arc de cercle en suivant le schéma (fig. 6). Coller le volume à l'aide des languettes sur la seconde feuille (fig. 7).

Découper cette feuille de manière à obtenir la forme de la tête du bélier (fig. 8). Découper des cornes et un nez dans les chutes de bristol (fig. 9). Coller ces éléments.

Décorer le masque avec un feutre noir ou marron en jouant sur les effets de contraste (fig. 10).

### • Remarques

- On peut, avec ce principe de relief, laisser les élèves libres de choisir un autre animal (vache, taureau, gazelle, etc.). Leur distribuer une photocopie des exemples de masques africains représentant des animaux (voir annexe, document 2, p.199).
- Faire une petite entaille triangulaire à l'envers pour mettre le nez et un élastique si l'on veut porter le masque.

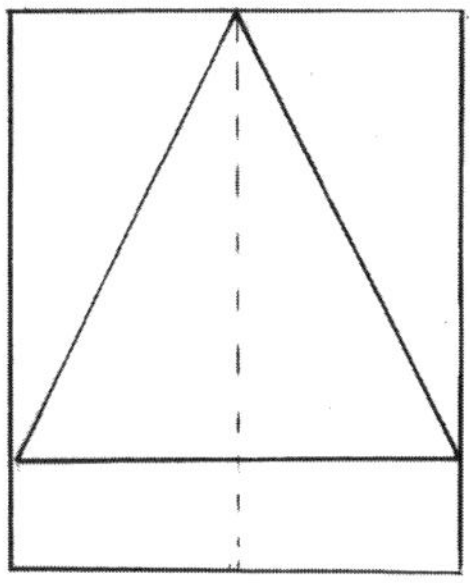
Fig. 1

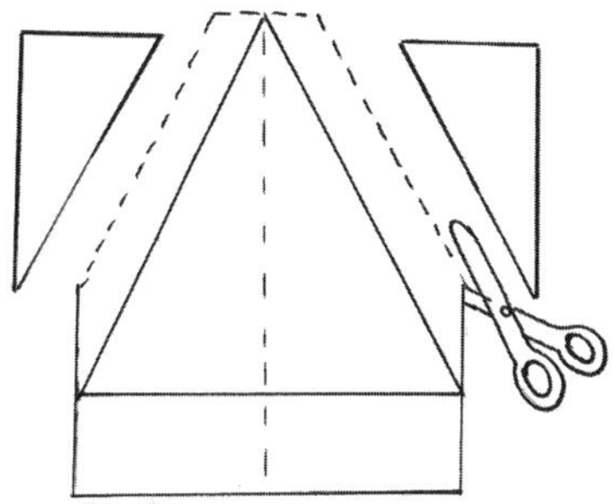
Fig. 2

Fig. 3

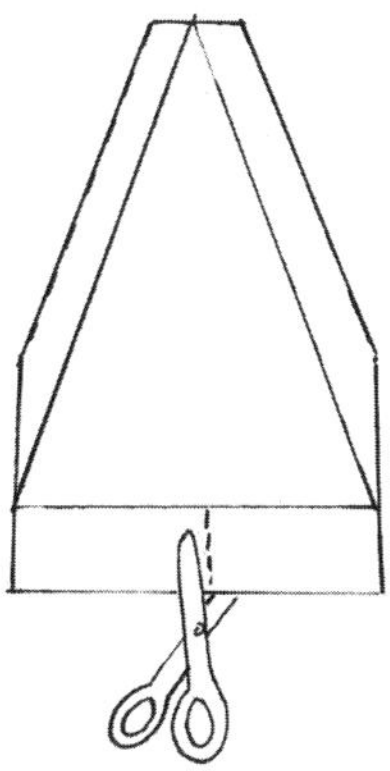
Fig. 4

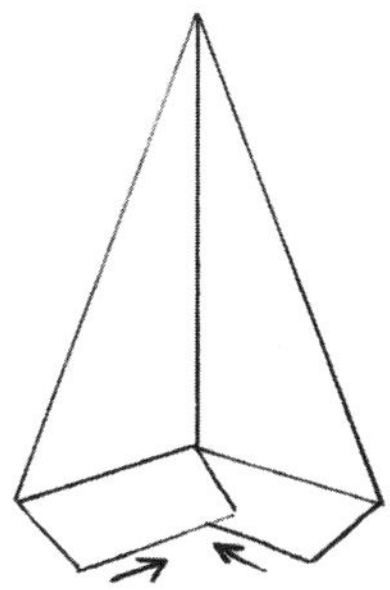
Fig. 5

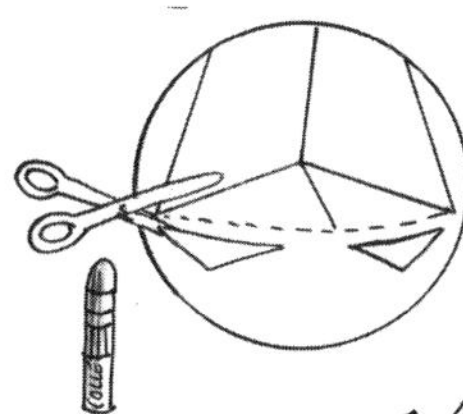
Fig. 6

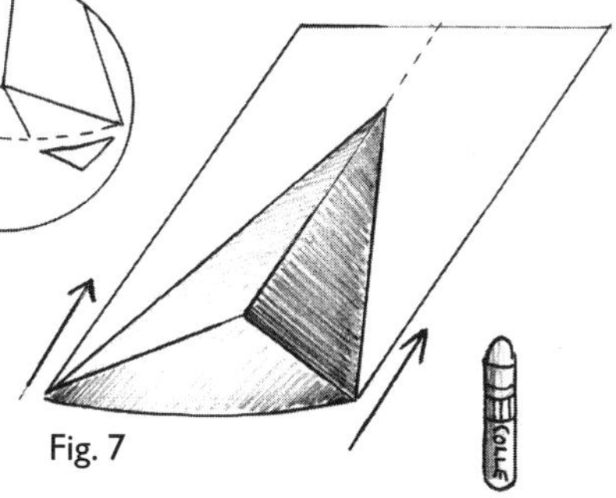

Fig. 7

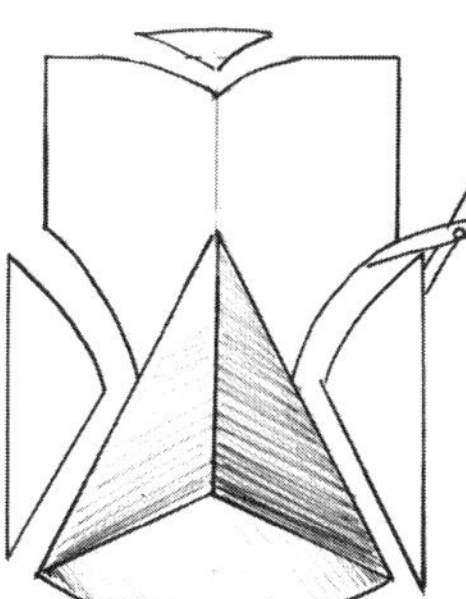
Fig. 8

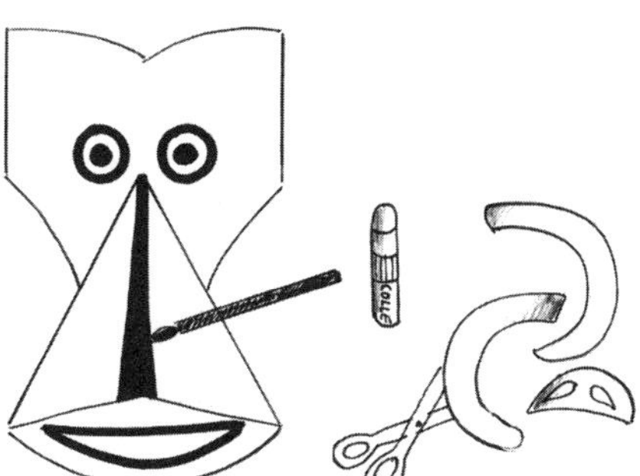

Fig. 9

Fig. 10

# Réaliser un exposé

## Masque de bélier (Afrique)

### Objectifs

- Acquérir des connaissances.
- Réaliser un exposé.
- Travailler en équipe.

### Durée

1 h 30 + travail de documentation personnel

## • Observer l'œuvre et découvrir l'Afrique

Encourager les élèves à observer attentivement la reproduction et les laisser s'exprimer à propos de ce qu'ils voient : « De quoi s'agit-il ? En quoi ce masque est-il fait ? Que représente-t-il ? » Leur préciser qu'il s'agit d'un masque de danse. Les interroger : « Qui utilise des masques ? À quelles occasions ? Est-ce une pratique courante en Europe ? Que savez-vous du continent africain ? » Etc. Si les élèves ont des connaissances sur l'Afrique, ils ont du mal à les organiser et elles relèvent souvent de clichés.

Leur proposer d'aller à la découverte de ce continent et de ses habitants en réalisant des exposés. Mettre en place une démarche rigoureuse, à commencer par le choix des sujets. Interroger les élèves sur ce qu'ils aimeraient connaître de ce continent de façon à faire émerger une dizaine de sujets possibles, par exemple : présentation de l'Afrique (superficie, nombre d'habitants, ressources...), le climat, la végétation, les habitants, les différents pays, les animaux, etc. Répartir les élèves par groupes de deux ou trois et leur demander de choisir un sujet.

## • Cerner le sujet et faire un plan

Chaque groupe commence par un « remue-méninges » sur le sujet choisi. Pour les aider à trouver des idées, leur suggérer de se poser les questions suivantes : « Qui ? Quand ? Quoi ? Où ? Comment ? Pourquoi ? » (à adapter en fonction du sujet). Séparer les idées principales des idées secondaires, ces dernières devant s'enchaîner et être subordonnées à l'idée principale qu'elles précisent. Les idées principales, elles, doivent suivre un fil conducteur. À partir de ce fil conducteur, demander aux élèves de rédiger un plan et de le soumettre au professeur pour approbation.

## • Rechercher de la documentation

Rechercher de la documentation en classe, dans la BCD, sur Internet ou à la maison. Pour réunir une documentation fournie et précise, il est très important de disposer de temps pour pouvoir discuter du sujet avec d'autres personnes et d'identifier, éventuellement, les experts qui pourraient être consultés. Ce temps doit être intégré à l'emploi du temps de la classe et doit permettre à l'enseignant de rencontrer tous les groupes pour éviter les dispersions : retenir ce qui est nouveau, ce qui peut surprendre les auditeurs, ce qui peut susciter la controverse, mais s'en tenir uniquement à l'essentiel.

Prendre soin de noter les références des documents retenus (sites Internet, bibliographie...). À ce stade de la recherche, si des idées apparaissent auxquelles le groupe n'avait pas pensé, modifier le plan de l'exposé et le soumettre de nouveau à l'enseignant.

## • Rédiger l'exposé

Rédiger l'exposé en suivant le plan. Chaque mot utilisé doit être connu et doit pouvoir être expliqué aux autres élèves de la classe (ne pas recopier des phrases que l'on ne comprend pas). Choisir des dessins, des photos pour illustrer l'exposé. Demander aux élèves de prévoir une série de questions qui sera soumise aux autres élèves après la présentation orale de l'exposé.

## • Présenter oralement l'exposé

Présenter le thème et les différents points qui seront abordés dans une courte introduction. Dans le développement du thème, reprendre chacun des points en apportant des précisions. En conclusion, revenir sur une idée particulièrement importante ou développer une opinion personnelle, puis présenter les livres et les documents utilisés.

Cette phase de présentation nécessite un entraînement : d'une part, chaque élève doit s'entraîner à articuler et à parler de manière audible, à utiliser des notes pour ne pas faire uniquement la lecture à ses camarades ; d'autre part, les membres du groupe doivent organiser la distribution de la parole et savoir précisément qui fait quoi (un élève peut afficher un document au tableau ou noter des mots importants pendant qu'un autre parle...).

À la fin de la présentation, répondre aux questions éventuelles et proposer une série de questions permettant de s'assurer de la bonne compréhension de ce qui vient d'être dit.

### PISTES DE TRAVAIL

- Lire des contes africains.
- Étudier l'histoire des masques africains, brésiliens, vénitiens, etc : « Depuis quand utilise-t-on des masques ? À quelles occasions ? »
- Étudier l'histoire du Carnaval de Venise.
- Autre œuvre préconisée par les programmes officiels de 2002 : un masque en bois de la région Itmuba, Afrique centrale (musée d'Art moderne, New York).

*Reproduction couleur p. 203*

- Acrylique sur écorce
- XX^e^ siècle
- 66 x 38,50 cm

# Analyse de l'œuvre

## Deux émeus près de leur nid (art océanien)

### Djanambayngu

*Cette peinture est une peinture aborigène australienne. Le mot « aborigène » signifie « premiers habitants d'une contrée ». L'Australie est l'un des rares pays où des artistes travaillent encore dans une tradition multimillénaire (50 000 ans). Longtemps méprisé par les colonisateurs, cet art rencontre ses premiers amateurs en 1930 et est véritablement reconu vers 1970. Autrefois dessinées sur le sable ou sur les parois des grottes, les œuvres aborigènes sont actuellement peintes sur des écorces d'eucalyptus à la peinture acrylique, ou tissées.*

### Présentation

Chez les Aborigènes, l'inspiration provient du *dreamtime* (ou « temps du rêve »), qui évoque le monde des ancêtres mythiques qui ont formé la tribu et les esprits, d'apparence humaine ou animale (voir les exemples de la page suivante). La faune, la flore et les constellations sont également représentées. Les signes tracés ont un sens propre à chaque tribu.

### Composition

L'œuvre est composée de façon symétrique en ce qui concerne la position des oiseaux, qui touchent pratiquement les bords du cadre. Toute l'attention du spectateur est centrée sur le nid (fig. 1).

Le rythme des lignes de points est très varié, souple, très serré. Il peut évoquer des chemins, des routes en vue aérienne (fig. 2).

### Technique et couleur

Le support est une écorce d'eucalyptus ; le matériau utilisé est la peinture acrylique (qui permet une très bonne adhérence sur le support).

Il n'y a pas ici de perspective, de volonté de représenter une profondeur ou un volume : tous les éléments sont peints sur un seul plan.

La grande beauté de cet art provient de la simplicité des moyens employés et de l'harmonie chromatique restreinte. Les couleurs sont celles des éléments naturels : le blanc (calcaire et chaux), le noir (le charbon), l'ocre jaune (l'argile). La couleur est principalement posée en lignes de points (fig. 3) ou en fines séries parallèles (fig. 4). Les aplats (couleurs posées de façon uniforme) sont réservés au nid et aux oiseaux.

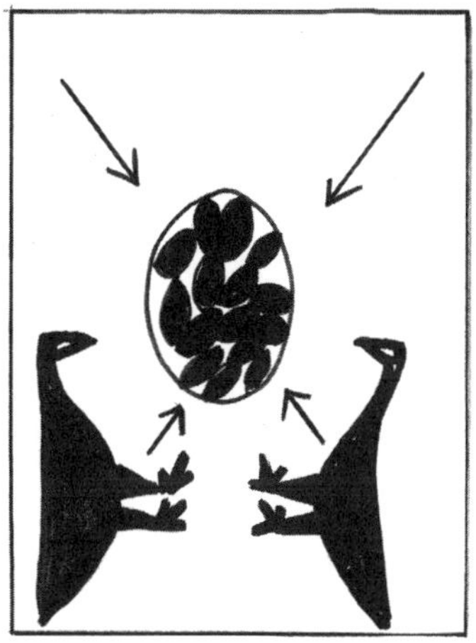

Fig. 1

Fig. 2

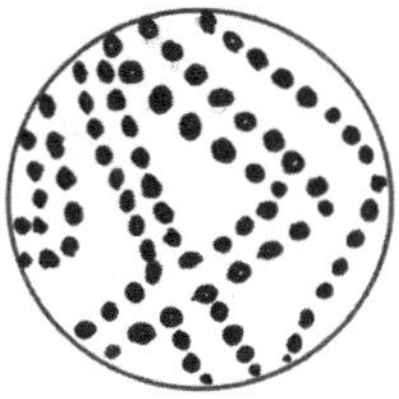

Fig. 3

Fig. 4

## Quelques exemples de dessins aborigènes

Animaux

Personnages

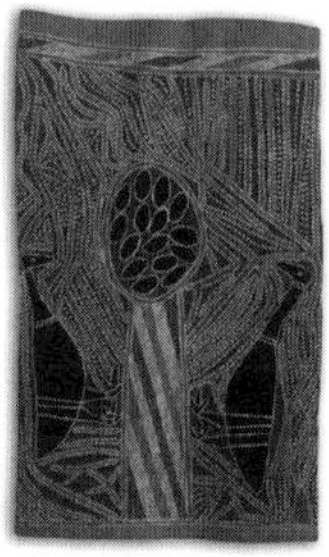

# Animaux graphiques

## Deux émeus près de leur nid (art océanien)

Djanambayngu

### Objectifs

- Animer une surface par un procédé pictural traditionnel.
- Apprendre à se concentrer sur un geste précis.
- Peintre avec des « réserves ».
- S'approprier et réinvestir une expression artistique ancienne.

### Matériel

- une feuille de Canson noire 1/4 raisin ;
- de la gouache blanche et marron ;
- deux pinceaux (n° 6 et n° 12) ;
- un crayon blanc.

### Durée

2 séances d'1 heure

### • Déroulement

Sur la feuille noire, tenue verticalement, dessiner un ovale à l'aide d'un crayon blanc, puis deux lignes le touchant de façon à figurer un tronc d'arbre (fig. 1). L'ovale représente un nid. Dans celui-ci, dessiner un ensemble de formes évoquant des œufs (fig. 2). De chaque côté de l'arbre, dessiner deux animaux ou deux personnages de façon symétrique et en se limitant à leur silhouette (fig. 3).

Sur une palette, mettre un peu de blanc et de marron (terre de Sienne ou ocre jaune) (fig. 4). Avec un pinceau n° 6 pointu, repasser les lignes du dessin (la gouache doit être diluée de manière à bien glisser).

Avec un pinceau n° 12, animer l'espace autour de l'arbre avec des « chemins » faits d'une multitude de points. Insister sur l'idée de « lignes » et de « routes » (fig. 5).

Faire des points marron et marron clair (en mélangeant avec le blanc). Laisser le tronc noir ou y dessiner de légères hachures (fig. 6 et 7).

À noter que l'on peut remplacer les pinceaux par le bout des doigts ou par un Coton-Tige.

### • Variante : la tortue

Montrer aux élèves le dessin de la tortue (p. 39). Sur une feuille de Canson blanche 1/4 raisin tenue verticalement, dessiner au crayon à papier un ovale légèrement vers le bas de la feuille (fig. 1).

Avec quelques courbes, figurer le cou et les jambes de la tortue (fig. 2). Dessiner ensuite la tête et l'épaisseur des membres (fig. 3).

« Animer » le fond avec des lignes tracées à main levée aux feutres de couleur (utiliser le noir, l'orange, le marron seulement). Serrer les lignes le plus possible et changer souvent de rythmes.

Pour l'intérieur du corps, colorier les écailles de la carapace avec les mêmes trois couleurs en laissant des espaces blancs entre elles. Faire de gros points sur les écailles (fig. 4).

Fig. 1

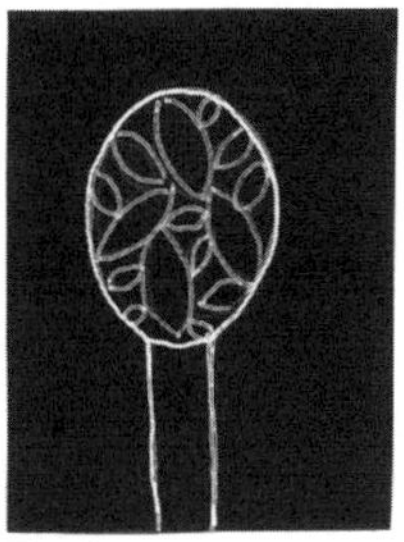
Fig. 2

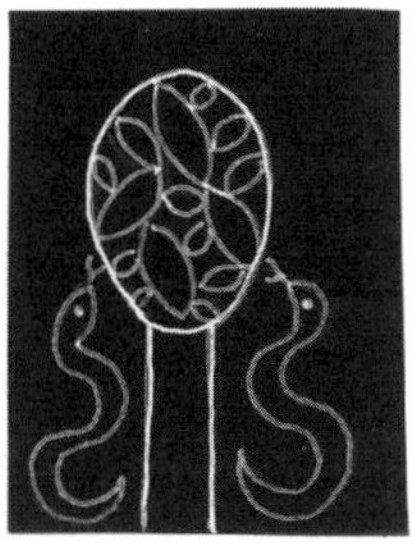
Fig. 3

Fig. 5

Fig. 4

Fig. 6

Fig. 7

## Variante

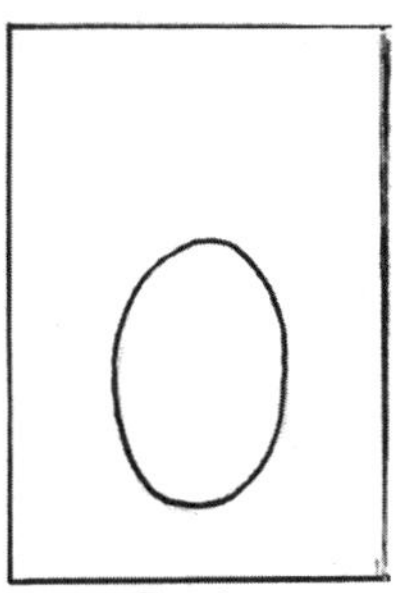
Fig. 1

Fig. 2

Fig. 3

Fig. 4

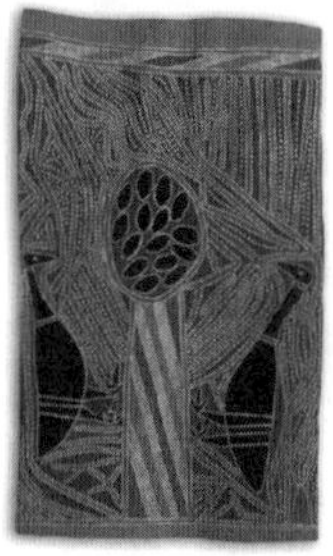

# Réaliser une recherche

## Deux émeus près de leur nid (art océanien)

Djanambayngu

### Objectifs

- Réaliser une recherche.
- Mettre en œuvre des compétences requises pour le B2i : navigation sur Internet, utilisation d'un moteur de recherche.
- Développer son esprit critique.

### Durée

45 min + 30 min + 30 min

## • Observer l'œuvre

Montrer la reproduction de l'œuvre aux élèves et les encourager à se poser individuellement quelques questions permettant son analyse : « Quel est le sujet du tableau ? Sur quel support a-t-il été réalisé ? Quelle technique a été utilisée ? De quand date cette œuvre ? Qui l'a réalisée ? De quel pays est-elle originaire ? Quelles sont les couleurs employées ? À quelles autres œuvres fait-elle penser ? » Etc.

Contrairement au continent africain, sur lequel les élèves ont quelques connaissances, l'Australie est un pays qui leur est moins familier : ils savent en général situer le continent mais ne connaissent ni son histoire, ni ses données géographiques ni sa culture et encore moins l'art aborigène. Leur proposer de partir à la découverte de ce continent méconnu par le biais de l'informatique et du réseau Internet.

## • Rechercher de l'information sur Internet

Les élèves n'ayant pas tous les mêmes compétences en informatique, constituer des binômes (élève expert + élève néophyte, expert + expert ou néophyte + néophyte, cette dernière solution nécessitant l'aide de l'enseignant tandis que les autres élèves travailleront en autonomie). L'organisation retenue dépendra évidemment du nombre d'élèves, du nombre de postes informatiques disponibles, et des compétences des élèves.

Sans entrer dans les détails de l'utilisation d'un ordinateur, expliquer brièvement aux élèves en quoi consiste Internet, le lancement de l'application et comment saisir une adresse URL pour accéder à un site.

Lorsque tous les élèves sont familiarisés avec ces opérations, expliquer ce qu'est un moteur de recherche et leur demander de se rendre, par exemple, sur celui de Google (www.google.fr) ou d'Altavista (www.altavista.fr). Expliquer la notion de mot clé et demander aux élèves de réfléchir à ceux qu'il faudrait saisir pour obtenir des renseignements sur le sujet que l'on s'est proposé d'approfondir, à savoir l'Australie. Ils auront tendance à vouloir saisir « Australie ». Les laisser faire et exploiter avec eux l'écran qui leur est proposé.

Expliquer l'écran affiché par le moteur de recherche, une fois la requête lancée : c'est une liste de sites. Convenir avec les élèves que lancer une recherche avec comme seul mot clé « Australie » ne peut aboutir à l'objectif que l'on s'est fixé : il serait beaucoup trop long de consulter tous les sites proposés et de lire les informations qu'ils détiennent.

Il faut donc affiner la recherche. Pour cela, expliquer comment saisir des mots clés de façon optimale :

Si, dans la zone « Rechercher », je saisis :

- art aborigène, j'obtiens la liste de tous les documents qui contiennent soit le mot « art », soit le mot « aborigène » ;
- art + aborigène, j'obtiens la liste des documents qui contiennent les deux mots ;
- art + abo*, j'obtiens la liste des documents qui contiennent le mot « art » et tout autre mot commençant par « abo ».

Demander aux élèves d'effectuer quelques recherches en choisissant avec soin les mots clés pour qu'ils apprécient la différence avec leur requête initiale.

## • Récupérer une information sur Internet

Répartir différents sujets liés à l'Australie aux binômes : situation géographique, données statistiques (population, superficie, langue, monnaie...), climat et végétation, histoire, animaux, art et culture, personnages célèbres, habitudes alimentaires, etc. Demander à chaque groupe d'effectuer ses recherches et de récupérer les informations utiles (textes ou images) dans un fichier du traitement de texte à l'aide des fonctions couper-copier-coller (ces fonctionnalités étant sensées être maîtrisées en CM2). Insister sur le fait que le résultat final doit être mis en page soigneusement, ne pas comporter de fautes d'orthographe et indiquer tous les sites utilisés (l'enseignant devra contrôler la validité des informations délivrées par ces sites, activité qui pourra faire l'objet d'une séquence avec les élèves : dans quels cas peut-on accorder du crédit à une information délivrée par Internet ?). Faire imprimer ou enregistrer les fichiers pour évaluation.

## • Constitution d'un dossier

Après corrections éventuelles par les élèves, photocopier toutes les fiches afin que chaque élève puisse disposer d'un dossier. Demander à chacun de prendre connaissance du dossier dans son intégralité. Suggérer aux élèves de faire des propositions d'amélioration pour une recherche ultérieure et la constitution d'un dossier sur un nouveau sujet.

### PISTES DE TRAVAIL

- Lire des contes et légendes océaniens.
- Étudier le continent océanien d'un point de vue géographique.
- En éducation civique, débattre de la discrimination raciale après avoir évoqué l'extermination du peuple aborigène.
- Autre œuvre préconisée par les programmes officiels de 2002 : peinture sur gaine foliaire de palmier (Numuroaka).

Reproduction couleur p. 204

• Argent

# Analyse de l'œuvre

## Trois penditifs en forme de main « Khamsa » (art du Maghreb)

*L'art arabe est principalement religieux. La religion interdisant la représentation de toute créature vivante, il s'est développé principalement dans l'art de la calligraphie et de l'ornementation. L'orfèvrerie tient une place très importante dans la production artistique d'Afrique du Nord.*
*Stylisation, arabesques savantes inspirées de formes animales ou végétales : l'art islamique est géométrique et allusif.*
*La main est une très ancienne effigie, abondamment répandue : autant chez les Arabes que chez les Juifs, elle fait figure de protection contre le mauvais sort (pensée du jaloux, regard de l'envieux, etc.).*

## Présentation

Ces mains sont des pendentifs servant à se protèger du « mauvais œil » (terme générique qui recouvre le regard de l'envieux, la pensée du jaloux). On trouve ce symbole en Méditerranée depuis la préhistoire.

Ces mains sont plus précisément appelées « mains de Fatma » ou « Khamsa », le chiffre 5 faisant référence aux cinq préceptes fondamentaux de la pratique religieuse : la profession de foi, la prière canonique, le Ramadan, l'aumône, le pèlerinage à la Mecque (chaque précepte correspond à un doigt de la main).

## Technique

Le dessin de la main peut prendre des formes très variées suivant les pays et les régions. La main peut être composée sur une base symétrique (fig. 1 à 6) ou asymétrique (fig. 7 à 9). Parfois, le pouce est détaché, les pouces peuvent avoir la même longueur ou des longueurs différentes, etc. On peut reconnaître la main gauche de la main droite.

La forme est stylisée et évite le réalisme ou le naturalisme : la nature est simplement évoquée ; le dessin s'inspire d'éléments naturels, mais en les modifiant et en les transposant.

Les pendentifs sont réalisés dans des plaques découpées d'argent « plané ».

L'ornementation, réalisée avec de petits outils tranchants (poinçons ou burins), est à base d'arabesques se répétant à l'infini, d'entrelacements, de lignes souples ou géométriques d'une grande variété (fig. 10).

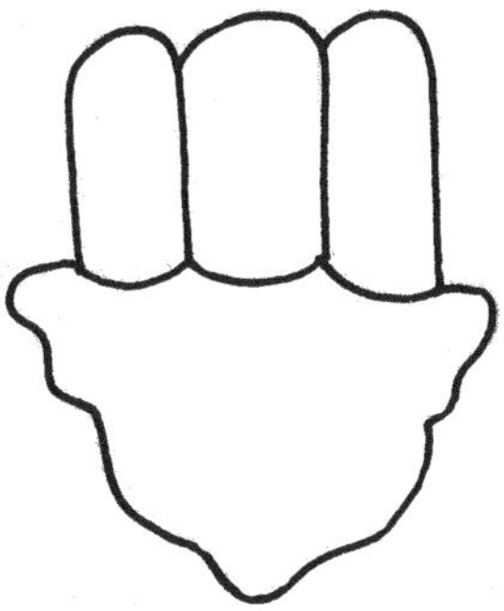
Fig. 1

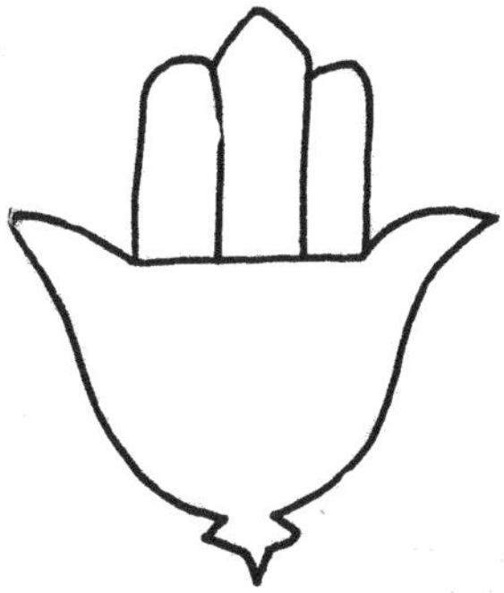
Fig. 2

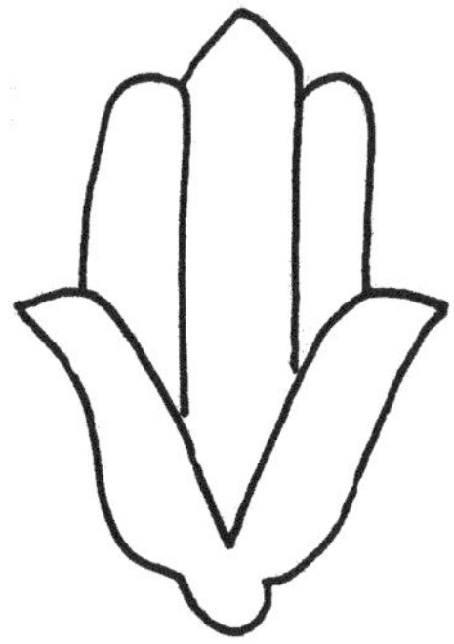
Fig. 3

Fig. 4

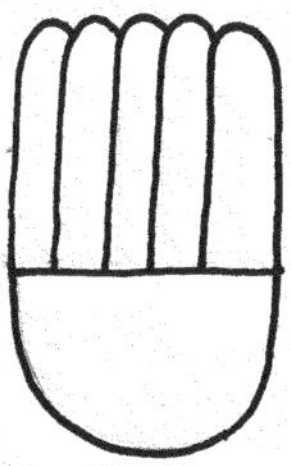
Fig. 5

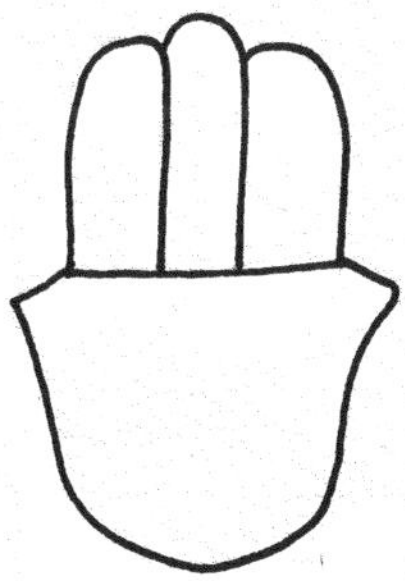
Fig. 6

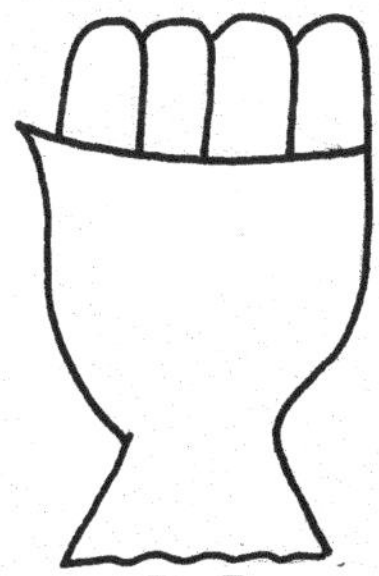
Fig. 7

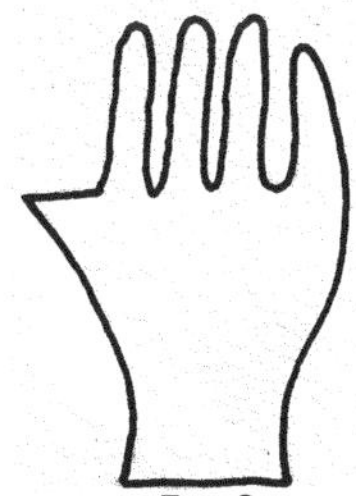
Fig. 8

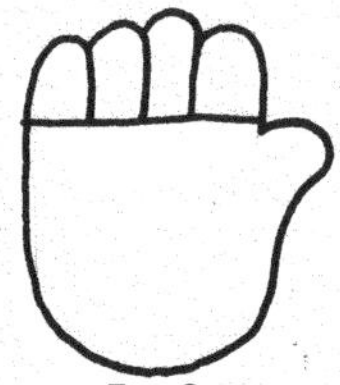
Fig. 9

Fig. 10

# Dessiner en relief

## Trois penditifs en forme de main « Khamsa » (art du Maghreb)

### Objectifs

- Adapter son geste aux contraintes matérielles (outils, support) et son dessin aux contraintes d'une matière donnée.
- Expérimenter une technique nouvelle.

### Matériel

- une feuille de métal à repousser ;
- une feuille de papier dessin ;
- une règle ;
- de l'encre de chine ;
- du papier calque ;
- un stylo bille.

### Durée

1 heure

### • Déroulement

Distribuer aux élèves la planche d'illustrations de la fiche précédente (p. 45). Leur demander de choisir le graphisme d'une main (on a choisi ici une main symétrique).

Se procurer des feuilles de métal à repousser assez épaisses. Découper un rectangle de petite taille (environ 15 x 10 cm) dans la feuille de métal.

Prendre une feuille de papier dessin d'exactement la même taille pour confectionner un patron. Après avoir tracé à la règle les axes de symétrie, dessiner le contour de la main en suivant les schémas de la figure 1. Prendre une feuille calque et calquer les contours de la main (fig. 2).

Poser le calque sur la feuille de métal et, avec une pointe de stylo bille, reporter le contour sur le métal à repousser (faire préalablement un essai de façon à bien choisir l'outil qui servira à graver, celui-ci ne devant être ni trop pointu, ni trop mou) (fig. 3).

L'activité consiste à « repousser » le métal, à créer des sillons, à jouer avec le relief du métal (mettre sous la feuille de métal un support souple pour graver sans transpercer la feuille) (fig. 4).

Préciser aux élèves l'importance des possibilités expressives de la ligne : à partir des exemples photocopiés, leur faire prendre conscience qu'une ligne, un ensemble de traits assemblés avec originalité et rythme, peuvent créer une profondeur et susciter un effet. Insister sur les notions d'entrelacement, de croisement, de juxtaposition, d'arabesque pour éviter les rythmes trop simplistes.

Découper soigneusement la main (fig. 5) et la coller sur un carton rigide foncé ou l'utiliser en pendentif (fig. 6). On peut aussi « patiner » le métal en appliquant une légère couche d'encre de chine noire avec un chiffon doux ou de l'ouate.

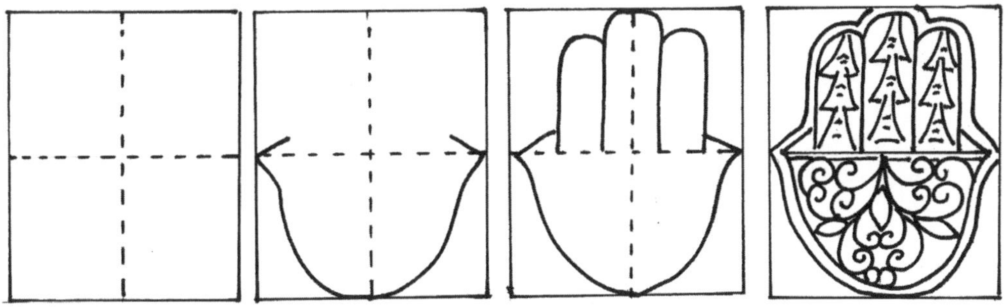
Fig. 1

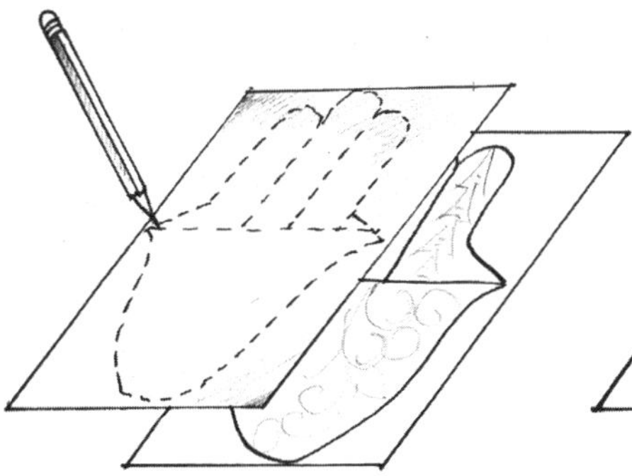
Fig. 2

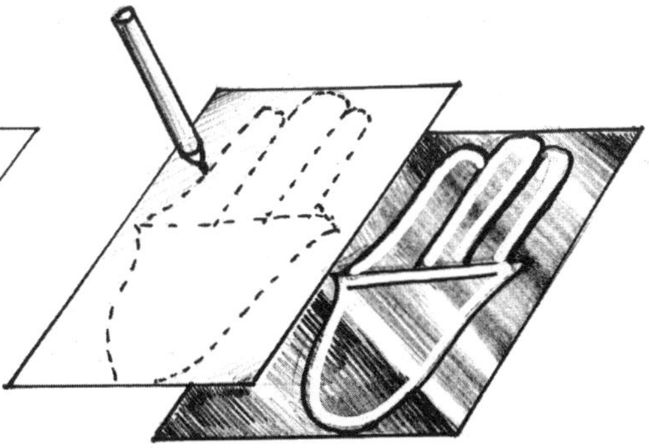
Fig. 3

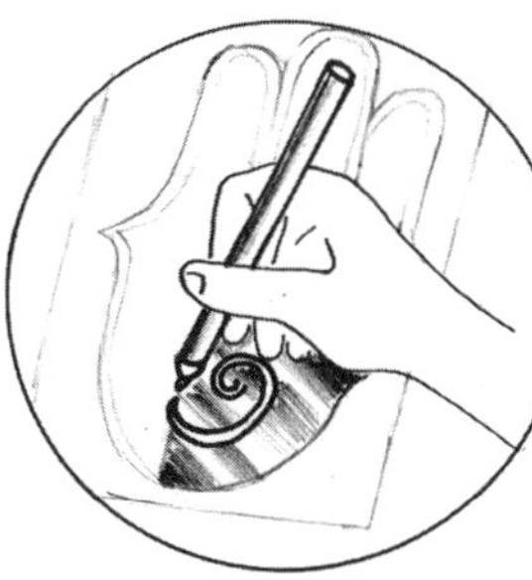
Fig. 4

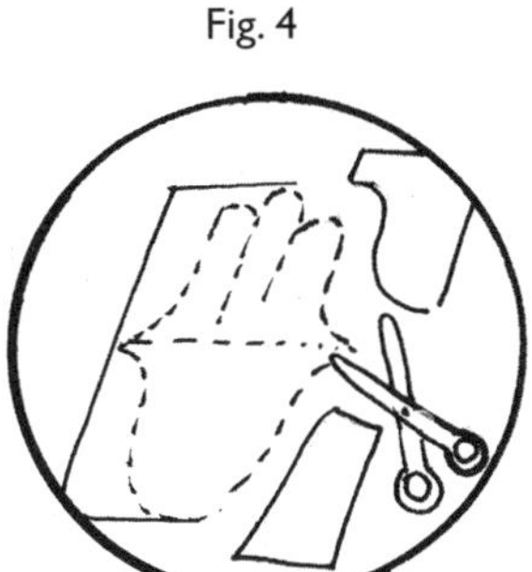
Fig. 5

Fig. 6

# Le monde arabe

## Trois penditifs en forme de main « Khamsa » (art du Maghreb)

### Objectifs

- Découvrir l'Islam.
- Comprendre ce que recouvre la notion de monde arabe.
- Découvrir un aspect de l'art arabe et ses liens avec l'Islam.

### Durée

1 heure

### • Observation de l'œuvre

Encourager les élèves à observer attentivement la reproduction et les laisser s'exprimer à propos de ce qu'ils voient. Leur demander s'ils ont une idée du pays d'origine de ces œuvres (Maroc).

Expliquer aux élèves la symbolique de la main de Fatma (amulette de protection contre le mal en forme de main ouverte dont on trouve des représentations dans toute l'Afrique du Nord, jusqu'aux frontières de l'Asie, en Inde et au Pakistan). Pour les musulmans, la main de Fatma (ou main de Fatima ou Khamsa) est associée au chiffre 5 (correspondant aux cinq préceptes fondamentaux de la loi du Prophète : le musulman croit en un seul Dieu, Allah ; il doit pratiquer la prière cinq fois par jour à heures fixes en se tournant vers La Mecque, patrie du prophète Mahomet ; il doit aider les pauvres ; il doit jeûner de l'aube au coucher du soleil le mois de Ramadan ; il doit effectuer un pèlerinage à La Mecque au moins une fois dans sa vie). Elle transmet la protection, la puissance, l'offrande.

Faire nommer précisément les éléments décoratifs que l'on peut observer sur ces mains : l'arabesque et l'ornementation géométrique, éléments auxquels il faut ajouter la calligraphie, que l'on retrouve dans tout l'art musulman. Quelques élèves feront peut-être un rapprochement avec les tatouages au henné de certaines femmes.

### • Définition du monde arabe

Demander aux élèves de situer le monde arabe : le monde arabe est l'ensemble des pays dont la langue officielle est la langue arabe. À cheval sur deux continents, l'Afrique et l'Asie, il réunit des populations qui sont de cultures, de langues, de coutumes et de religions diverses. Il se compose de 22 pays et couvre une superficie plus vaste que celle de l'Europe (voir le site de l'Institut du monde arabe : http://www.imarabe.org/index.html).

## • Distinction monde arabe/monde musulman

Questionner les élèves : « Qui sont les musulmans ? les arabes ? » Expliquer que l'on a souvent tendance à associer les mots « arabe » et « musulman », ce qui est inexact : est musulman celui qui est de religion islamique ; est arabe celui qui appartient au monde arabe. Quatre raisons principales expliquent cette confusion : le prophète de l'Islam est arabe ; le Coran, texte sacré de l'Islam, a été révélé en arabe ; les arabes furent les premiers porteurs de l'Islam ; on a tendance à ne considérer les arabes que sous l'angle de la religion.

Informer les élèves : sur 250 à 260 millions d'habitants du monde arabe, plus de 20 millions ne sont pas musulmans ; les musulmans arabes ne représentent que 20 % du nombre total des musulmans à travers le monde (230 millions sur près d'1,16 milliard) ; les arabes non musulmans sont majoritairement chrétiens, mais certains sont juifs et d'autres athées.

## • Découverte de l'Islam

Procéder à un sondage rapide dans la classe à propos des différentes religions, faisant apparaître les items suivants : « Entendez-vous parler de religion(s) ? À propos de celles-ci, pouvez-vous citer : des lieux ou des monuments ; des habitudes, des rituels ; des fêtes, des cérémonies ; des objets ; des personnes célèbres ? »

Récapituler au tableau tout ce qui concerne l'Islam. Rappeler aux élèves que la main de Fatma est associée au chiffre 5, correspondant aux cinq piliers de l'Islam. Le drapeau de nombreux pays musulmans présente ainsi une étoile à cinq branches. Le croissant de lune est aussi un symbole de l'Islam.

Le Coran est le texte sacré des musulmans. Il rapporte les paroles de Dieu révélées à Mahomet. Il est en arabe et tous les musulmans le lisent dans cette langue. Il leur indique leurs obligations et régit de nombreux aspects de leur vie quotidienne.

Un monument important de l'Islam est la mosquée, lieu de culte où les musulmans se réunissent pour la prière collective sous l'égide de l'Imam, guide religieux connaissant parfaitement le Coran et la Loi.

### PISTES DE TRAVAIL

- Produire des tableaux équivalents pour le christianisme et le judaïsme.
- Autre œuvre préconisée par les programmes officiels de 2002 : figures masculines et féminines (peintures de la région du Tassili, Algérie, 6 000 à 2 000 av. J.-C.).

Reproduction couleur p. 204

- Enluminure (Languedoc, France)
- XIVe siècle
- 9,3 x 6,8 cm

# Analyse de l'œuvre

## Le procès du Christ (enluminure)

*Du latin* illuminare *(qui donnera le mot « lumière »), l'enluminure est l'art d'illustrer et d'orner des textes manuscrits. D'abord réalisées dans des communautés religieuses par des moines spécialistes, puis, à partir du* XIVe *siècle, par des laïques, les enluminures sont appréciées des princes, des rois et des évêques. Les « livres d'heures » (ou* Horae*) sont de riches d'enluminures qui illustrent des poèmes, des psaumes, des calendriers. Si l'on ne connaît pas la plupart des auteurs des enluminures qui sont parvenues jusqu'à nous, certains, comme Jean Pucelle ou les frères Limbourg, sont célèbres par la perfection de leurs œuvres.*

### Présentation

Le rôle de cette enluminure est décoratif et religieux. Elle participe au développement d'une vision chrétienne du monde. Si l'enlumineur doit se soumettre aux exigences de son commanditaire, qui lui indique un espace bien défini, des couleurs et des motifs précis, son talent consiste à transcender ces conventions de représentation et à insérer sa touche personnelle.

### Composition

Il s'agit d'une première lettre de chapitre appelée « chapeau initial ». L'ensemble du motif prend appui sur une composition à base d'ovale et de carré (fig. 1). Des lianes à multiples ramifications serpentent, avec bourgeonnements et fleurs (fig. 2).

L'incarnation du Christ (agneau de Dieu) est présente sur la branche médiane gauche (fig. 3). L'intérieur de la lettre est réservé aux personnages, qui épousent pleinement l'espace (fig. 4).

Une autre scène du procès du Christ se déroule sur une branche de la partie inférieure ; on peut noter les mouvements des bras et des jambes des personnages debout (fig. 5), contrastant avec la position assise et sereine du Christ.

### Technique et couleur

Les enluminures étaient réalisées sur du parchemin.

Les artistes utilisaient des pigments d'origine végétale (iris, lys), animale (os calciné) ou minérale (craie, minium), mais aussi des métaux (or, argent, cuivre). Les couleurs sont celles du vitrail (bleu, vert, rouge et noir pour les contours).

On se servait d'une loupe grossissante et de pinceaux extrêmement fins, la très petite dimension de l'œuvre nécessitant une concentration et une précision infinies.

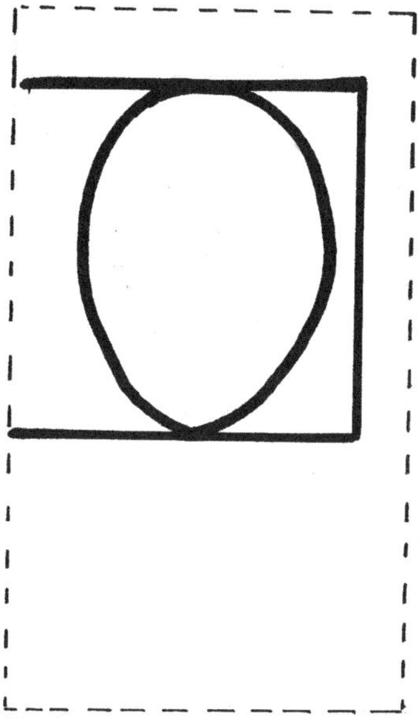

Fig. 1

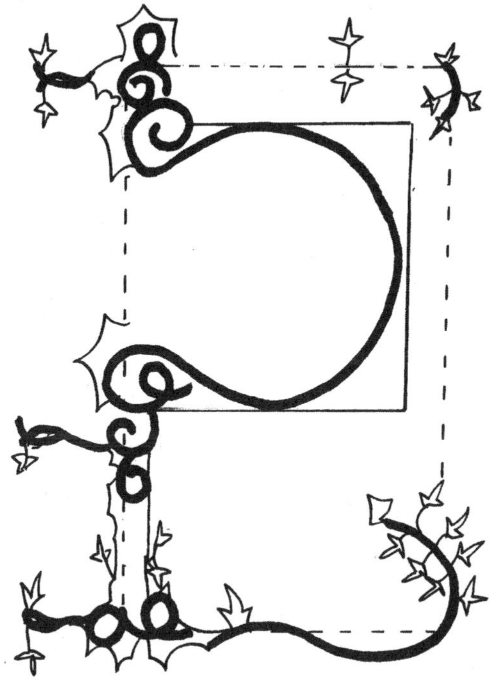

Fig. 2

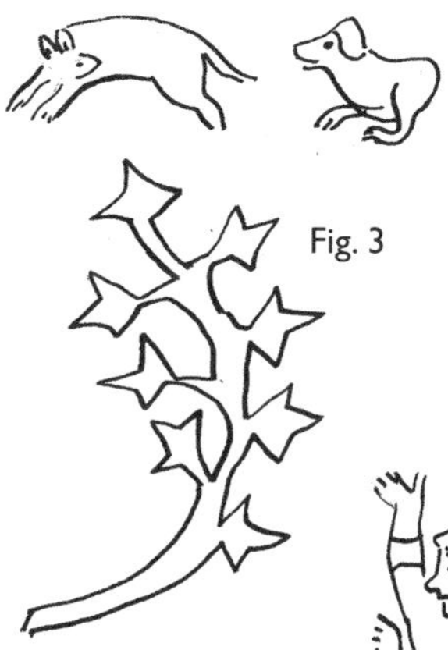

Fig. 3

Fig. 5

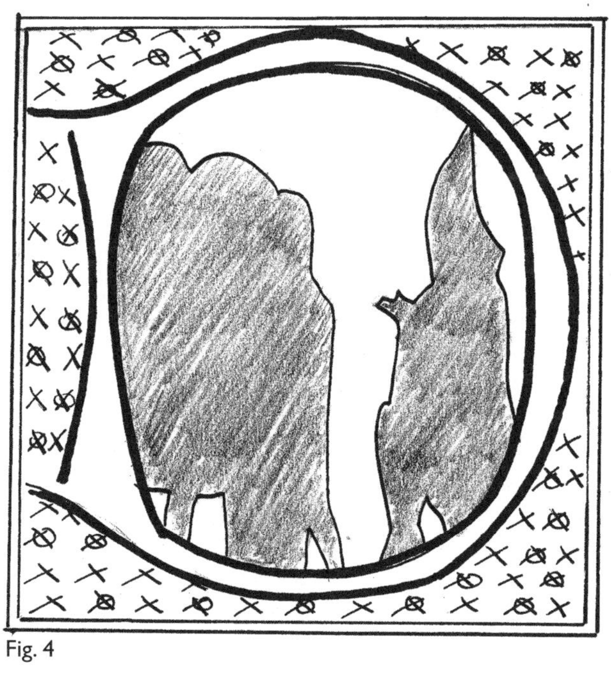

Fig. 4

# Ornementer une lettre

## Le procès du Christ (enluminure)

### Objectifs

- Jouer avec les possibilités expressives de la ligne.
- Composer à partir d'une surface carrée.
- Mettre en valeur, faire ressortir, orner une lettre.

### Matériel

- une feuille de papier ordinaire ;
- un feuille de Canson blanc carrée (20 x 20 cm) ;
- un crayon HB ;
- une règle ;
- des feutres de couleur.

### Durée

2 séances d'1 heure

### • Déroulement

Demander aux élèves de dessiner, sur un brouillon, la première lettre de leur nom ou prénom en majuscule (avec une épaisseur) (fig. 1). Prolonger de façon décorative et en arabesque les extrémités de la lettre, avec, pour consigne, l'enroulement de la boucle (fig. 2 et 3).

Quand les élèves se seront suffisamment exercé, leur donner la feuille de Canson. Tracer au crayon, en appuyant très légèrement, deux diagonales (fig. 4). Faire à la règle une bordure d'au moins 2 cm (fig. 5). Dessiner la lettre en prenant soin d'occuper au maximum l'espace (fig. 6). Faire observer aux élèves la reproduction de l'enluminure et les interroger : « Pourquoi peut-on dire que vous faites une "enluminure" ? À quel autre mot pense-t-on ? Quels sont les éléments qui servent à décorer une lettre ? » Etc.

Leur proposer ensuite d'animer les espaces dans et autour de la lettre avec des motifs de végétaux (feuilles, branches, fruits, etc.) ou d'animaux, tout ceci avec un crayon HB très bien taillé. Ces motifs rempliront l'espace autour de la lettre et peuvent parfois passer sur l'initiale.

Le coloriage est réalisé aux feutres ordinaires ou au pinceau en se limitant au trois couleurs primaires – bleu, jaune, rouge – de façon à garder « l'esprit Moyen Âge ». La bordure sera décorée librement avec des rythmes de lignes géométriques (fig. 7).

### • Variante

Suivre le même principe mais décorer cette fois l'intérieur de la lettre. On peut ensuite imposer des couleurs pour l'intérieur et d'autres pour l'extérieur, afin d'éviter la confusion. Les couleurs peuvent être remplacées par un contraste noir/blanc, avec, pour consigne, de trouver un équilibre entre les deux couleurs (autant de noir que de blanc).

Fig. 1

Fig. 2

Fig. 3

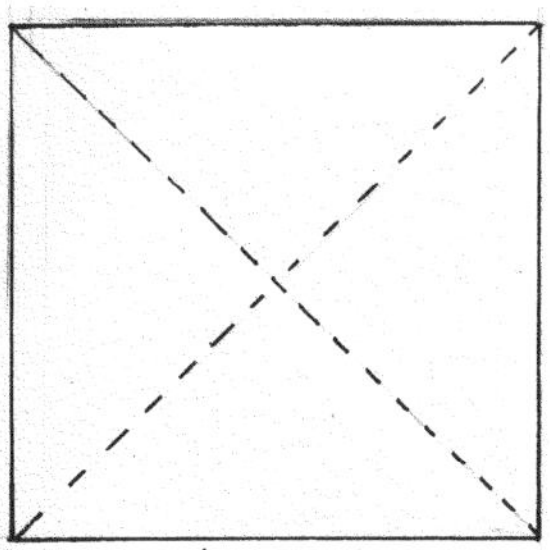
Fig. 4

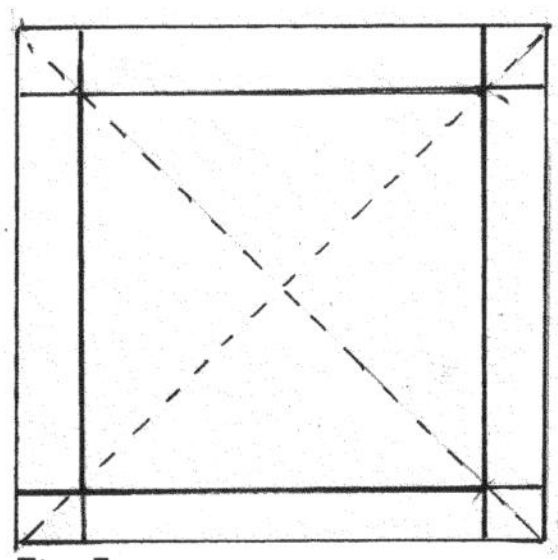
Fig. 5

Fig. 6

Fig. 7

# Écrire des acrostiches

## Le procès du Christ (enluminure)

**Objectifs**

- Découvrir le genre de l'acrostiche.
- Écrire des textes courts en rapport avec des consignes.
- Développer sa créativité.

**Durée**

45 minutes

### • Sensibilisation

Demander aux élèves d'observer attentivement la reproduction et les questionner : « De quoi s'agit-il (une peinture, un vitrail, une tapisserie) ? Y a-t-il de l'écriture ? Est-elle compréhensible ? Quelle est la lettre que l'on peut reconnaître ? Est-elle écrite en majuscule ou en minuscule ? Pourquoi ? Où trouve-t-on ce genre de dessin ? Pourquoi nomme-t-on cela une enluminure ? À quoi cela servait-il ? Pourquoi les livres étaient-ils si luxueux ? Trouve-t-on encore ce genre de livres ? » Etc.

En se référant également à la fiche « Analyse de l'œuvre » (pp. 50-51), donner quelques informations. Les pages des premiers livres étaient noircies par l'écriture ; on les « éclairait », on les « illuminait » grâce à de magnifiques peintures aux couleurs vives. Les motifs étaient de toutes sortes : animaux réels ou imaginaires, fleurs, fruits, végétation, personnages… Ils étaient souvent inspirés d'autres arts (vitraux, tapisseries, mosaïques, émaux…). L'enluminure est un symbole qui veut transmettre un message, une idée. Les motifs (position, taille) et les couleurs ont un sens précis : par exemple, un personnage de grande taille vêtu de bleu représente la fonction royale, l'or symbolise la richesse, l'intelligence, la grandeur, la vertu, le prestige… Ce symbolisme était si important que l'Église se servait de cet art pour faire connaître et diffuser son message.

Finir en suggérant de travailler un genre poétique dans lequel les premières lettres des vers sont très importantes.

**M**audissant les fautes d'orthographe
**A**pplaudissant les progrès constants
**I**l œuvre tous les jours
**T**oujours de bonne humeur
**R**assurant les écoliers
**E**n les récompensant.

### • Découverte de l'acrostiche

Inventer un acrostiche, l'écrire au tableau (en insistant sur les premières lettres) et demander aux élèves de le lire. (Voir ci-contre, par exemple.)

Recueillir les observations des élèves : « De quel type de texte s'agit-il ? Que remarquez-vous ? » Écrire le mot « acrostiche » au tableau et demander aux élèves s'ils en connaissent le sens. Suivant le cas, noter la définition au tableau ou la faire rechercher dans un dictionnaire. L'acrostiche est un jeu poétique très ancien puisqu'on en trouve même dans la Bible. On a en a découvert un dans *Horace* de Corneille ; Alfred de Musset et George Sand se donnaient rendez-vous en utilisant des acrostiches. Lors de la Seconde Guerre mondiale, des résistants utilisaient ce procédé pour transmettre des messages codés.

## • Écriture d'un acrostiche

Proposer aux élèves d'écrire un acrostiche avec leur prénom sous la forme d'une poésie (ils devront être le sujet du poème). Se rappeler que l'acrostiche est un jeu poétique mystérieux ; le message ne doit donc pas être évident pour le lecteur non averti. Insister sur l'importance de la recherche de synonymes (pour trouver le mot exact commençant par la lettre voulue). Pour ce faire, laisser les dictionnaires à disposition.

Après une première phase d'écriture, vérifier que toutes les consignes ont été respectées. Une première correction consistera à repérer les éventuelles fautes d'orthographe qui remettent en cause l'acrostiche (oubli d'un *h* muet, confusion entre *s* et *c*, par exemple).

Chaque élève lit sa production à la classe, qui s'assure que les consignes de présentation et de sens sont respectées. Chaque élève recopie son acrostiche après correction éventuelle.

## • Variantes

- Même activité mais avec un double acrostiche, les dernières lettres de chaque vers lues verticalement formant également un mot.
- Proposer d'écrire un acrostiche avec un mot ou un thème imposé, par exemple le chevalier et le Moyen Âge.
- Pour les élèves de CM1 ou de CM2, dans le même esprit, créer des tautogrammes (phrases constituées de mots débutant par la même lettre).

### PISTES DE TRAVAIL

- Étudier l'enluminure d'un point de vue historique : la place de l'écrit, des livres au Moyen Âge, le rôle de l'Église au Moyen Âge, etc.
- Autre œuvre préconisée par les programmes officiels de 2002 : Miniature « Les frères Limbourg », *Les très riches heures du duc de Berry* (musée Condé, Chantilly, 1411-1416).

Reproduction couleur p. 205

# Analyse de l'œuvre

## Saint Georges terrassant le dragon

- Panneaux peints a tempera
- 1456-1460
- 52 x 90 cm

### Paolo Uccello

**Peintre italien (Florence, 1397- Florence, 1475)**

*Peintre, mosaïste, fresquiste, c'est l'un des maîtres du Quattrocento (qui, également appelé « Première Renaissance », rompt avec le Moyen Âge, et est représenté par des artistes comme Donatello, Masaccio, Botticelli et Fra Angelico). Passionné de perspective, Uccello inventa de nouvelles règles (par exemple, plusieurs points de fuite), joua avec le réalisme des couleurs et la disposition des personnages. Ses œuvres, qui ont un caractère fantastique et monumental, sont fortement structurées par une géométrie au service de l'imagination et une « stylisation des formes » qui le distingue de ses contemporains. Son sens de l'espace (profondeur, raccourci) atteint des sommets dans ses tableaux de bataille. C'est l'un des peintres de référence des artistes cubistes et surréalistes du XX^e siècle.*

## Présentation

*Saint Georges tuant le dragon* peut être interprété comme le symbole de la victoire du bien sur le mal. Ce thème a été peint deux fois par l'artiste mais aussi par Raphaël, Rubens, Kandinsky…

## Composition

Uccello utilise une composition pyramidale : les trois personnages sont disposés en fonction de cette figure géométrique. La ligne d'horizon est placée très haut, et le ciel est réduit au maximum. L'artiste utilise sa technique de perspective à deux points de fuite (fig. 1). Le paysage est pratiquement représenté en vue aérienne.

Uccello dispose les personnages comme sur une scène de théâtre : ils sont « acteurs » et se situent au premier plan, près des spectateurs (fig. 2). Le chevalier et le dragon sont dessinés avec des lignes courbes, donnant un sentiment de mouvement (fig. 3) opposé à la verticalité tranquille de la dame. Uccello place trois personnages dans le lointain (en haut, à gauche, au bout du chemin) pour donner encore plus de profondeur au tableau.

## Couleur

La dominante du tableau est chaude, rouge orangé, avec un équilibre de rouge à droite et à gauche (robe, harnais du cheval). La couleur verte du dragon (couleur complémentaire du rouge) vient refroidir l'ensemble et équilibrer l'harmonie générale.

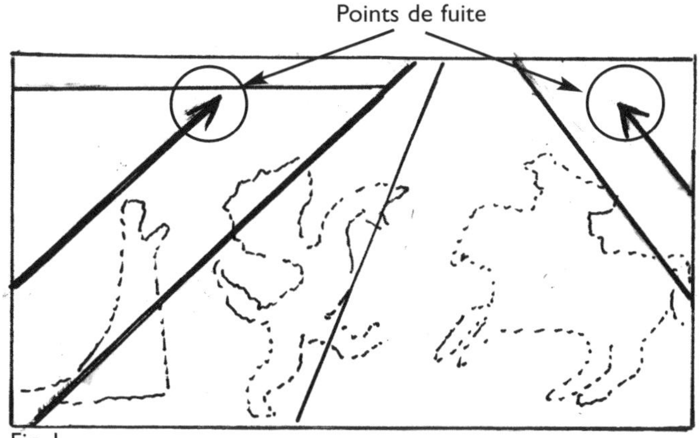


Fig. 1

Fig. 2

Fig. 3

# Dragon en volume / Carte à gratter

## Saint Georges terrassant le dragon

Paolo Uccello

### Objectifs

**A :** Faire une création en volume (cylindre et éléments attenants).
- Appréhender les notions d'équilibre, de solidité, de contrepoids.

**B :** - Explorer un nouvel outil.
- Jouer sur les contrastes et le graphisme.

### Matériel

**A :** - deux feuille de bristol blanc ;
- un cutter (pour l'enseignant) ;
- des ciseaux ;
- une agrafeuse ;
- de la colle ;
- des feutres de couleur.

**B** - une carte à gratter (environ 15 x 10 cm) par élève ;
- un porte-plume et une plume vaccinostyle ;
- un crayon ;
- une feuille de papier blanc ;
- du papier calque.

### Durée

**A** : 2 séances d'1 h 30

**B** : 2 séances d'1 heure

### • Proposition A : dragon en volume

Dans la feuille, découper un rectangle étroit en largeur. Dessiner la silhouette d'un serpent, la tête et la queue touchant les bords de la feuille. Colorier librement, puis découper le serpent (fig. 1).

Après avoir décoré d'écailles une autre bande de bristol (fig. 2), confectionner un cylindre (fig. 3). Au cutter, faire deux entailles sur le cylindre (fig. 4). Insérer le corps du serpent dans le volume (fig. 5).

Compléter le reste du corps du dragon en découpant et en coloriant des ailes et des pattes, qui seront agrafées ou collées. Coller une langue à l'intérieur de la gueule. Avec une lame de ciseaux, étirer la queue pour la recourber (fig. 6).

Attacher « l'animal sculpture » avec une ficelle en cherchant le point de stabilité pour pouvoir l'accrocher au fond de la classe.

### • Proposition B : carte à gratter

Donner à chaque élève un morceau de carte à gratter de petite dimension. Sur une feuille de brouillon, dessiner des dragons imaginaires en s'inspirant du tableau, mais sans copier servilement le modèle (faire plusieurs croquis). Bien veiller à utiliser des lignes courbes.

Choisir un dragon, le reproduire sur la carte à gratter avec un crayon à papier très pointu (attention, on ne peut pas gommer !).

Graver avec un porte-plume muni d'une plume vaccinostyle (travailler avec la pointe et non la tranche de l'outil, ce qui permet de dessiner avec finesse et précision) (fig. 1).

« Animer » l'intérieur du corps par des graphismes figurant les écailles et les plumes (fig. 2). Pour donner une dimension à l'animal, dessiner un petit paysage en bas de la surface.

## Proposition A

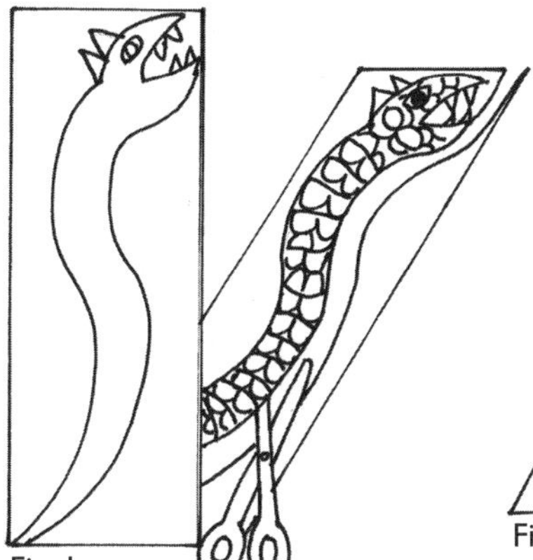

Fig. 1

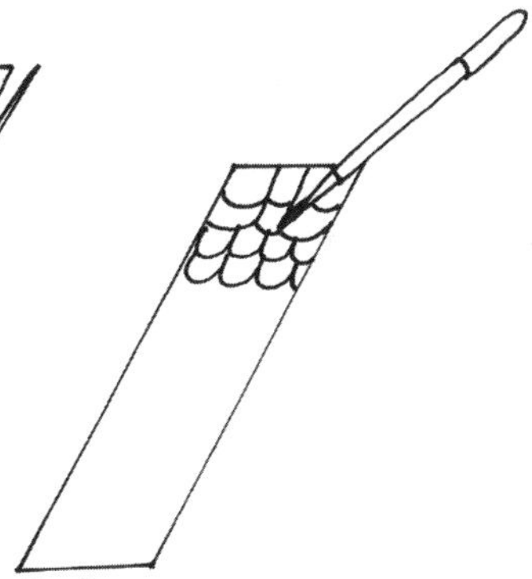

Fig. 2

Fig. 3

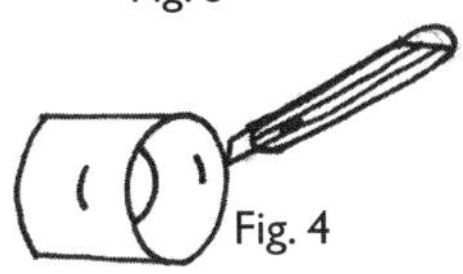

Fig. 4

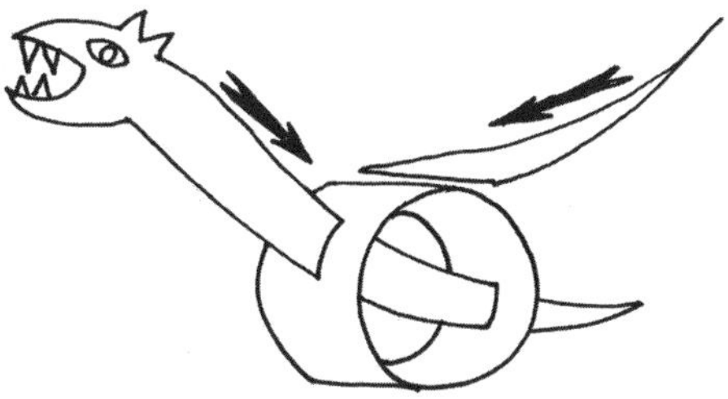

Fig. 5

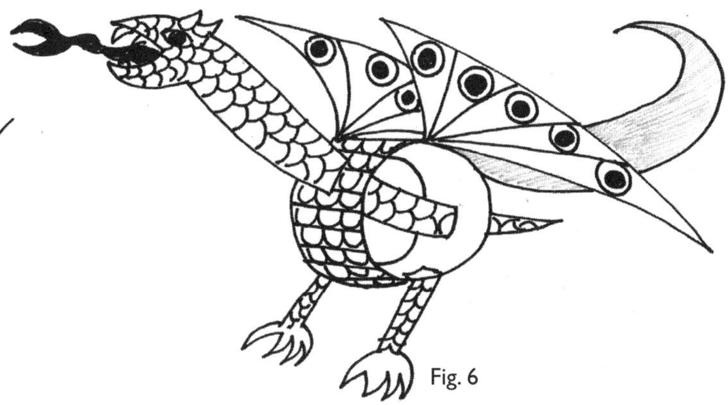

Fig. 6

## Proposition B

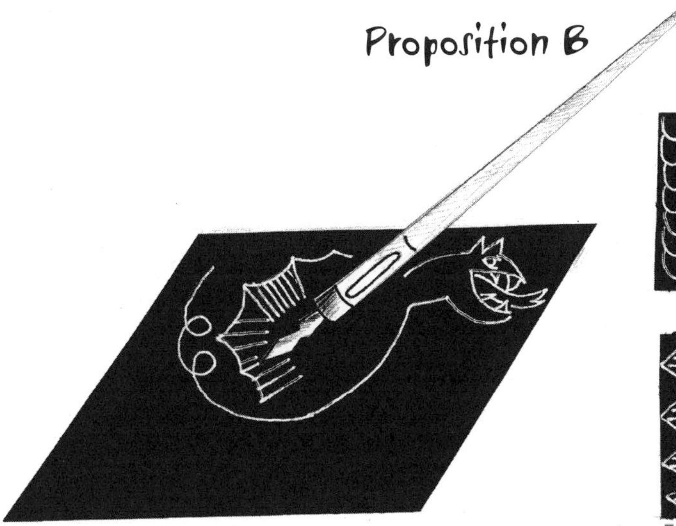

Fig. 1

Fig. 2

# Les entretiens de La Belle et la Bête

**Extrait de *Ma mère l'Oye* de Maurice Ravel**

## *Saint Georges terrassant le dragon*

Paolo Uccello

### Phénomène saillant

La musique narrative sans paroles

### Objectifs

- Aborder la notion de thème musical (mélodie, air, refrain…).
- Repérer deux thèmes et les caractériser.
- Suivre leur utilisation et leur évolution.
- Utiliser le vocabulaire musical.
- Soutenir une écoute prolongée.
- Imaginer une histoire.

### Durée

1 heure

***Maurice Ravel** est né à Ciboure en 1875 et est mort à Paris en 1937. Au nombre des plus grands orchestrateurs de tous les temps, il a composé des pièces aussi célèbres que le* Boléro, Daphnis et Chloé, L'enfant et les sortilèges, le Concerto pour la main gauche, *etc.*

### • L'œuvre

*Ma mère l'Oye*, dont cette pièce est extraite, est une mise en musique de contes célèbres. *Les entretiens de la Belle et la Bête* repose sur le principe d'un thème musical caractéristique associé à un instrument et à un registre de hauteur : un thème léger pour la Belle, joué à la clarinette sur un rythme de valse, et un thème inquiétant pour la Bête, joué dans le grave au contrebasson. C'est une œuvre préconisée dans les documents d'application des nouveaux programmes pour l'écoute musicale (« Œuvres instrumentales représentant les grands thèmes ; thème de la métamorphose »). (Version utilisée : Ravel, Boston Symphony Orchestra, dir. Charles Münch, Label : RCA GD86522.)

### • Démarche

Ne pas révéler l'histoire.

- 1re **écoute** sans consigne (début à env. 1'14") : recueillir les impressions des élèves. Mettre en évidence la formation musicale – clarinette solo – accompagnée par un orchestre symphonique. Chercher les caractéristiques du thème après l'avoir fait chanter (accompagnement de valse, légèreté de la mélodie, répétition du thème).
- 2e **écoute** (du début jusqu'à la fin de la présentation du second thème, celui de la Bête, env. 1'44") : demander aux élèves de désigner les différences avec la première écoute (la présence de l'instrument grave qu'est le contrebasson, les ponctuations de la grosse caisse, le caractère menaçant de l'ensemble). Penser à faire reproduire vocalement le thème pour l'intériorisation.

- **3ᵉ écoute** (la suite jusque vers 2'28" : l'entretien qui n'aboutit pas entre la Belle et la Bête). Faire prendre conscience aux élèves des deux thèmes qui dialoguent et essaient de se compléter ainsi que de la tension créée par le crescendo et l'accélération.
- **4ᵉ écoute** (de 2'28" à 3'20" environ) : cette fois-ci, le dialogue est engagé, les deux thèmes se superposent. Une nouvelle tension dramatique est remarquable à la fin de cette partie et arrive sur une suspension précédée d'un coup de cymbale qui renforce l'effet d'attente.
- **5ᵉ écoute** (de 3'21" environ à la fin) : que va-t-il se passer ? Un long glissando (effet de glissement continu d'une note à une autre) de harpe annonce la métamorphose (de la Bête en prince). Son thème est cette fois joué calmement dans l'aigu par le violon puis le violoncelle, pendant que l'autre thème (celui de la Belle) est interprété par une petite flûte. La pièce se conclut dans la douceur et la sérénité qui caractérisent les histoires qui finissent bien.
- **6ᵉ écoute :** la pièce dans son intégralité afin d'en saisir la globalité, et pour le plaisir.

## • Production

Après avoir étudié l'œuvre, sans révéler l'histoire du conte (pour faire travailler l'imaginaire et ne pas formater l'écoute), faire inventer une histoire avec deux personnages qui viendra s'appuyer sur cette musique. Il faut commencer à inventer le conte après la seconde écoute. Il devra, naturellement, suivre la chronologie des événements musicaux.

Pour permettre aux enfants de s'écouter et d'évaluer leur création, il sera bon d'enregistrer avec un magnétophone le texte dit par les élèves en même temps que la musique. Mais on peut aussi profiter des possibilités offertes par les TICE pour faire un enregistrement multipiste (la musique sur une piste stéréo et le texte des enfants sur d'autres pistes). L'utilisation d'un logiciel libre facile à prendre en main tel qu'Audacity peut aider à la réalisation de ce projet.

Le conte utilisé par Maurice Ravel pour cette pièce sera révélé à la fin de l'exercice de création et permettra une comparaison.

### PISTES DE TRAVAIL

- Autres écoutes autour du thème du fantastique (sans paroles) :
  - *Les entretiens de la belle et la bête* version originale pour piano à 4 mains de Maurice Ravel ;
  - *L'apprenti sorcier* de Paul Dukas (1865-1935) sur une ballade de Goethe ;
  - *Songe d'une nuit de sabbat*, 5ᵉ mouvement de la Symphonie fantastique d'Hector Berlioz (1803-1869).
- Chants à mettre éventuellement en regard :
  - *La sorcière Grabouilla* de Francine Poh ;
  - *La java du diable* de Charles Trenet ;
  - *Le loup, la biche, le chevalier* d'Henri Salvador.
- Autres œuvres (peinture) préconisées par les programmes officiels de 2002 : *La Nativité* de Robert Campin (musée des Beaux-Arts, Dijon, 1420) ; *L'Annonciation* de Fra Angelico (couvent San Marco, Florence, Italie, XVᵉ siècle).

*Reproduction couleur p. 205*

- Huile sur bois
- 1503-1506
- 77 x 53 cm

# Analyse de l'œuvre

## La Joconde, portrait de Mona Lisa

### Léonard de Vinci

**Peintre et savant italien (Vinci, 1452 - Le Clos-Lucé, 1519)**
*Artiste emblématique, Léonard de Vinci est le symbole, avec Michel-Ange, du génie de la Renaissance italienne. Peintre, architecte, musicien, astrologue, physicien, son art marque une évolution avec le Quattrocento (voir p. 56). En 1497, il réalise* La Cène *à Milan, où son sens de l'espace et de la figure humaine font merveille. En 1517, François Ier l'invite en France, où il devient le peintre-architecte officiel. Ses œuvres (une dizaine de peintures) sont des chefs-d'œuvre absolus et des références en histoire de l'art.*

### Présentation

*La Joconde* fut commandé à Léonard de Vinci par Francesco del Giocondo, mari de Lisa Gherardini qui en fut le modèle. L'exécution de ce tableau fut très difficile pour le peintre, qui peina pendant des années pour le terminer.

### Composition

La Joconde occupe pleinement le tableau et s'inscrit dans une construction en triangle (fig. 1). Le peintre compose le personnage en clair-obscur, fonçant les cheveux et l'habit pour faire ressortir l'ovale du visage, le cou et les mains (fig. 2). L'œuvre joue sur deux plans : Mona Lisa et le paysage en arrière-plan (fig. 3).

### Technique et couleur

L'artiste a recours au glacis (préparation proche d'un film translucide) afin d'obtenir le modelé et la lumière si subtile du tableau. Procédé inventé par Léonard de Vinci, le *sfumato* donne une volupté nouvelle à la peinture. Le jeu des nuances semble ici infini : on passe d'une tonalité à l'autre avec douceur, que ce soit dans les plis du tissu ou dans les rochers du paysage « vaporeux ».

On relève une savante harmonie entre des nuances de bruns et d'ocre dans le bas de l'œuvre, et de vert dans la partie haute. Le peintre introduit de la psychologie dans la figure humaine. L'attraction de cette œuvre vient aussi du jeu entre le sourire énigmatique et les yeux fascinants du modèle (fig. 4).

Il y a une opposition entre la beauté de Mona Lisa et l'étrangeté du paysage imaginaire, sauvage, inquiétant, dénué d'arbre et de construction (excepté un pont). La position en croix des mains (fig. 5) fait penser que le modèle était assis dans une loggia.

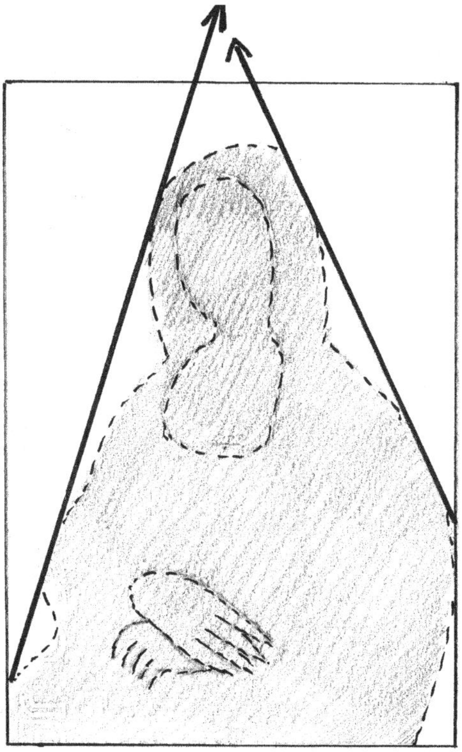
Fig. 1

Fig. 2

Fig. 3

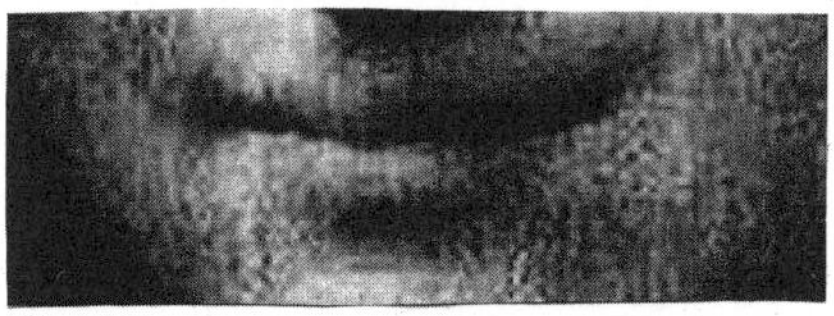
Fig. 4

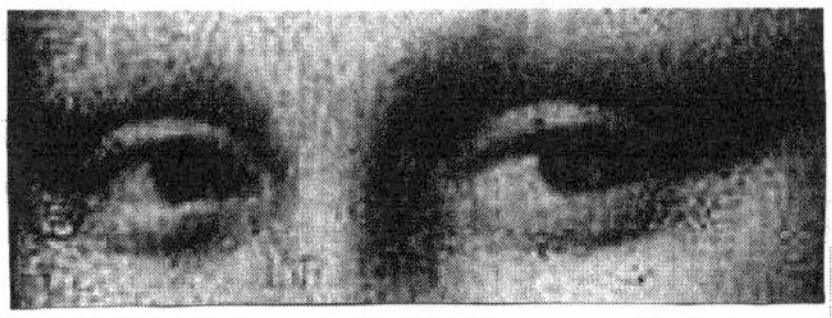
Fig. 4

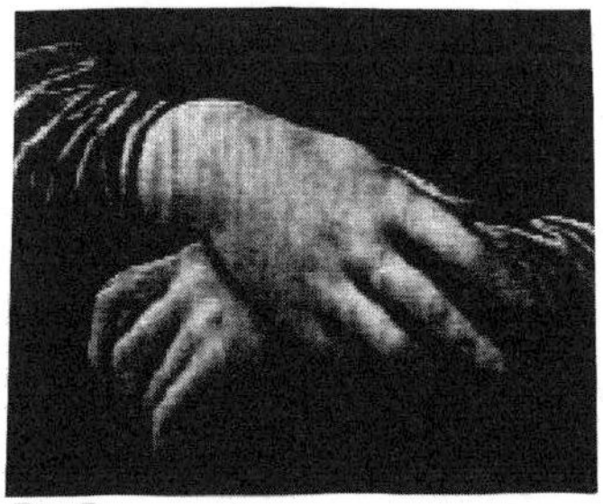
Fig. 5

# J'habille Mona Lisa

## *La Joconde, portrait de Mona Lisa*

Léonard de Vinci

### Objectifs

- Détourner une œuvre « classique ».
- Jouer avec les proportions (évaluer la proportion d'un corps humain).
- Utiliser des éléments graphiques divers pour recomposer une image.

### Matériel

- une photocopie de l'œuvre par élève ;
- une feuille de Canson format 1/2 raisin ;
- des ciseaux ;
- de la colle ;
- un crayon HB :
- des magazines en couleur.

### Durée

2 heures

### • Déroulement

Donner à chaque élève une photocopie de la reproduction de *La Joconde*. Découper le personnage (fig. 1) et le coller en haut de la feuille (au minimum à 4 cm du bord supérieur). L'activité consiste à recréer une Joconde en pied et à l'habiller différemment. Il est souhaitable d'esquisser préalablement au crayon, le bassin, les jambes et les pieds pour avoir des repères.

### • Proposition A

Découper des éléments hétéroclites (objets, fleurs, nuages, etc.) dans des magazines, et, en les assemblant sur le « corps », constituer un « costume » (fig. 2).

### • Proposition B

Déchirer à la main des morceaux de papier couleur trouvés dans des magazines et les coller directement sur le personnage. La forme de la robe peut se construire progressivement sans schéma préalable (fig. 3).

On peut choisir au départ une couleur et collectionner toutes les nuances de cette couleur pour harmoniser l'habit. Le fond du collage peut être réalisé à la peinture ou au feutre (éviter les fonds trop chargés), l'important étant de mettre en valeur Mona Lisa.

### • Variantes

- Faire la même activité que celle menée avec le portrait de François Ier (voir pp. 70-71).
- Donner à chaque élève une photocopie de *La Joconde* et une photocopie du portrait de François Ier. Il s'agit de créer un nouveau tableau en découpant les vêtements et les éléments du visage des deux personnages.

Fig. 1

## Proposition A

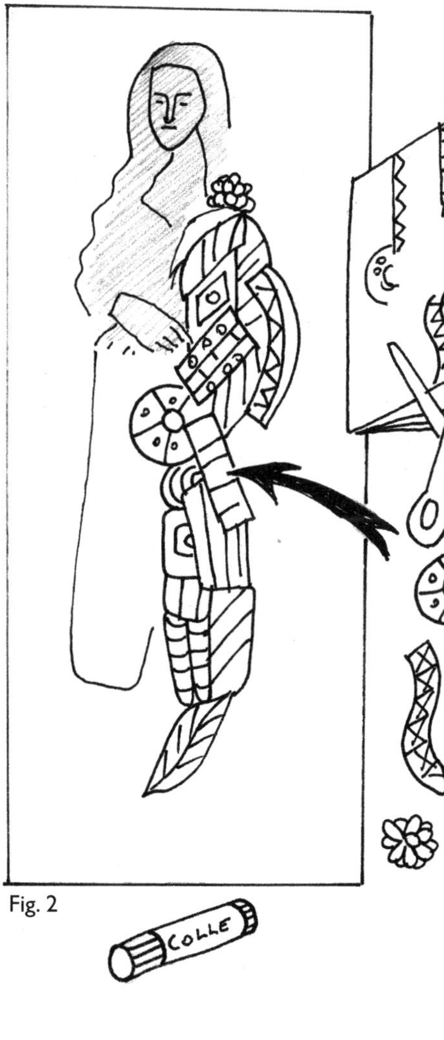


Fig. 2

## Proposition B

Fig. 3

# Décrire un tableau

## La Joconde, portrait de Mona Lisa

Léonard de Vinci

**Objectifs**

- Apprendre à décrire une œuvre picturale.
- Enrichir son vocabulaire artistique.
- S'interroger et formuler des questions.
- Émettre une opinion et la justifier.
- Écouter les autres.

**Durée**

1 heure

### • Découverte de l'œuvre

Confier la reproduction de l'œuvre à un élève qui aura pour consigne de répondre aux questions de ses camarades sans prononcer les mots « Joconde », « Mona Lisa » et « Léonard de Vinci ». Les autres élèves doivent essayer de deviner l'œuvre dont il s'agit par un jeu de questions/réponses du type : « S'agit-il d'une peinture ? d'une photographie ? d'une sculpture ? Est-ce un paysage ? un portrait ? une peinture ancienne ? une peinture abstraite ? » Etc. Insister sur la formulation des questions.

Désigner un secrétaire de séance qui notera au tableau toutes les informations caractérisant cette œuvre : il s'agit d'une peinture ancienne représentant le portrait d'une femme… Quand les élèves n'ont plus de questions à poser, demander à l'élève de montrer la reproduction.

### • Comparaison de l'œuvre avec le portrait de François Ier peint par Jean Clouet (voir p. 68)

Afficher côte à côte les deux reproductions et demander aux élèves de comparer les deux tableaux (ce sont deux portraits anciens : un homme et une femme, un roi et une femme ordinaire). Leur suggérer de comparer les vêtements, la posture, les visages…

Amener les élèves à observer que le portrait de François Ier est très esthétique : c'est un portrait d'apparat, un portrait mondain qui a une fonction de représentation sociale, mais qui n'a pas de dimension psychologique. Il ne cherche pas à rendre compte de la personnalité de son modèle.

## • « Et si l'on parlait du tableau ? »

Répartir les élèves en groupes et leur proposer de noter les points qu'il serait intéressant de développer sur ce tableau, les questions qui leur viennent à l'esprit, etc. Lors de la mise en commun, procéder à un classement des observations en distinguant ce qui concerne :

- le sujet du tableau : « Qui est la femme représentée ? Est-elle jeune ? Est-elle belle ? À quelle époque vivait-elle ? Comment est-elle habillée ? Semble-t-elle sympathique ? mystérieuse ? Est-elle riche ? pauvre ? Quel est son métier ? À quoi pense-t-elle ? Qui ou que regarde-t-elle ? Où se trouve-t-elle ? Quelle heure est-il ? Dans quel pays est-elle ? Fait-il chaud ? froid ? De quelle couleur sont ses yeux ? Comment pourrait-on qualifier son sourire ? Comment sont posées ses mains ? A-t-elle une attitude naturelle ou pose-t-elle ? (On peut demander à un élève de venir prendre la même pose que Mona Lisa.) » Etc.
- la composition du tableau : une femme en gros plan, un paysage en arrière-plan : « Que peut-on dire de ce paysage ? Combien y a-t-il de plans ? Est-ce un paysage réaliste ou imaginaire ? Dans quel pays voit-on ce type de paysage ? Où est située la ligne d'horizon ? Y a-t-il des habitations, d'autres personnages ? A-t-on envie de se promener dans ces montagnes ? Ce paysage est-il peint avec précision ? » Etc.
- les composantes plastiques de l'œuvre : « Quelle est la taille du tableau ? Pourquoi Vinci a-t-il placé le rectangle verticalement et non horizontalement ? Quel est le support du tableau ? Quelle est la technique utilisée ? Peut-on voir les traces du pinceau ? Y a-t-il des craquelures ? Quelle est la couleur dominante ? Comment sont les couleurs ? D'où vient la lumière ? Comment est éclairée Mona Lisa ? Quelle est la partie la plus lumineuse du tableau ? Comment se répartissent les zones d'ombre et de lumière ? » Etc.
- ce que suggère le tableau : la douceur, la tranquillité, la mélancolie, le calme, le mystère…
- autres : « Pourquoi ce tableau est-il si célèbre ? Mona Lisa savait-elle à l'époque qu'elle serait aussi célèbre ? » Etc.

Demander aux élèves de garder une trace écrite de ce questionnaire.

## • Critique orale de l'œuvre de Léonard de Vinci

Demander aux élèves répartis en groupes de mener une critique orale de cette œuvre en leur suggérant de prendre appui sur les différents points observés au paragraphe précédent. Organiser un débat entre les groupes afin que chacun justifie ses remarques et argumente son point de vue.

### PISTES DE TRAVAIL

- Écrire un portrait chinois de La Joconde : « Si c'était... une plante ? une couleur ? un pays ? une expression ? un animal ? un objet ? une musique ? un plat ? un fruit ? une odeur ?... »
- Autre œuvre préconisée par les programmes officiels de 2002 : *La Cène* de Léonard de Vinci (Santa Maria Delle Grazie, Milan, Italie, vers 1495-1498).

Reproduction couleur p. 206

Reproduction couleur p. 206

- Huile sur bois
- Vers 1530
- 960 x 740 cm

# Analyse de l'œuvre

## Portrait de François Ier, roi de France

### Jean Clouet

**Peintre français (Paris, v. 1485 - Paris, 1541)**

*Portraitiste d'une grande distinction au service de François Ier et de sa famille (il était le peintre officiel du roi), Jean Clouet excelle dans le réalisme froid et raffiné. Son rendu des chairs et des éléments décoratifs est remarquable. Contemporain de Michel-Ange (à qui on a pu le comparer) et de Léonard de Vinci, il est considéré, avec son fils François, comme le plus grand peintre de la Renaissance française. Son œuvre peinte est restreinte, mais ses nombreux dessins au crayon ont contribué à sa grande réputation.*

## Présentation

Le visage est vertical et digne : le roi pose pour l'artiste, qui se doit de le magnifier. Légèrement de trois quarts pour la tête, de face pour le buste, le personnage prend vie sans être trop rigide. On peut noter la position des mains : leur dessin très maîtrisé (le petit doigt recourbé sur le pommeau de l'épée, le gant tenu dans la main droite). Ce tableau est l'un des chefs-d'œuvre de l'art du portrait dans la peinture française.

## Composition

Ce portrait en buste de François Ier s'inscrit dans un losange ; il occupe pleinement le tableau, les bras débordants du cadre (fig. 1).

L'artiste utilise les rythmes décoratifs du vêtement pour donner du « rayonnement » au portrait (fig. 2). Il s'attache autant à rendre la richesse chromatique des étoffes qu'à préciser le visage du roi. Il est proche en cela de la peinture flamande (Metsys, Van Eyck, Memlinc…).

Noter la présence de la couronne sur le tissu d'arrière-plan (fig. 3).

## Couleur

Clouet peint cette œuvre de façon très lisse et très précise. La gamme colorée appliquée au vêtement est à base de blanc, de noir et d'ocre doré. La texture du tissu est rendue avec une vibration unique, grâce au jeu de l'ombre et la lumière, et au contraste noir/blanc (fig. 4).

Le rouge du second plan vient faire « chanter » et rehausser l'harmonie blanc/beige/noir du vêtement.

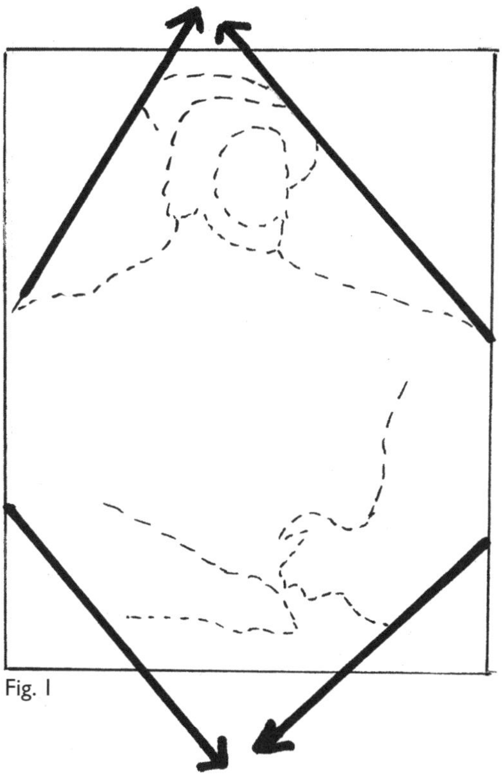

Fig. 1

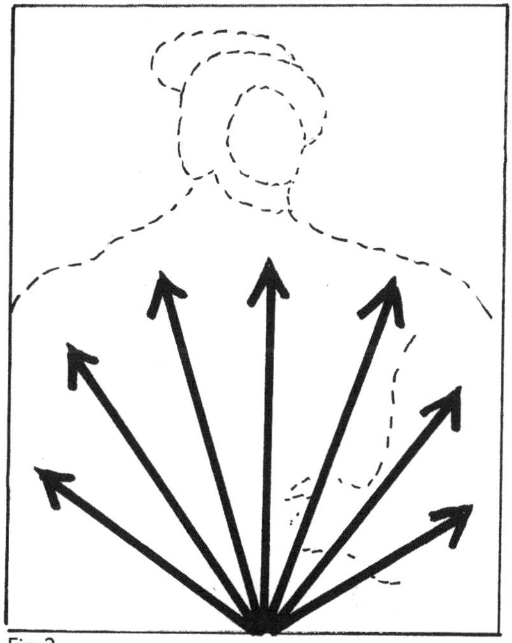

Fig. 2

Fig. 3

Fig. 4

# Décomposer, recomposer

## Portrait de François Ier, roi de France

Jean Clouet

### Objectifs

- S'approprier et détourner une œuvre.
- Passer d'un portrait en buste à un portrait en pied.
- Appréhender la notion de morphologie.
- Reconstituer un dessin à partir de fragments.

### Matériel

- une photocopie du portrait par élève ;
- une feuille de Canson 1/4 ou 1/2 raisin ;
- des ciseaux ;
- de la colle ;
- des feutres ou des pinceaux.

### Durée

2 séances d'1 heure

### • Déroulement

Donner à chaque élève une photocopie de l'œuvre en noir et blanc (fig. 1).

Découper librement l'ensemble du document, en morceaux de formes et de tailles diverses (fig. 2). Préserver l'ovale du visage lors de la découpe.

Sur la feuille, demander aux élèves de recomposer un nouveau personnage, mais, cette fois, en pied, à l'aide de l'ensemble des découpes (fig. 3).

Les consignes doivent être d'ordre morphologique : le personnage créé doit avoir un cou, un buste, un bassin, des cuisses, des mollets, des pieds, des bras et des avant-bras. Ce préambule est indispensable pour obtenir des réalisations surprenantes et vivantes, et éviter les personnages statiques, figés et inexpressifs. L'intégralité de la photocopie doit être utilisée.

Positionner d'abord les morceaux en cherchant un mouvement, une attitude intéressante, puis les coller. La tête doit demeurer intacte pour rappeler le tableau initial (fig. 4).

Colorier le fond librement, en mettant le personnage en scène et en situation.

Fig. 1

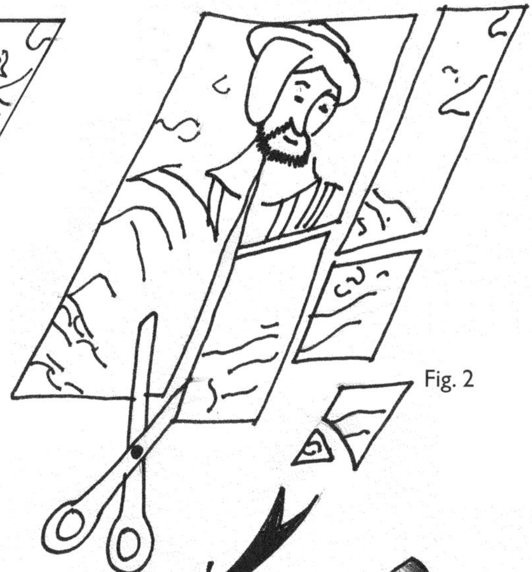

Fig. 2

Fig. 3

Fig. 4

# La Guerre (dite « Bataille de Marignan »)

**pour quatre voix de Clément Janequin**

## *Portrait de François Ier, roi de France* Jean Clouet

***Clément Janequin*** *est né vers 1485 et est mort à Paris vers 1558. Auteur de plus de 250 chansons, il est le représentant emblématique de l'école parisienne de la chanson. Il finira sa carrière, sous Henri II, fils de François Ier, avec le titre de compositeur ordinaire du roi.*

### Phénomène sonore saillant

Les onomatopées en musique

### Objectifs

- Aborder une œuvre dans son contexte historique.
- Soutenir une écoute prolongée.
- Être capable de repérer les entrées des différentes voix.
- Discriminer les moments horizontaux (entrées en imitation) et verticaux (homorythmie), et en déduire un découpage de l'œuvre.

### Durée

1 heure

### • L'œuvre

C'est une chanson polyphonique à quatre voix a cappella (sans accompagnement musical) de la Renaissance en deux parties. Elle célèbre très certainement la victoire des troupes de François Ier en 1515 à Marignan. (Version utilisée : *Les cris de Paris*, ensemble Clément Janequin, dir. D. Visse, Label : Harmonia Mundi HMA 1951072.)

### • Démarche

- 1re **écoute** de la première partie (env. 2'30") : recueillir les impressions des élèves. Mettre en évidence la formation musicale – quatre voix d'hommes a cappella. Demander aux élèves de relever certains mots. L'enseignant donnera une traduction en français moderne du texte.
- 2e **écoute** (toujours de la première partie) : introduire la notion d'« entrées en imitation » (les voix chantent presque la même chose, en décalage) et celle d'écriture homorythmique (les voix changent de syllabe en même temps), précédant en particulier certaines fins de phrase.

- **3e écoute** (de la seconde partie sur les bruits de la guerre, à partir de 2'32") : mettre en évidence les onomatopées et leur utilité (mise au premier plan du vacarme de la guerre). Repérer l'alternance texte/onomatopées.
- **4e écoute :** la pièce dans son intégralité afin d'en saisir la globalité (à la fin, Janequin célèbre une dernière fois la « victoire au noble roy Françoys ! ») et pour le plaisir.

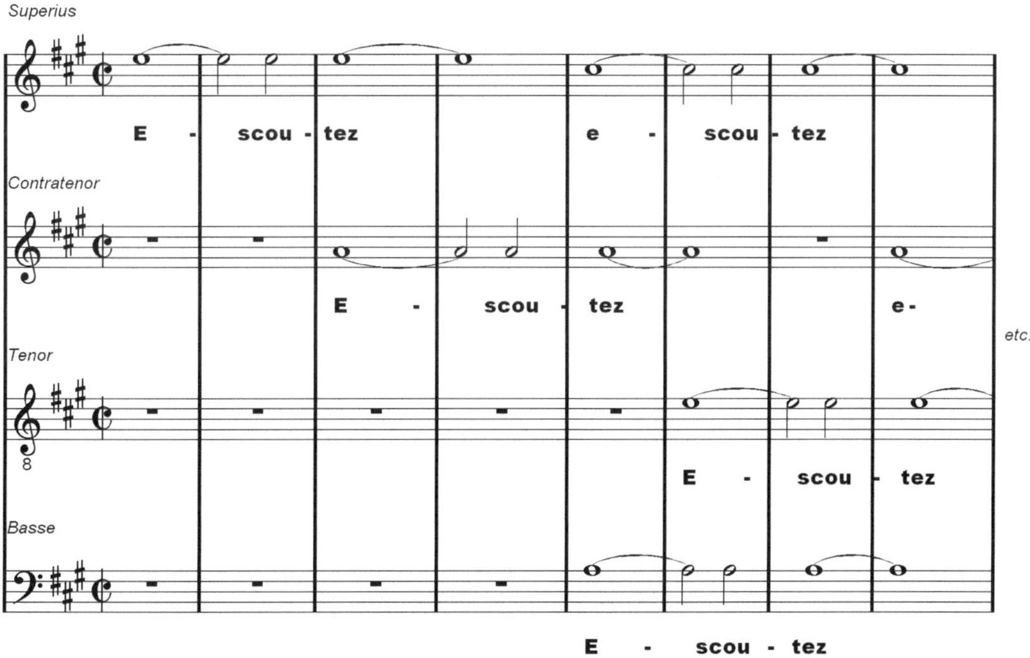


Exemple d'écriture horizontale : entrées en imitation (début), chaque voix entrée « imitant » la précédente.

## PISTES DE TRAVAIL

- Jeux vocaux de création utilisant les onomatopées ; invention d'une pièce en onomatopées et son codage écrit ; reconnaissance des voix d'homme et de femme à travers d'autres écoutes ; reconnaissance de musiques utilisant soit une écriture horizontale (fugue, canon, etc.), soit une écriture verticale (accords, homorythmie).
- Autres écoutes autour du thème de l'onomatopée :
  - *Le chant des oiseaux*, autre chanson polyphonique de Clément Janequin ;
  - *Stripsody* de Cathy Berberian (1928-1983) ;
  - *Le duo de chats* de Rossini (1792-1868) ;
  - *Les grenouilles* de Steve Waring (1945).
- Chants à mettre éventuellement en regard :
  - *Boum* de Charles Trenet ;
  - *Le jouet extraordinaire* de Claude François ;
  - *Comic strip* de Serge Gainsbourg ;
  - *Miaou miaou la nuit dernière* (canon).

Reproduction couleur p. 206

# Analyse de l'œuvre

## Le panier de fraises des bois

- Huile sur toile
- 1761
- 38 x 46 cm

### Jean-Baptiste Chardin

**Peintre français (Paris, 1699 - Paris, 1779)**

*Peintre sous Louis XV, grand ami de Diderot, Chardin est le maître de la nature morte, genre jusqu'alors considéré comme mineur et qu'il hisse à un niveau incomparable.*

*Ses tableaux sont des chefs-d'œuvre de délicatesse ; son sens de l'harmonie, du clair-obscur et sa « touche » picturale vigoureuse et sensuelle sont uniques. Poète des choses simples (il peint des ustensiles de cuisine, des fruits ou des animaux), il évite l'anecdote et le réalisme froid : « On se sert des couleurs mais on peint avec du sentiment. »*

## Présentation

L'artiste peint autant les objets que l'espace et « l'air » autour d'eux. Il capte l'atmosphère du lieu et permet un dialogue étonnant entre des éléments qui ne sont ni « photographiés » ni peints de façon léchée.

## Composition

L'ensemble du tableau repose sur une construction pyramidale, le sommet de la pyramide arrivant au milieu haut du rectangle. Le panier de fraises occupe le centre de la toile, créant, à droite et à gauche, deux espaces symétriques (fig. 1).

Le verre est en trapèze, ce qui permet de contrebalancer le triangle central. Au premier plan, la tige de la fleur forme une diagonale qui vient « casser » la rigueur de l'ensemble et fait un lien entre les deux parties du tableau (fig. 2).

## Technique et couleur

La pâte de la peinture à l'huile est grumeleuse, ce qui lui permet de capter la lumière. Chardin utilise le procédé du clair-obscur pour répartir les zones colorées (fig. 3). La partie gauche du fond est dans l'ombre et la partie droite dans la lumière ; c'est l'inverse pour les fraises.

Sa palette est une savante harmonie « chaude », avec l'évidence d'une dominante rouge, le vert (complémentaire du rouge) n'intervenant qu'avec discrétion.

Le blanc rose subtil des œillets détermine le point de rayonnement de la lumière sur le tableau (fig. 4).

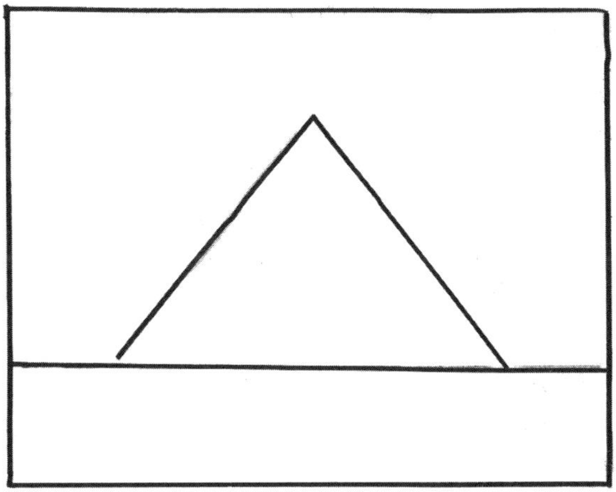

Fig. 1

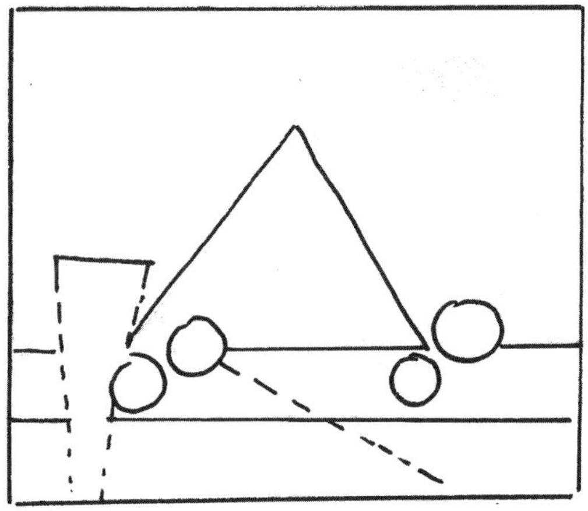

Fig. 2

Fig. 3

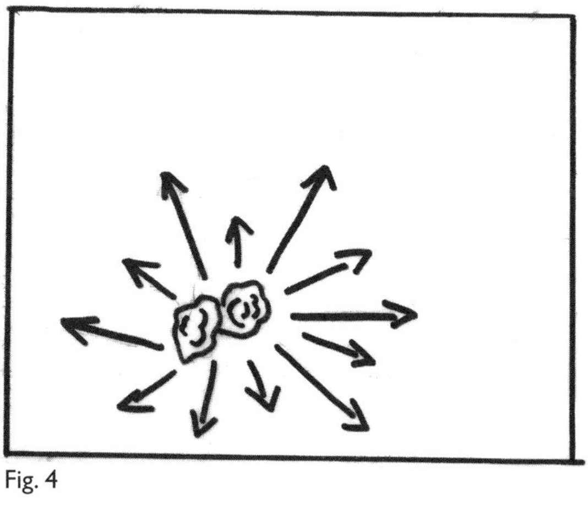

Fig. 4

# Triptyque/camaïeu/collage

## *Le panier de fraises des bois*

Jean-Baptiste Chardin

### Objectifs

- Exprimer une idée à travers une progression graphique (trois étapes).
- Prendre conscience des parties pleines et vides d'un tableau.
- Changer l'échelle d'une image par collage d'éléments photographiques.

### Matériel

- une feuille de Canson blanc 1/2 raisin ;
- une boîte d'aquarelle ;
- une palette ou une petite feuille de papier qui fera office de palette ;
- deux pinceaux (n° 6 et n° 12) ;
- des ciseaux ;
- de la colle ;
- des magazines.

### Durée

2 séances d'1 heure

### • Proposition A : triptyque

Énoncer le thème aux élèves : « La corbeille de fruits, matin, midi et soir ». Plier horizontalement la feuille de façon à obtenir trois rectangles de même dimension. Dans chaque rectangle, dessiner la silhouette d'une corbeille de fruits (la même pour les trois). Si nécessaire, utiliser du papier calque (fig. 1).

En s'aidant d'une règle et en appuyant très légèrement avec un crayon, tracer un triangle des bords supérieurs de chaque corbeille au centre du haut de la feuille (fig. 2).

Proposer aux élèves de dessiner dans le premier rectangle une pyramide de fruits, le principe étant d'en varier les formes et de ne laisser aucun vide entre eux. Dans les deuxième et troisième rectangles, dessiner, avec le crayon HB, « l'évolution » de cette pyramide dans la journée : pleine, à moitié pleine, presque vide (fig. 3).

Gommer les traits de construction des triangles. Puis, peindre la nature morte à l'aquarelle (fig. 4).

### • Proposition B : camaïeu

Sur la feuille, dessiner au crayon HB les contours très simples d'une corbeille de fruits et la ligne de la table. Peindre l'ensemble en camaïeu (avec toutes les nuances possibles de la même couleur) : disposer sur la palette la couleur de base, par exemple le bleu, puis du noir, du blanc, du rouge (en espaçant les couleurs), et chercher par de petits mélanges les variantes plus ou moins claires, plus ou moins foncées, etc.

Peindre un seul élément (une fleur, par exemple) d'une autre couleur (jaune ou rouge).

### • Proposition C : collage

La nature morte devient « paysage » : sur une photocopie noir et blanc, coller des personnages découpés dans des magazines (fig. 1) pour animer le nouvel espace en changeant d'échelle (fig. 2).

## Proposition A

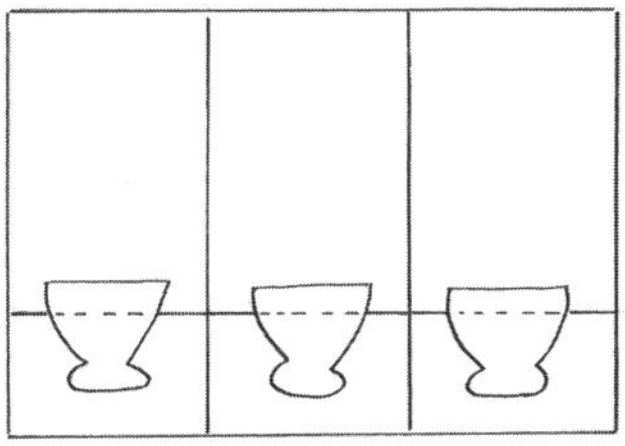

Fig. 1

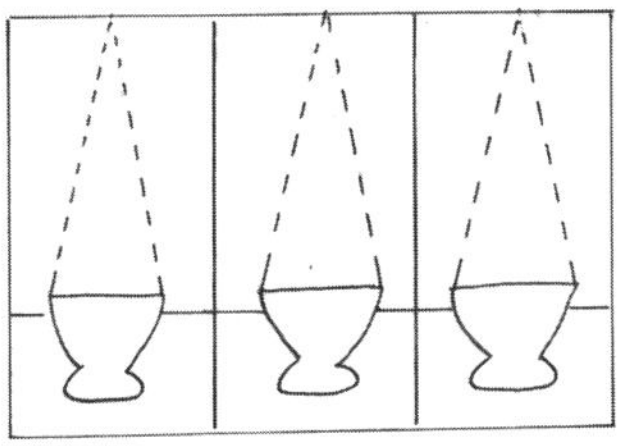

Fig. 2

Fig. 3

Fig. 4

## Proposition C

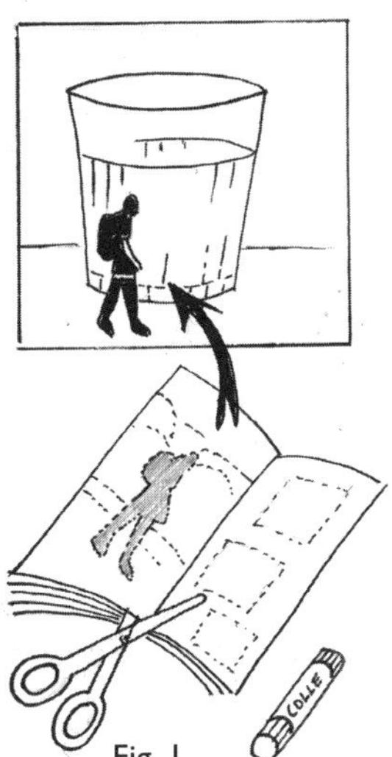


Fig. 1

Fig. 2

# Production d'écrits :
## lire et écrire une recette de cuisine
## **Le panier de fraises des bois**
Jean-Baptiste Chardin

### Objectifs
- Apprendre à lire et à écrire une recette de cuisine.
- Enrichir son vocabulaire.
- Découvrir et analyser un type d'écrit particulier.
- Écrire un texte en respectant des consignes précises.

### Durée
- Première séance (entre 30 et 70 min selon réalisation ou non de la recette) ;
- seconde séance (35 min).

### • Observation de l'œuvre de Chardin
Demander aux élèves de décrire oralement et de manière détaillée l'œuvre de Chardin. Les inciter à utiliser un vocabulaire adapté et précis pour parler de l'agencement des objets, des couleurs et de la luminosité. Les conduire également à construire des phrases complètes et à varier la syntaxe de leurs phrases pour éviter des tournures répétitives du type « Il y a… ». Les questionner ensuite sur ce que le tableau évoque pour eux : « Fait-il chaud ? froid ? À quelle époque de l'année sommes-nous ? À quelle saison ? D'après quels indices peut-on répondre avec certitude ? Quelle est l'ambiance dégagée par cette peinture ? Un parfum se dégage-t-il de ce tableau ? Imaginons que vous soyez devant cette table. Qu'auriez-vous envie de faire ? » Etc.

### • Réalisation et analyse d'une recette de cuisine
Distribuer aux élèves la recette des sablés aux amandes (voir annexe, document 3, p. 199). Leur demander de la lire, puis expliquer les mots inconnus ou spécifiques à la pâtisserie.

Les élèves énonceront ce dont ils ont besoin pour réaliser cette recette : des ingrédients évidemment, mais aussi des ustensiles. Leur demander de dresser la liste de ces derniers. Dans la mesure du possible (travail en demi-groupes pour les écoles disposant d'une cuisine), faire réaliser les sablés par les élèves. Cette étape doit leur permettre de comprendre la nécessité d'isoler la liste des ingrédients, la chronologie des opérations à effectuer, etc. S'il n'est pas possible de faire la cuisine au sein de l'école, faire observer très attentivement la recette comme un type de texte très particulier et demander aux élèves de dégager les caractéristiques du document tant au niveau de sa structure que de sa présentation.

Après une réflexion individuelle d'environ 5 minutes, procéder à une mise en commun. Il doit apparaître que le texte est du type injonctif et impersonnel (il ne s'adresse à personne en particulier) : il s'agit de donner, par écrit, des indications claires et précises censées être comprises par n'importe qui.

Pour préparer la séance suivante, demander aux élèves de rechercher une ou deux recettes de cuisine à la maison, et de les apporter en classe pour la séance suivante (recette de grand-mère, recette trouvée dans un livre, sur Internet...).

## • Analyse de recettes

Répartir les élèves par groupes de deux ou trois, et leur demander d'étudier ensemble les recettes apportées. Leur demander de vérifier si l'on retrouve les éléments dégagés lors de la première séance (ingrédients, matériel, consignes...). Leur faire également rechercher le vocabulaire spécifique afin d'enrichir encore leur lexique.

Après un temps de recherche, écouter les remarques des élèves et noter au tableau les informations supplémentaires non encore signalées : nombre de personnes ou d'unités, mentions particulières... Conclure avec les élèves en leur faisant écrire sur leur cahier la grille d'écriture suivante : « Une recette de cuisine doit être structurée de la façon suivante : titre (nom de la recette + dessin ou photo éventuellement) ; ingrédients, matériel ; temps de préparation et de cuisson ; réalisation.

La présentation doit être : claire ; chaque opération doit être précédée d'un retour à la ligne, d'un numéro ou d'un tiret ; l'écriture doit être lisible.

Pour la partie réalisation : on utilise toujours le même mode pour les verbes (impératif ou infinitif) ; si on utilise l'impératif, ce sera toujours à la deuxième personne du singulier ou à la deuxième personne du pluriel ; les consignes doivent être claires, précises, sans mot superflu ; les phrases doivent être courtes ; on utilisera de préférence un verbe différent par opération ; le vocabulaire est très précis.

## • Écriture d'une recette de cuisine

Donner à lire aux élèves la nouvelle « Recette de cuisine » extraite des *Histoires pressées* de Bernard Friot (Toulouse, éd. Milan, 2002). Interroger les élèves : « Pourquoi l'auteur a-t-il appelé ce texte "Recette de cuisine" ? » Donner la consigne suivante : « Écrivez la recette décrite par la pomme Golden et donnez lui un titre. » Laisser les élèves écrire leur texte au brouillon.

Au bout de 15 minutes, leur demander de relire leur écrit à l'aide de la grille d'écriture dégagée précédemment, d'effectuer éventuellement des corrections, puis de recopier soigneusement leur recette sur une feuille. Évaluer les écrits en fonction de la grille.

### PISTES DE TRAVAIL

- Demander aux élèves de rechercher une recette de purée de pomme de terre et d'imaginer la suite de la conversation entre la pomme Golden et la pomme de terre.
- Pour un travail sur les modes impératif et infinitif, proposer deux recettes de tartes aux fraises, l'une à l'impératif, l'autre à l'infinitif, et demander aux élèves de les réécrire dans l'autre mode.
- Autre œuvre préconisée par les programmes officiels de 2002 : une nature morte de Paul Cézanne (XIXe-XXe siècles).

Reproduction couleur p. 207

Reproduction couleur p. 207

# Analyse de l'œuvre

## La barque dans les vagues

- Estampe
- Vers 1832-1833
- 19 x 23,9 cm

### Katsushika Hokusaï

**Peintre japonais (Tokyo, 1760 - Tokyo, 1849)**

*À la fois peintre, dessinateur et graveur, Hokusaï est l'artiste oriental le plus célèbre. Proche des gens du peuple à qui il rend hommage dans leur vie quotidienne, il cherchait à illustrer « l'harmonie de la nature » et « le monde qui passe ». Sa technique d'estampe, faite d'aplats (couleur posée sur une surface de façon uniforme, sans vibration ni variation d'intensité ou de texture), d'arabesques et de subtils jeux de lignes, influencera considérablement les artistes européens comme Matisse ou Gauguin. C'est le créateur des premiers « mangas » : vers 1795, il dirige un atelier d'estampes et produit des illustrations à thèmes humoristiques, dramatiques ou érotiques, avec des textes inclus dans l'image. Ces dessins eurent un grand succès et furent repris par d'autres artistes japonais.*

## Présentation

Une estampe est une image imprimée, tirée d'une gravure sur bois ou d'une pierre lithographique, ce qui permet d'en tirer de multiples exemplaires, chacun étant numéroté suivant l'ordre de son impression. Cette œuvre fait partir de la série « Océans de la sagesse ». Hokusaï réalisait souvent plusieurs œuvres sur un même thème.

## Composition

Comme les pêcheurs, nous sommes ici plongés « dans la mer » : ce n'est pas une vue de la rive, mais du cœur même de l'océan. Notre regard n'est pas diverti par le ciel ou par un paysage dans le lointain. Les barques semblent épouser les courbes des vagues, les humains, effrayés par la mer, courbant eux aussi le dos.

L'espace du tableau est divisé en deux parties par une diagonale (fig. 1). Des rythmes de lignes montantes et descendantes s'opposent. À gauche, l'ombre, à droite, la lumière se répartissent dans la surface (fig. 2), établissant ainsi un clair-obscur sur lequel le peintre place les barques.

La profondeur (perspective) est réalisée par la juxtaposition du premier et du second plan, qui sont séparés par une arabesque blanche (fig. 3).

## Technique et couleur

Hokusaï utilise la technique de l'aplat et l'expressivité de la ligne. La maîtrise du trait et du point crée un sentiment de mouvement intense (fig. 4). Trois couleurs dominent : le bleu, le blanc et l'ocre jaune.

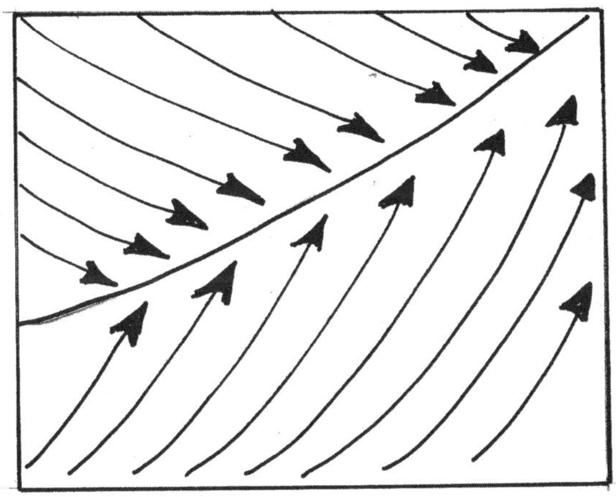

Fig. 1

Fig. 2

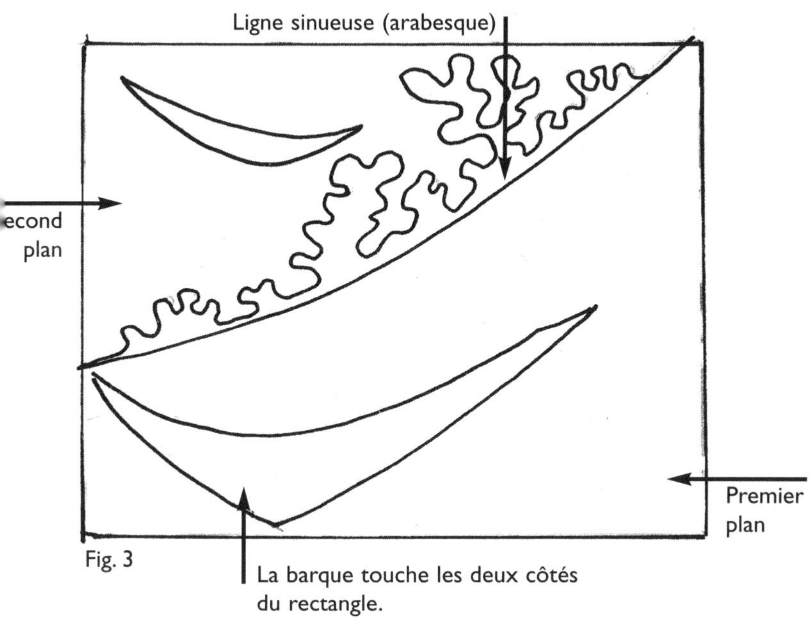


Fig. 3

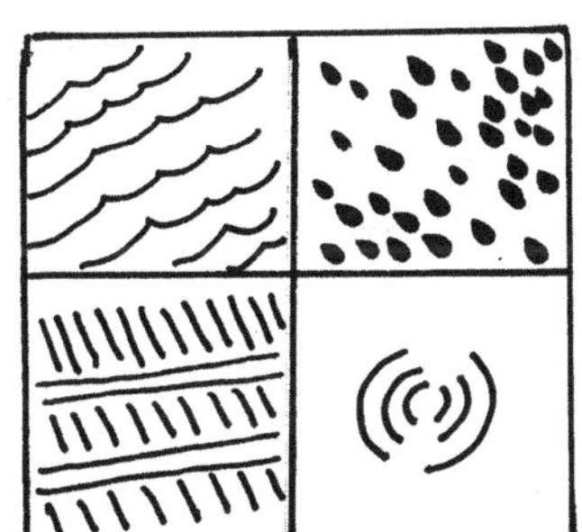

Fig. 4

# Gouache-découpage/ Graphisme au pinceau

## *La barque dans les vagues*

Katsushika Hokusaï

### Objectifs

- Nuancer une couleur (dégradé).
- Chercher un rythme, une composition.
- Traduire un sentiment (la violence, le déchaînement de la mer) avec des rythmes plastiques, des découpages.

### Matériel

- 2 feuilles de Canson blanc 1/4 raisin ;
- un crayon HB ;
- de la gouache en tube ;
- un pinceau n° 6 et une brosse n° 12 ;
- des ciseaux ;
- de la colle.

### Durée

2 séances d'1 heure

### • Préambule

Interroger les élèves : « Quel sentiment l'artiste a-t-il voulu traduire ? Comment la mer est-elle représentée ? Quel est le rythme des vagues ? Où était le peintre quand il a peint cette scène ? », etc.

### • Proposition A : gouache-découpage

Sur l'une des feuilles, faire un dégradé avec de la gouache bleue et blanche, c'est-à-dire ajouter progressivement du blanc dans le bleu pour l'éclaircir. Faire au moins six nuances en utilisant la brosse plate n° 12 (fig. 1). Découper la feuille de façon à constituer un ensemble de bandes (de tailles diverses) en forme de vagues (fig. 2).

Proposer aux élèves de figurer une mer déchaînée à l'aide des bandes découpées : il s'agit de trouver des rythmes d'organisation par juxtaposition et superposition, de façon à retranscrire le mouvement des vagues. Le blanc de la feuille est à prendre en compte dans l'activité : il n'est plus ici un simple fond qui serait à cacher, mais une composante à part entière du collage (disposer sans coller pour pouvoir améliorer et trouver des rythmes intéressants).

Sur l'autre feuille, dessiner et découper une barque avec des personnages. Intégrer ce découpage aux vagues, puis le coller délicatement (fig. 3).

### • Proposition B : graphisme au pinceau

Sur la feuille, tracer au crayon HB les lignes principales de composition de l'estampe : diagonale en courbe, arabesque de l'écume (fig. 1), contour simplifié des barques et des pêcheurs (fig. 2).

Avec le pinceau, animer les espaces avec des rythmes de lignes évoquant le mouvement de l'eau (à l'aquarelle ou à la gouache très délayée). Choisir un ou deux bleus différents (les nuances se feront avec la quantité d'eau utilisée) (fig. 3). On peut aussi peindre avec des points ou d'autres graphismes. Comme dans l'exercice précédent, le blanc intervient dans la mise en couleur.

## Proposition A

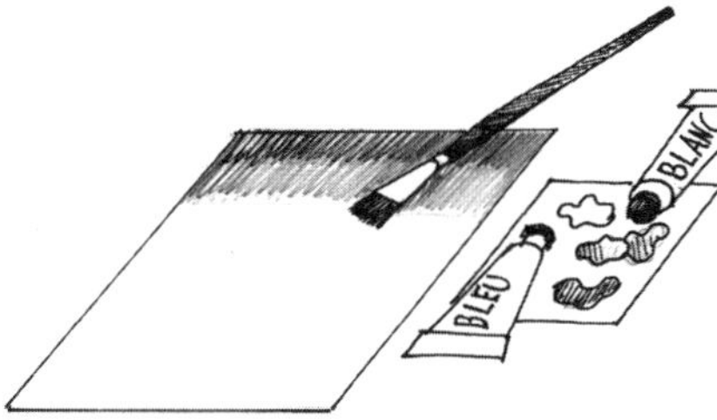


Fig. 1

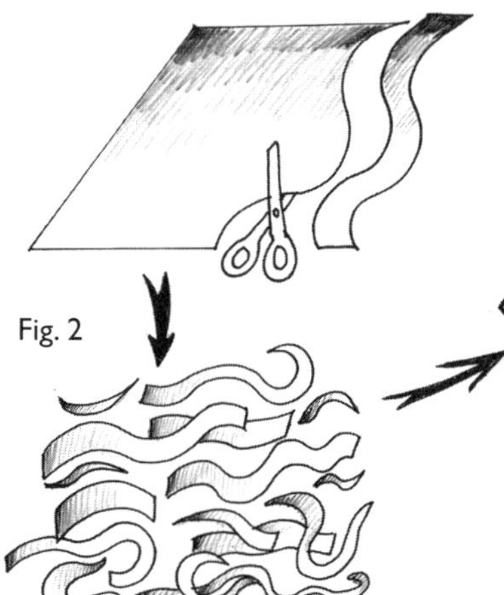

Fig. 2

Fig. 3

## Proposition B

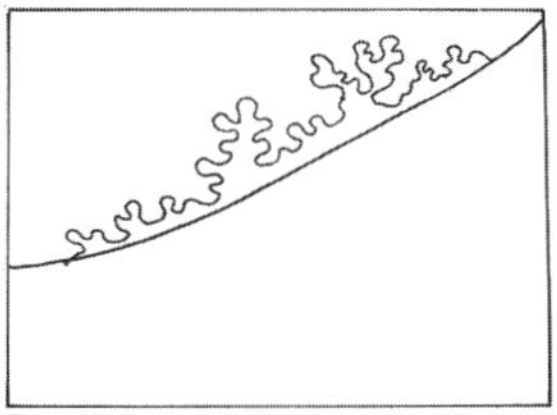

Fig. 1

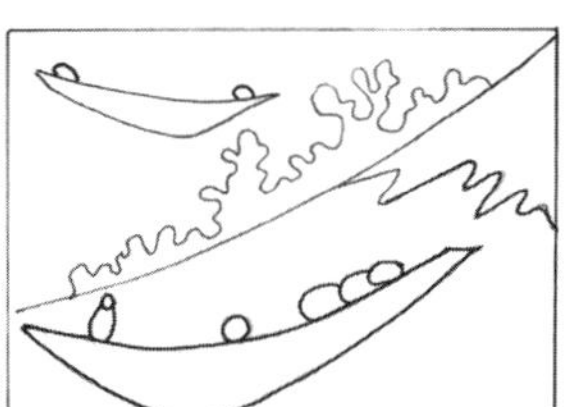

Fig. 2

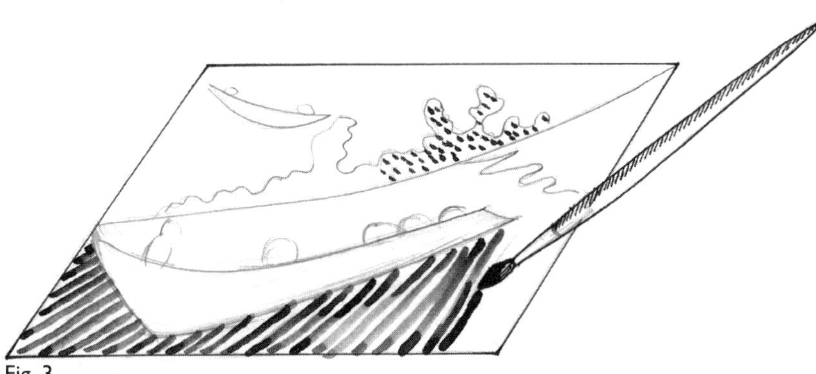

Fig. 3

# Écrire des haïkus

## *La barque dans les vagues*

Katsushika Hokusaï

### Objectifs

- Découvrir les haïkus.
- Écrire un texte poétique répondant à des consignes.
- Aborder la notion de champ lexical.
- Développer sa créativité.

### Durée

1 heure

## • Sensibilisation

La semaine précédant l'activité, afficher dans la classe, sur de grandes feuilles, quelques haïkus (dont quelques-uns dans leur calligraphie originale japonaise) sans donner d'explications (voir *Cent onze haïkus* de Bashô, traduit du japonais par Joan-Titus Carmel, Paris, Éditions Verdier, 1998). Laisser émerger les questions.

Proposer aux élèves d'observer attentivement la reproduction en ayant soin de cacher la signature de l'artiste. Leur demander de situer le pays de ce dernier et de justifier leurs réponses. Dévoiler la signature. Confirme-t-elle l'hypothèse des élèves ?

Continuer d'interroger les élèves à propos de la reproduction : « Quel phénomène naturel Hokusaï transcrit-il ? Quelle est l'attitude des pêcheurs ? Comment les barques sont-elles situées ? Voit-on la rive ? Où est l'écume ? » Etc.

Expliquer aux élèves la notion de champ lexical. Leur demander de chercher et de noter un grand nombre de mots appartenant au champ lexical de la mer.

## • Découverte du haïku

Demander aux élèves de lire à haute voix les haïkus affichés dans la classe.

Recueillir leurs observations : « De quoi s'agit-il ? Quel est le point commun entre tous ces textes ? Quelle est leur forme ? Quelle syntaxe est utilisée ? Quels sont les effets produits sur le lecteur ? » Etc.

À partir des réponses des élèves, faire dégager des éléments de définition du haïku. Par exemple, le haïku est un poème japonais de trois vers écrit à partir d'observations de la nature ou de la vie quotidienne. Il n'y a pratiquement jamais de rime, peu ou pas de verbe conjugué. Les sujets sont également souvent absents et les phrases incomplètes.

Distribuer aux élèves, pour lecture silencieuse, un corpus de haïkus sur le thème d'une saison, l'hiver par exemple (voir, par exemple, *Bouquets d'hiver* d'André Duhaime, Saint-Boniface, Éditions des Plaines, 2005, ou l'ouvrage de Bashô, précédemment cité).

Par binôme, demander aux élèves d'observer et de comparer les haïkus : « Comment le thème de l'hiver est-il traité ou évoqué à travers cette série de haïkus ? Y a-t-il des mots qui reviennent fréquemment ? Que peut-on ajouter à la définition déjà obtenue ? » Etc.

Faire lire, puis dire en chœur et en rythme un haïku et interroger les élèves : « Combien chaque vers compte-t-il de pieds ? Est-ce le cas des haïkus affichés dans la classe ? De ceux de la série ? » Etc. Évoquer le problème de la traduction : les haïkus proposés ne respectent pas nécessairement la structure syllabique car ce sont des traductions qui s'efforcent de rester fidèles au sens et à l'émotion de l'original.

Compléter la définition de ce genre poétique et la faire recopier par les élèves comme trace écrite. Par exemple : « Les haïkus comportent dix-sept syllabes habituellement réparties en trois vers de cinq, sept et cinq syllabes, présentation adoptée dès les premières traductions. »

## • Écriture d'un haïku

Demander aux élèves d'écrire leur propre haïku en utilisant les mots obtenus lors du travail d'évocation de la sensibilisation et en respectant les contraintes dégagées lors de l'élaboration de la définition du genre, en particulier le nombre de pieds (5 + 7 + 5).

Chaque élève lit sa production à la classe, qui s'assure que les consignes de présentation et de sens sont respectées. Les élèves recopient leur haïku après correction éventuelle.

### PISTES DE TRAVAIL

- Présenter aux élèves des haïkus illustrés en séparant les textes des illustrations. Faire procéder à un appariement texte/illustration en demandant à chaque fois aux élèves de justifier leur choix.
- En sciences, étudier le phénomène des catastrophes naturelles (tsunamis, séismes) survenant fréquemment au Japon.
- Autre œuvre préconisée par les programmes officiels de 2002 : l'une des *Trente-six Vues du mont Fuji* (estampe japonaise, XIXe siècle).

Reproduction couleur p. 207

- Lithographie
- 1833

# Analyse de l'œuvre

## Fruchard

**Honoré Daumier**

***Peintre français (Marseille, 1808 - Valmondois, 1879)***
*Admirateur de Rubens et de Titien, Daumier copie les sculptures antiques et les toiles de maîtres. Il devient caricaturiste à 20 ans et connaît un grand succès grâce à son talent de dessinateur, à son trait assuré et mordant, à son sens du rythme et du volume. Dans des lithographies reproduites dans le journal* Chavari*, anti-Louis-Philippe, il témoigne du burlesque de la condition humaine et de la vanité des puissants. Artiste dit « réaliste », il est également un peintre remarquable et un excellent sculpteur.*

### Présentation

Daumier possède une grande virtuosité de dessinateur. Son trait, son geste sont empreints de vivacité, de fougue et de justesse. Son dessin n'est ni académique ni laborieux. Son œuvre dépasse la simple caricature pour se hisser au niveau des grands portraitistes de l'histoire de l'art (Rembrandt, Goya, Courbet, Rubens…).

Ce portrait-charge est celui du député Jean-Marie Fruchard, qu'il fit reproduire dans le journal républicain *Le Charivari*, où Daumier collabora dès 1832.

### Composition

Le personnage est « croqué » de trois quarts, le dessin reposant sur un ensemble de lignes arrondies et ovales (fig. 1 et 2).

L'ensemble de la tête peut évoquer la forme d'une poire (fig. 3). La tête est modelée telle une sculpture (Daumier a sculpté, par ailleurs, une remarquable série de têtes de parlementaires, parmi lesquelles celle de Fruchard). On remarquera le clair-obscur qui structure le visage et donne du relief à la tête (fig. 4).

### Technique

Daumier utilise la technique de la lithographie (du grec *lithos*, « pierre »), technique d'impression très utilisée au XIXe siècle, qui consiste à dessiner ou à peindre à l'encre sur une pierre calcaire. Ce procédé permet de tirer de multiples impressions de la même œuvre.

On observera l'utilisation du crayon lithographique (fig. 5), la variété des rythmes de traits et les différentes intensités de noir et de gris.

Fig. 1

Fig. 2

Fig. 3

Fig. 4

Fig. 5

# Changer de tête/ « Famille Poire »

## Fruchard

Honoré Daumier

### Objectifs

**A :** - Combiner des éléments morphologiques à des fins humoristiques.
- Jouer avec les proportions.
- Rechercher des effets.
- Utiliser le dessin dans ses diverses fonctions (expression).

**B :** - S'approprier un code de représentation.
- Utiliser le dessin dans sa fonction d'expression (la caricature).
- Stimuler l'imagination à partir de consignes précises.

### Matériel

**A :** - deux feuilles de bristol blanc 1/4 raisin d'environ 30 x 10 cm ;
- du scotch
- des ciseaux ;
- une règle ;
- de la colle ;
- des feutres de couleur.

**B :** - du papier machine ;
- une feuille de Canson blanc 1/4 raisin ;
- du papier buvard ;
- un crayon HB ;
- une gomme.

### Durée

**A :** 1 h 30 ; **B :** 1 heure

### • Proposition A : changer de tête

Plier la feuille, faire un petit pli à l'extrémité et coller de façon à laisser l'ensemble des deux parties espacé (fig. 1). Sur une autre feuille, découper un morceau en forme de T, dont la largeur sera égale à celle de la feuille précédente et la hauteur égale à la moitié (ou au deux tiers) (fig. 2).

Positionner cet élément sur la première feuille et replier les deux languettes qui dépassent à l'intérieur (fig. 3). À l'aide d'un morceau de scotch, coller les deux languettes (fig. 4 et 5).

Coller un petit morceau de bristol en bas au centre du papier pour pouvoir le tirer et le faire glisser. Dessiner sur l'ensemble des deux morceaux de bristol une tête de personnage de façon à ce que la moitié du nez corresponde à la ligne de séparation des deux feuilles (fig. 6).

Tirer pour faire glisser la partie inférieure du visage et prolonger librement au crayon le nez et les contours du visage dans l'espace intermédiaire de façon à raccorder les deux parties (fig. 7). En jouant avec la languette, on peut ainsi changer le visage à loisir (fig. 8).

### • Proposition B : « Famille Poire »

Montrer le dessin de Daumier, et questionner les élèves : « Quelle est la particularité de cette image ? Comment nomme-t-on ce genre de dessins ? Comment est représenté le personnage ? Est-il à son avantage ? Est-il de face ? De profil ? Est-ce un personnage contemporain ? Est-il dans l'ombre ou dans la lumière ? » Etc. Après cette introduction, expliquer que la caricature est l'art d'accentuer un ou deux éléments du visage pour en faire ressortir l'aspect pittoresque.

Dessiner au crayon de papier les membres de la « famille Poire ». Utiliser essentiellement des formes ovales ou rondes en exagérant une partie du visage (fig. 1 et 2). Faire les ombres avec un buvard qui « estompera » le crayon.

# Proposition A

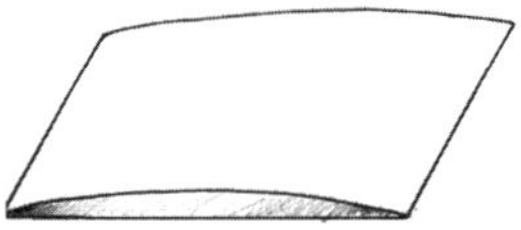
Fig. 1

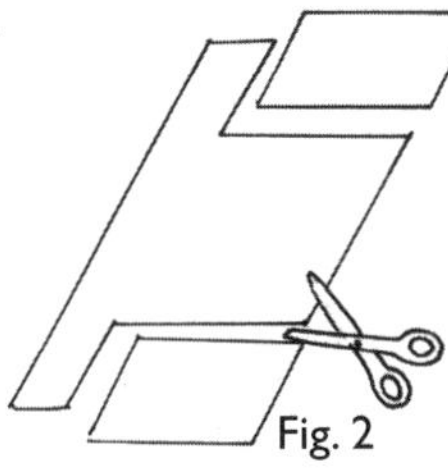
Fig. 2

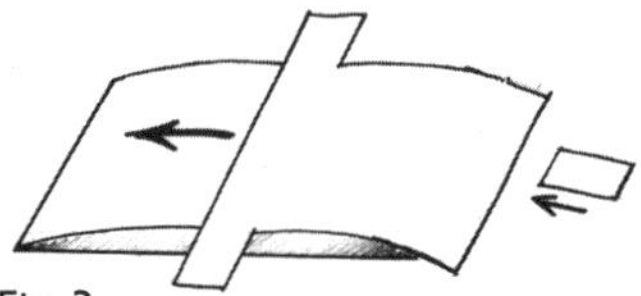
Fig. 3

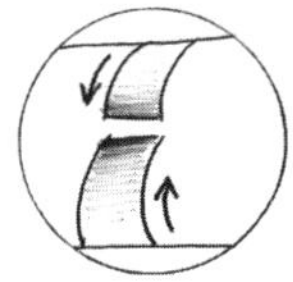
Fig. 4

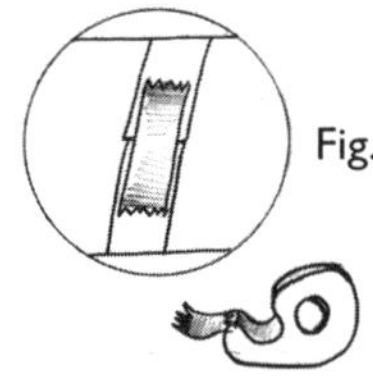
Fig. 5

Fig. 6

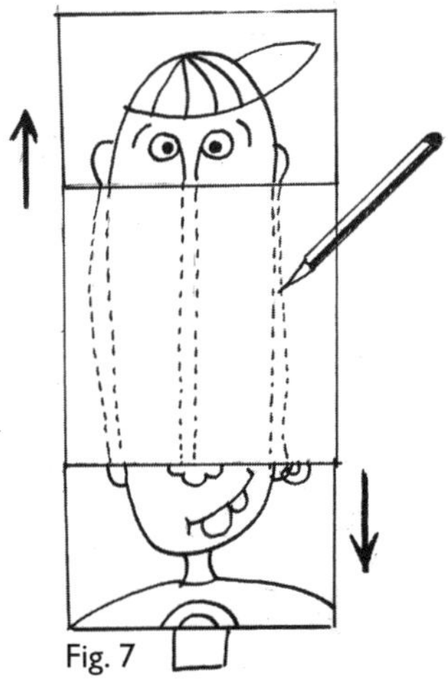
Fig. 7

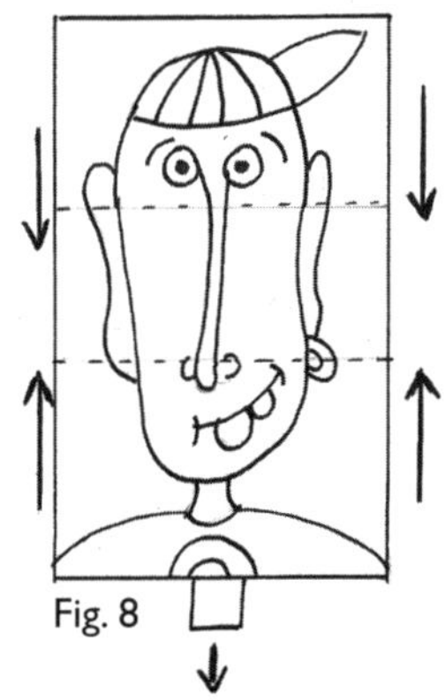
Fig. 8

# Proposition B

Fig. 1

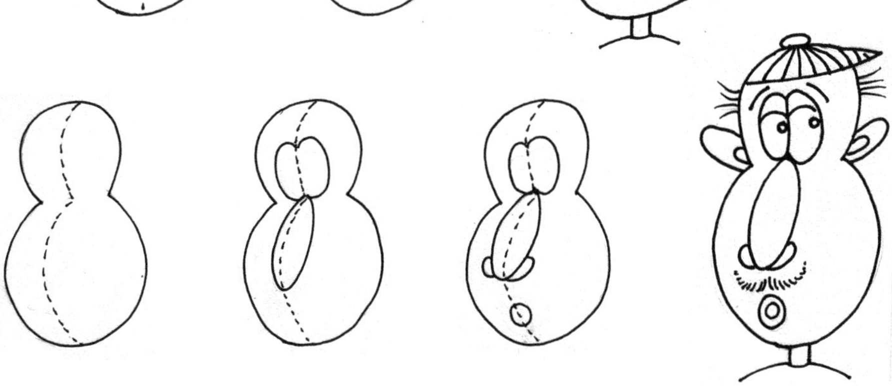
Fig. 2

# Production d'écrits : écrire un portrait humoristique

## Fruchard

Honoré Daumier

### Objectifs

- Produire un écrit bref dans une situation de communication déterminée.
- S'inspirer d'un texte structuré et d'un dessin (portrait) pour produire un nouveau texte.
- Enrichir son vocabulaire.
- Apprendre à aiguiser son regard en observant un portrait.
- Écrire un texte en respectant des consignes précises.

### Durée

1 heure

## • Observation de l'œuvre de Daumier

Demander aux élèves d'observer le dessin de Daumier. Pour les aider dans leur observation, leur proposer de répondre aux questions du guide d'observation suivant (guide qui pourra être réutilisé pour l'analyse de tous les portraits) : « Voit-on un portrait en pied ou un portrait qui se limite au buste, au visage ? Le modèle est-il présenté : de face, de profil, de trois quarts face, de trois quarts dos ? L'artiste a-t-il décidé de montrer : des vêtements, des accessoires, des signes identifiables, un décor particulier ? Lequel ? S'agit-il : d'un portrait individuel, du portrait d'un proche de l'artiste, d'un autoportrait, d'un portrait de groupe, de personnes de la même famille, d'amis, de politiques ? » Etc.

Les réponses à ces questions peuvent être les suivantes : « Il s'agit d'un portrait, plus précisément d'une caricature. Le personnage (M. Fruchard, parlementaire sous la monarchie de Juillet) est peint de trois quarts face, en noir et blanc. On dirait un dessin au fusain. On ne voit que son buste. Le personnage a un très gros nez en forme de patate, de grandes oreilles, des grosses joues ; il est mal rasé et a des rides. Il a l'air repoussant, méchant, malveillant, dur et sévère. L'artiste a sans doute voulu se moquer de cet homme. Le personnage représenté n'est pas contemporain, comme en témoignent ses vêtements.

Demander également aux élèves s'ils ont déjà vu des caricatures, etc.

## • Notions de portrait et de caricature

Demander aux élèves de réfléchir à l'expression « Cet enfant est le portrait de son père. » : « Que signifie-t-elle ? » Leur demander de trouver d'autres expressions utilisant le mot « portrait » : « dresser, brosser un portrait », « portrait parlant »... Faire chercher des mots dont la signification est proche : *figure, visage, image, description...* Demander aux élèves si le portrait n'est qu'une représentation graphique. Leur faire comprendre que le portrait, en tant que texte, est un écrit de type descriptif qui permet au lecteur de se représenter le personnage le plus précisément possible. Un portrait complet comprend un portrait physique et un portrait moral précisant le caractère, les qualités, les défauts et les traits particuliers du personnage.

Certains portraits sont particuliers :
- l'autoportrait est le portrait que la personne fait d'elle-même ;
- l'esquisse est un portrait très rapide mais juste grâce à des détails judicieusement choisis permettant de donner une impression générale de l'individu ;
- la caricature accentue ou déforme les aspects ridicules ou déplaisants de l'individu.

## • Lecture de portraits humoristiques

Donner à lire silencieusement aux élèves deux descriptions : « La tante de Delphine et Marinette », *in* Marcel Aymé, *Les contes du chat perché* (Paris, Gallimard Éducation, 2000) et « Les tantes de James », *in* Roald Dahl, *James et la grosse pêche* (Paris, Gallimard Jeunesse, 1999).

Demander aux élèves de repérer dans les deux textes les mots, expressions et morceaux de phrases qui permettent de dresser le portrait des personnages à la manière d'une caricature. (images ou comparaisons : « ronde comme un ballon », « des yeux de cochon », « une bouche en trou de serrure »...).

Leur demander de dessiner l'un des personnages. Procéder à une mise en commun au tableau pour valider ou invalider les dessins et comparer ceux-ci avec les illustrations des deux livres cités.

## • Constitution d'une banque de mots et d'expressions permettant de décrire des personnages

Proposer aux élèves de rechercher dans leur livre de lecture ou tout autre livre de la bibliothèque des descriptions de personnages, et d'élaborer un tableau regroupant les différents éléments trouvés dans les textes en les classant par catégories : allure générale, visage...

Comparer les inventaires, mettre en commun le vocabulaire trouvé pour établir une banque de mots du même type que le document 4 (voir annexe, p. 200).

## • Écriture d'un portrait

Demander aux élèves de choisir un de leurs héros de bande dessinée préféré et d'écrire un portrait caricatural de ce personnage.

Lors de l'évaluation, tenir compte de l'utilisation appropriée des mots de la fiche de vocabulaire établie précédemment.

### PISTES DE TRAVAIL

Autre œuvre préconisé par les programmes officiels de 2002 : un dessin à la mine de plomb de Jean Auguste Dominique Ingres (XIXe siècle).

# Analyse de l'œuvre

## Trois études de chats allongés

*Reproduction couleur* *p. 208*

- Dessin à la mine de plomb
- 24,70 x 38,10 cm

### Eugène Delacroix

***Peintre français (Charenton-le-Pont, 1798 - Paris, 1863)***

*Chef de file du romantisme, ami de Géricault, Hugo, Stendhal et Dumas, Eugène Delacroix rejette le classicisme et l'académisme d'Ingres, en « réinventant » la peinture. Privilégiant la couleur, il brosse en touches puissantes et lumineuses la violence des passions dans des thèmes shakespeariens ou historiques (par exemple, le tableau* La Liberté guidant le peuple*).*

*Son goût pour l'Orient et ses voyages au Maroc renouvèleront son inspiration et son intérêt pour la lumière.*

*Auteur de vastes décorations murales au Louvre et au Sénat, il est la référence absolue de nombre d'artistes du XX^e^ siècle, de Van Gogh à Picasso.*

## Présentation

Le thème du chat est récurrent dans l'histoire de l'art, des mosaïques romaines à Chardin, de Géricault à Miró, Picasso ou Bonnard, sans oublier Monet.

Ces trois études de chats témoignent de la grande maîtrise du dessin de Delacroix : lui qui est le chantre de la couleur n'en est pas moins un extraordinaire maître de la ligne.

Le trait est vigoureux, strié ; il rythme avec une grande justesse le dessin, lui conférant volume, valeurs, et texture. À l'instar de Rubens, qu'il admire beaucoup, Delacroix est un peintre du mouvement et de l'exaltation. Nombre de ses œuvres comportent des représentations de félins en action.

## Composition

Il s'agit ici d'études, de croquis, exercice que Delacroix pratique beaucoup avant la réalisation de tableaux. Certains seront repris dans l'exécution de peinture à l'huile, où, avec la touche vigoureuse du pinceau, le peintre retrouve la spontanéité du croquis rapide.

Delacroix privilégie la position allongée en arc de cercle de l'animal (fig. 1). Il étudie la position de la tête (fig. 2) et capte l'instantané de la pose.

## Technique

La mine de plomb ou crayon sans bois, qui était à l'origine composé de plomb, apparaît à la fin du XVIII^e^ siècle. Sa dureté et sa large extrémité permettent des gradations très grandes de noirs et de gris, dans des traits très fins ou des aplats plus larges (fig. 3 et 4).

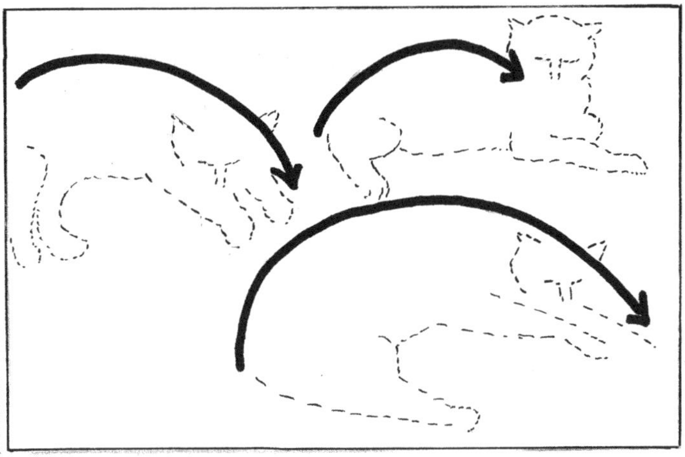

Fig. 1

Fig. 2

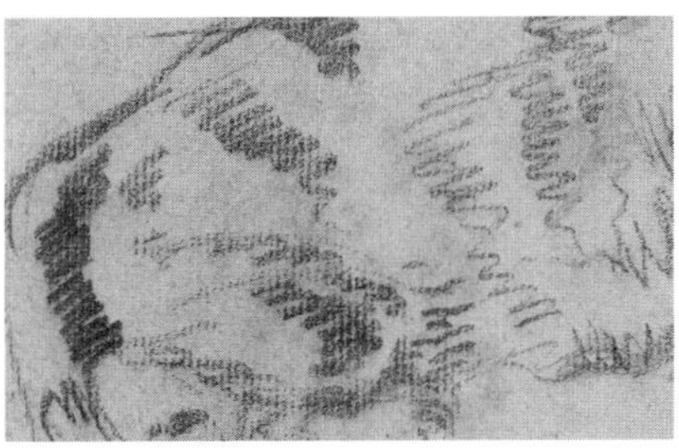

Fig. 3

Fig. 4

# Le chat tigre

## *Trois études de chats allongés*

Eugène Delacroix

### Objectifs

- Simplifier une forme donnée (un chat).
- Éliminer les détails superflus pour capter une expression.
- Rechercher des textures et du rythme.

### Matériel

- une feuille blanche 1/4 raisin ;
- des feutres ;
- un crayon HB ;
- une gomme.

### Durée

1 h 30

### • Déroulement

Montrer aux élèves la reproduction de Delacroix en expliquant qu'il s'agit d'une étude, d'une ébauche, d'un croquis, et que les artistes ont recours le plus souvent à ce genre de petits dessins pour se « faire la main », pour bien observer avant d'attaquer l'œuvre définitive.

Pour dessiner un chat de profil avec la tête de face, suivre les figures 1 à 6. Insister pour que le chat occupe « pleinement la surface ».

Pour le dessin de la tête, laisser une marge de 2 ou 3 cm pour dessiner les oreilles. Conseiller aux élèves de faire la tête du chat un peu penchée afin de lui donner plus d'expressivité et moins de rigidité (fig. 6).

La mise en couleur repose ici sur la volonté de transcrire les rythmes de poils et l'aspect tigré du chat. Sur une petite feuille de brouillon, faire des essais avec des feutres de deux ou trois couleurs (noir, brun, orange). Tracer des rythmes verticaux espacés (insister sur l'importance de garder le même rythme, le même sens des traits durant le « coloriage ») (fig. 7). Ces croquis peuvent être également réalisés aux crayons de couleur. Dessiner le pelage du chat en suivant cette technique (on peut tourner la feuille si on trouve que l'horizontalité convient mieux aux rythmes). Ne pas « repasser » le contour pour faire ressortir les poils de l'animal.

Faire ressortir les yeux, le nez et la bouche en surlignant les contours. Colorier le fond librement avec une ou deux autres couleurs (fig. 8).

### • Remarque

Dans cette activité, les feutres usagés peuvent donner des résultats intéressants (couleurs pâles, traces particulières sur le papier, effet estompé, etc.).

Fig. 1

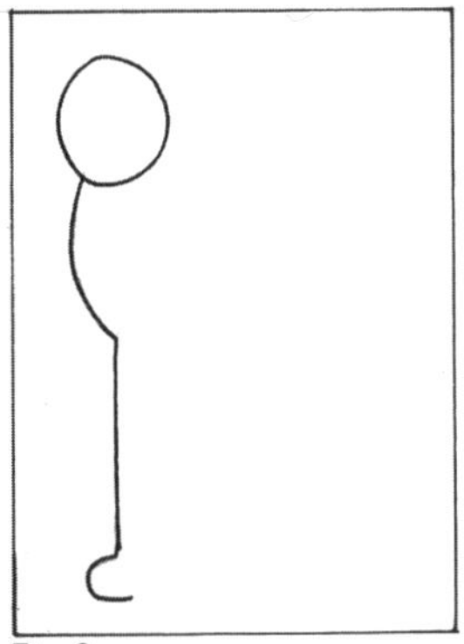
Fig. 2

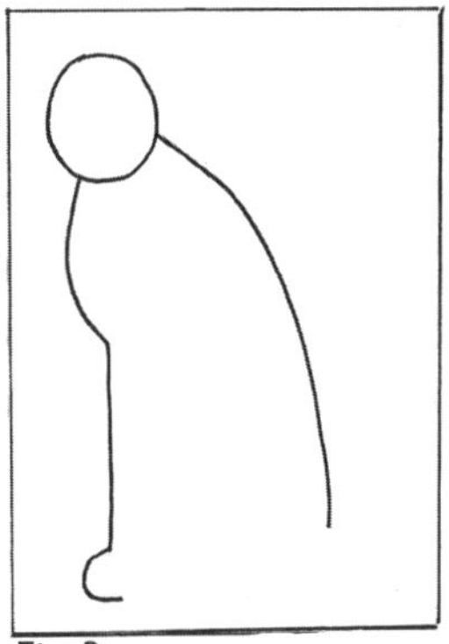
Fig. 3

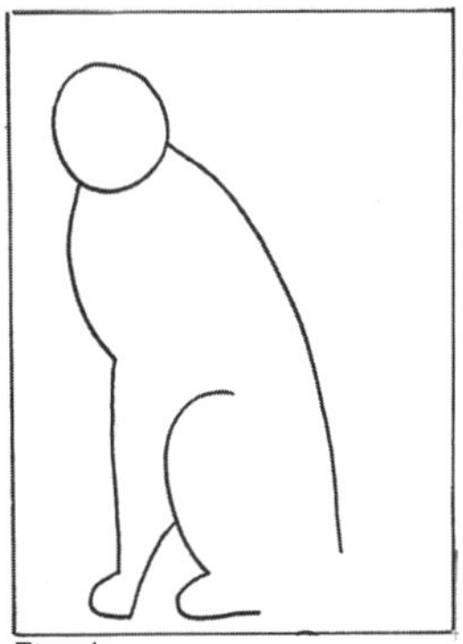
Fig. 4

Fig. 5

Fig. 6

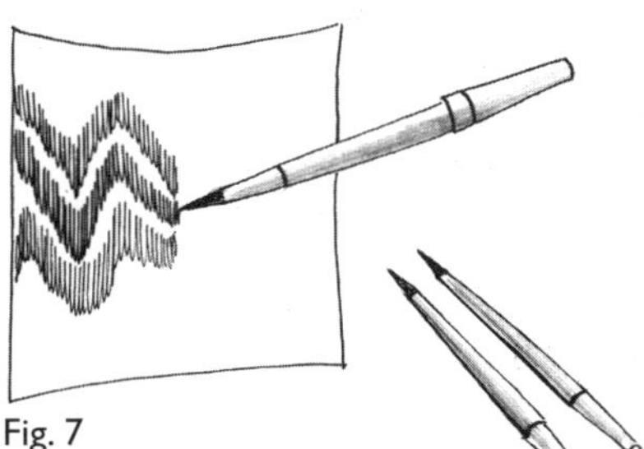
Fig. 7

Fig. 8

D'après Paolo Uccello, pp. 58-59

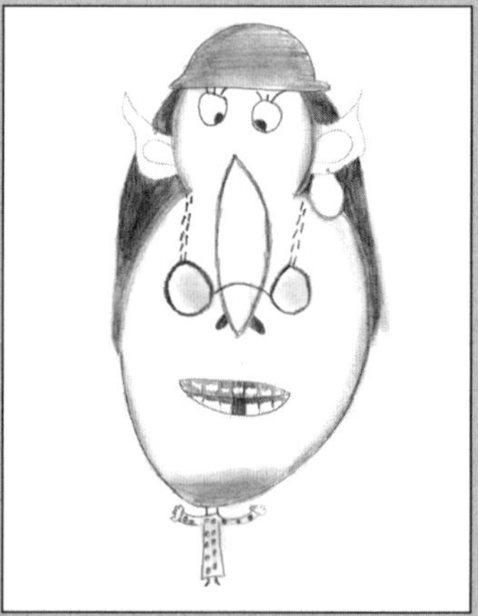



D'après Honoré Daumier, pp. 88-89

D'après la peinture murale (Égypte), pp. 16-17

D'après le « Bison se léchant » (préhistoire), pp. 10-11

D'après l'amphore à col (Grèce), pp. 22-23

D'après la mosaïque aux perroquets (Rome), pp. 28-29

D'après le masque de bélier (Afrique), pp. 34-35

D'après « Deux émeus près de leur nid » (art océanien), pp. 40-41

D'après « Le procès du Christ » (enluminure), pp. 52-53

D'après Paolo Uccello, pp. 58-59

D'après Léonard de Vinci, pp. 64-65

D'après Jean Clouet, pp. 70-71

D'après Jean-Baptiste Chardin, pp. 76-77

D'après le Douanier Rousseau, pp. 128-129

D'après Eugène Delacroix, pp. 94-95

D'après Vincent Van Gogh, pp. 122-123

D'après Katsushika Hokusaï, pp. 82-83

D'après Henri Matisse, pp. 164-165

D'après Robert Delaunay, pp. 152-153

D'après Fernand Léger, pp. 140-141

D'après Jean Dubuffet, pp. 174-175

D'après Paul Klee, pp. 146-147

D'après Joan Miró, pp. 188-189

D'après Keith Haring, pp. 194-195

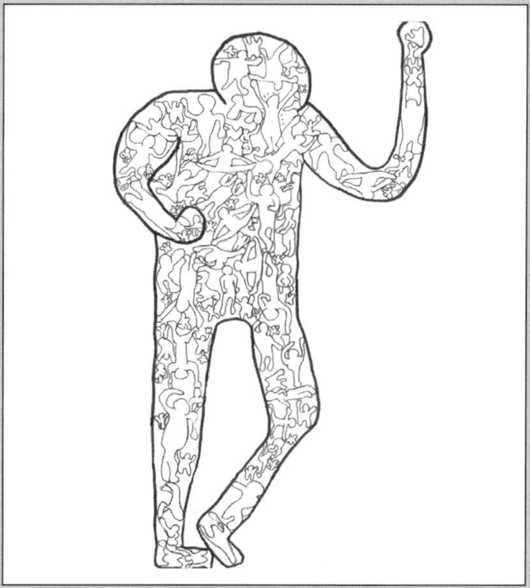

D'après Keith Haring, pp. 194-195

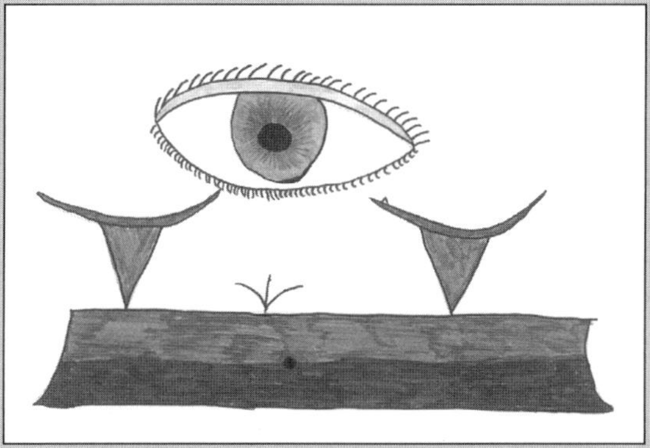

D'après René Magritte, pp. 158-159

# Duetto buffo di due gatti (Duo des chats)

**pour deux voix et piano de Gioacchino Rossini**

## *Trois études de chats allongés*

Eugène Delacroix

### Phénomène sonore saillant

Alternance et simultanéité

### Objectifs

- Être capable de repérer deux voix et de les identifier.
- Distinguer les différents plans sonores.
- Utiliser le vocabulaire musical associé à la notion de hauteur.

### Durée

1 heure

***Gioacchino Rossini** est né le 29 février 1792 à Pesaro et est mort à Passy le 13 novembre 1868. Fils d'un père corniste et d'une mère cantatrice, il commence sa carrière de musicien à 13 ans dans des petits emplois de chanteur ou d'instrumentiste au théâtre. Compositeur d'opéras très connus tels que* Le Barbier de Séville *(1816) ou* Guillaume Tell *(1829), Rossini cessa quasiment d'écrire de la musique à partir de l'âge de 40 ans.*

## • L'œuvre

Il s'agit d'une pièce plutôt drôle pour deux voix et piano. Le texte se résume à des « miaous ». Le découpage se fait en trois parties : la première, lente, aux « miaous » dolents et interrogatifs ; la deuxième, un peu plus rapide et ternaire, avec des « miaous » chantés ensemble avec le même rythme (homorythmie) ; la troisième, rapide, avec des « miaous » quasi jubilatoires. Cette pièce utilise presque uniquement des vocalises. C'est une œuvre préconisée dans les documents d'application des nouveaux programmes pour l'écoute musicale (« Œuvres mettant en scène la voix seule »). (Version utilisée : Rossini *Œuvres vocales*, Ensemble Michel Piquemal, Label : Musidisc Collection Rond Point des Musiciens, 2003.)

## • Démarche

- **1re écoute** de la première partie (env. 1'20") : sans consigne. Recueillir les impressions des élèves. Mettre en évidence la formation musicale – deux voix (homme et femme) et un piano. Parler rapidement du rôle accompagnateur du piano. Caractériser les tessitures et relever leur alternance. Introduire le terme de « vocalise » (formule mélodique chantée sur une seule voyelle).

- **2e écoute** (du début jusqu'avant la reprise de la dernière partie, env. 2'24") : demander aux élèves de remarquer les différentes parties et débattre de ce qui les distingue (tempi, c'est-à-dire vitesse, alternance ou simultanéité des voix, changement de caractère – gai, triste, mystérieux, enjoué, volubile…).
- **3e écoute** (sur la reprise de la dernière partie, env. 2'24" jusqu'à la fin) : coder par écrit, sous forme de « musicogramme » (codage graphique simple d'une œuvre ou d'une suite d'événements sonores), les différentes interventions des voix en repérant les différents timbres vocaux.
- **4e écoute :** la pièce dans son intégralité afin d'en saisir la globalité et pour le plaisir.

## PISTES DE TRAVAIL

- Travail sur les onomatopées animalières ; jeux musicaux sur les hauteurs ; codage corporel montrant le jeu des deux chats ; reconnaissance des voix d'homme et de femme à travers d'autres écoutes, etc.
- Chants à mettre éventuellement en regard :
  - *Le chat* de Pow Wow ;
  - *Miaou miaou la nuit dernière* (canon) ;
  - *La mère Michelle* ;
  - *Le chat* de Téléphone ;
  - *Trois p'tits chats, chapeau d'paille* ;
  - *La queue du chat* de Robert Marcy.
- Autre œuvre préconisé par les programmes officiels de 2002 : *La Liberté guidant le peuple* d'Eugène Delacroix (musée du louvre, Paris, 1830).

*Reproduction couleur p. 208*

*Reproduction couleur p. 208*

- Huile sur toile
- 1878
- 61 x 50 cm

# Analyse de l'œuvre

## La neige à Louveciennes

### Alfred Sisley

**Peintre anglais (Paris, 1839 - Moret-sur-Loing, 1899)**

*Citoyen britannique vivant à Paris, Alfred Sisley est l'ami de Monet et Renoir, et fait partie de l'école impressionniste.*

*Son œuvre se compose essentiellement de paysages d'Île-de-France (Fontainebleau, Bougival, etc.). Comme ses collègues impressionnistes, Sisley est un « peintre de plein air ». Artiste très subtil et délicat, il capte ainsi avec une grande sensibilité les variations chromatiques du ciel (nuages, soleil) et de l'eau (miroitements, reflets). C'est l'un des maîtres du paysage comme ses compatriotes Turner ou Constable.*

## Présentation

Adepte des paysages paisibles, Sisley ne connut guère le succès de son vivant. Il est, avec Friedrich ou Monet, l'un des grands artistes qui a su rendre la poésie et la luminosité spécifique de la neige. Les paysages où l'être humain est absent traduisent des sentiments spécifiques liés aux saisons.

## Composition

Sisley construit son paysage à partir du principe de la perspective « frontale », le point de fuite correspondant au personnage (fig. 1). La profondeur est ainsi tout de suite établie et permet de créer une atmosphère particulière, mélange de solitude et de romantisme.

L'ensemble des éléments « pleins » sont répartis sur un bandeau central (fig. 2), ce qui permet de donner vie et importance au chemin ainsi qu'au ciel (éléments « vides »).

## Technique et couleur

L'invention des tubes de peinture, fabriqués en étain, permet aux peintres impressionnistes de sortir de l'atelier. Ceci est un facteur déterminant pour comprendre l'extraordinaire proximité et intimité qu'entretiennent Monet, Picasso, Renoir ou Sisley avec la nature.

Le peintre utilise ici une large gamme de gris (chauds et froids). Le blanc est aussi l'objet de belles modulations, se fondant subtilement dans le paysage. L'ocre du mur de droite et de la maison vient « réchauffer » un ensemble froid, dominé par le gris bleu du ciel. Le contraste est grand entre le triangle blanc lumineux du chemin et le noir du personnage (fig. 2).

Comme chez Monet, le rythme de la touche de Sisley est vigoureux, juste et précis. Un rythme vertical et horizontal structure le paysage (fig. 3 et 4).

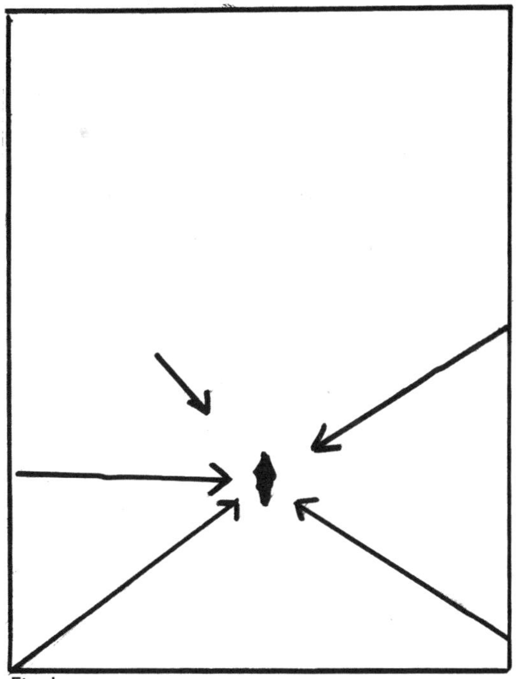
Fig. 1

Fig. 2

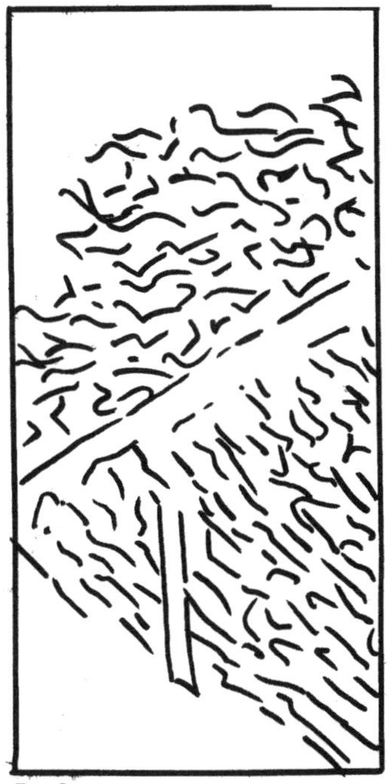
Fig. 3

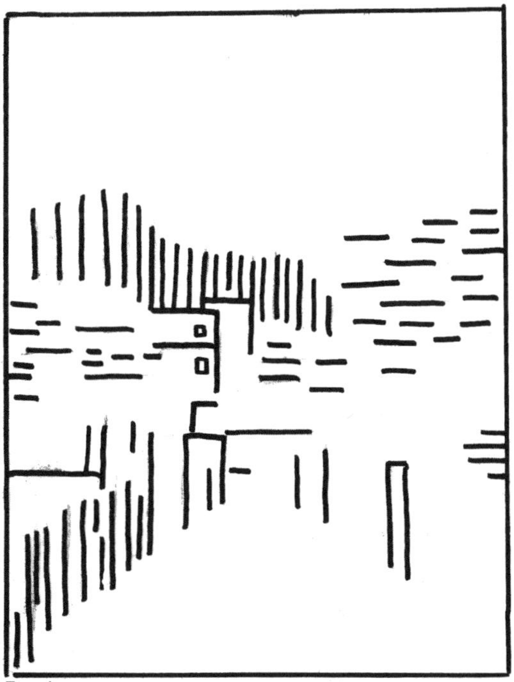
Fig. 4

# Paysage de neige

## La neige à Louveciennes

Alfred Sisley

### Objectifs

- Identifier les principaux constituants d'une œuvre.
- Construire un espace en trois dimensions grâce aux conventions de la perspective.
- Apprendre à représenter la profondeur.
- Créer une atmosphère.
- Traduire un sentiment.

### Matériel

- Une feuille de Canson blanc 1/4 raisin ;
- une règle ;
- une équerre ;
- un crayon HB ;
- des pinceaux n° 6 et n° 12 ;
- une brosse plate ;
- de la gouache en tubes.

### Durée

3 séances d'1 heure

### Déroulement

Donner à chaque élève une photocopie de l'œuvre. L'activité proposée vise à montrer aux élèves l'utilisation que fait le peintre de la géométrie.

Sur la feuille, tracer deux diagonales à la règle à environ 13 cm du bas (fig. 1). À l'aide de l'équerre, tracer deux perpendiculaires en suivant la figure 2. L'intersection des deux perpendiculaires donne le point de fuite (l'endroit où les lignes des murs, du chemin se rencontrent, sur la ligne d'horizon).

Dessiner deux lignes à gauche partant vers le point de fuite et figurant le haut du mur (fig. 3). Gommer les traits de construction devenus inutiles (fig. 4). Dessiner à la règle la maison que l'on discerne dans le lointain (fig. 5).

Sur la palette, mettre de la gouache noire et blanche (espacer les couleurs) et de l'ocre jaune (marron orangé). Peindre, avec les pinceaux n° 6 et n° 12 ainsi que la brosse plate, en déclinant une gamme de gris, d'abord le ciel et le chemin (fig. 6) puis les murs, avec de l'ocre jaune (fig. 7).

Avec la pointe du pinceau n° 6, peindre les arbres (gouache noire) et le personnage. En prenant la gouache directement au tube, peindre de façon « pointilliste » la neige, ce qui permettra de donner une épaisseur, une matière à la peinture, et de se rapprocher des œuvres impressionnistes (fig. 8).

### • Variante

Après avoir réalisé le schéma final de la perspective du paysage (fig. 5), demander aux élèves d'imaginer une autre saison. Pour ce faire, montrer aux élèves des photographies d'arbres prises à différentes périodes de l'année et définir les gammes colorées propres à chaque saison.

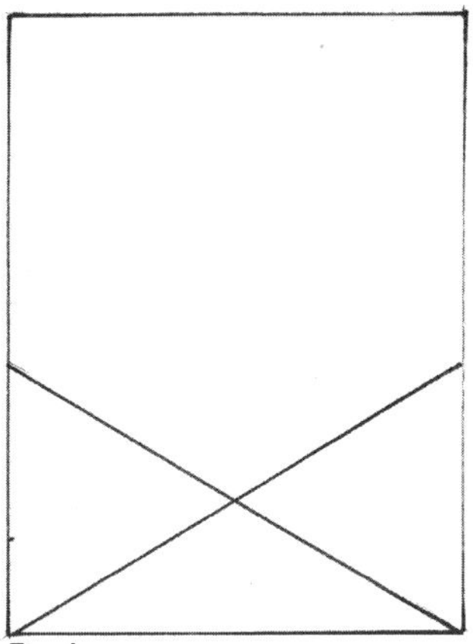
Fig. 1

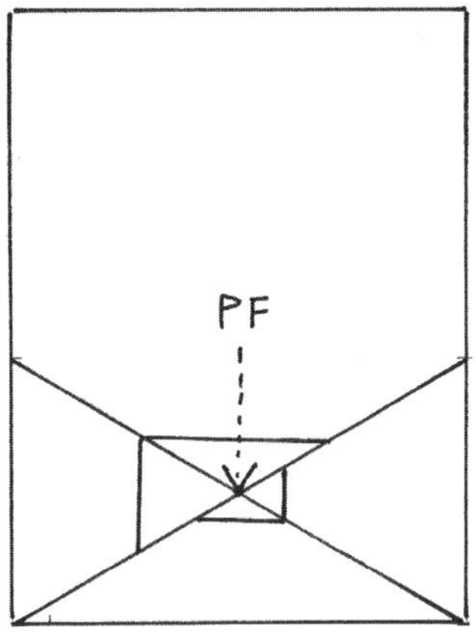

Fig. 2 PF : point de fuite

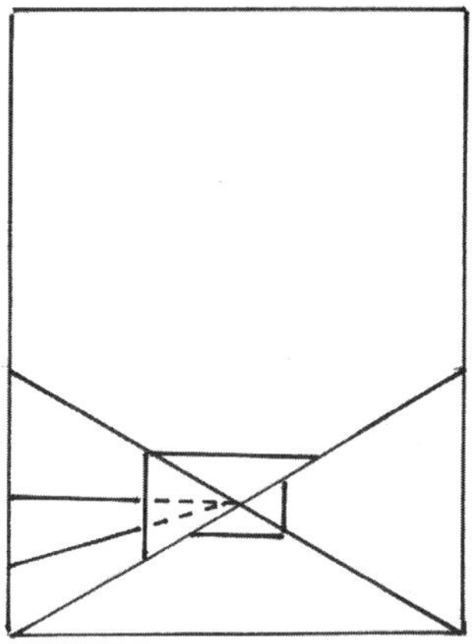
Fig. 3

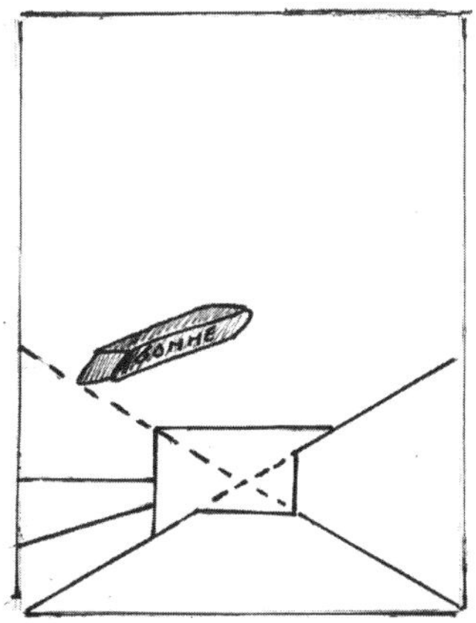
Fig. 4

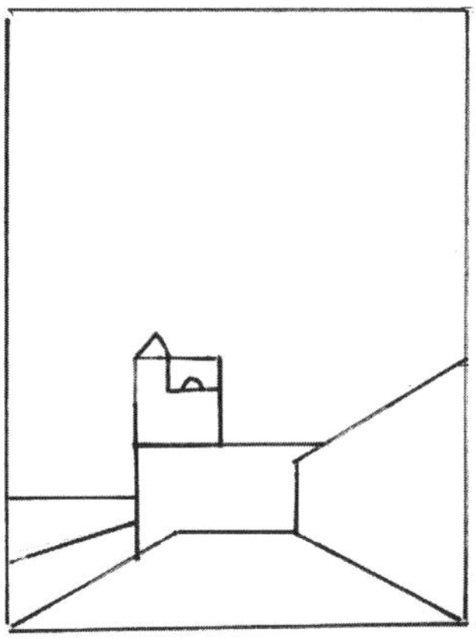
Fig. 5

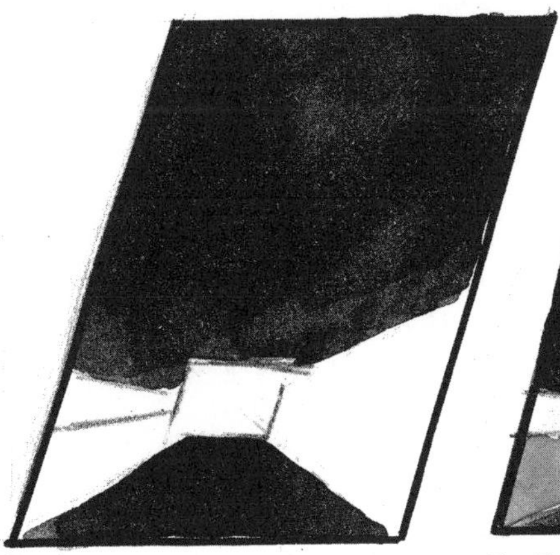
Fig. 6

Fig. 7

Fig. 8

Blanc + noir

Gris + ocre jaune

Blanc + noir

# Le phénomène des saisons

## *La neige à Louveciennes*

Alfred Sisley

**Objectifs**

- Comprendre le phénomène des saisons.
- Comprendre que l'inclinaison de l'axe de la Terre explique l'inégalité des jours et des nuits.
- Repérer la position de la Terre par rapport au Soleil lors des différentes saisons.

**Durée**

1 heure

### • Sensibilisation

Demander aux élèves d'observer attentivement la reproduction du tableau d'Alfred Sisley et de décrire rapidement ce qu'ils voient : « À votre avis, à quelle saison appartient le paysage observé ? Quels sont les indices qui permettent de répondre sans hésitation ? »

Puis, élargir les questions : « Qu'est-ce qui distingue l'hiver des autres saisons ? » Laisser libre cours à la parole des élèves.

### • Comprendre les saisons

Proposer aux élèves de réfléchir individuellement au questionnaire suivant et de noter leurs réponses par écrit, même si celles-ci sont incomplètes : « Qu'est-ce qu'une saison ? S'il n'y en avait pas, qu'est-ce que cela changerait ? Qu'est-ce qui différencie les quatre saisons que nous avons en France ? Est-ce le cas partout sur Terre ? » Etc.

Procéder à la mise en commun. Recueillir les réponses des élèves et les laisser confronter leurs opinions. Une idée simple mais fausse est souvent énoncée : les saisons sont dues à la variation de la distance entre la Terre et le Soleil. Certes, cette distance varie car l'orbite n'est pas circulaire mais elliptique. Mais pour infirmer cette idée fausse, montrer aux élèves que cette variation de distance devrait être favorable à l'hémisphère Sud. En effet, quand la Terre est au plus près du Soleil, c'est l'été dans l'hémisphère Sud mais l'hiver dans l'hémisphère Nord. Or, il serait sensé faire plus chaud, ce qui est contradictoire.

### • Étude des heures de lever et de coucher du Soleil

Demander aux élèves de calculer la durée du jour et la durée de la nuit tout au long de l'année en se référant aux heures de lever et de coucher du Soleil telles qu'indiquées dans un calendrier de la Poste, par exemple. La tâche étant longue et fastidieuse, répartir le travail : chaque groupe de trois ou quatre élèves fera le travail pour deux mois et pour seulement un jour par semaine.

Procéder à une mise en commun qui doit faire apparaître que : les heures de lever et de coucher du Soleil varient beaucoup au cours de l'année ; la durée d'une journée (ensoleillement + nuit) est toujours de 24 heures ; d'un jour à l'autre, les durées varient très peu (de 2 à 4 minutes) ; les durées d'ensoleillement les plus courtes se situent en hiver, les plus longues en été ; il y a deux moments où les durées sont quasi identiques (en automne et au printemps). Faire rechercher aux élèves le jour le plus long, le jour le plus court, les jours où la durée du jour est égale à la durée de la nuit, la durée des saisons, etc.

## • La course du Soleil au cours de l'année

Fournir aux élèves un état des relevés de l'ombre du Soleil au cours de la journée étalés sur toute l'année ou réaliser l'expérience proposée sur le site de « La main à la pâte » (http://www.lamap.fr, module « Sur les pas d'Eratosthène »). Leur demander de comparer ces différents relevés : « Que peut-on en conclure ? » (En hiver, le Soleil se levant au sud-est est bas sur l'horizon ; en été, le Soleil se levant au nord-est est haut sur l'horizon.)

## • Mise en place d'une expérience

Proposer aux élèves de réfléchir à la mise en place d'une expérience pour tenter de simuler le phénomène. Leur demander de dessiner un schéma de leur maquette. Se mettre d'accord sur la maquette à construire : utiliser une lampe sans abat-jour (ampoule nue) pour simuler le soleil ; utiliser une balle dont on matérialisera l'axe de rotation à l'aide d'une aiguille à tricoter, tracer l'équateur (pour visualiser les deux hémisphères) et coller une gommette pour matérialiser la France. Mettre en commun les différentes propositions au tableau et demander à chaque groupe, par le biais d'un rapporteur, de commenter son schéma.

Demander à un élève de positionner la balle par rapport au Soleil. Si l'axe de rotation est horizontal, il fait toujours jour dans l'hémisphère Nord (ou Sud, suivant le sens choisi), la position n'est donc pas correcte. Si l'axe de rotation est vertical, la durée du jour est égale à la durée de la nuit ; l'hémisphère Nord reçoit le même rayonnement solaire que l'hémisphère Sud. On sait que c'est faux : quand c'est l'été dans l'hémisphère Sud, c'est l'hiver dans l'hémisphère Nord. Il convient d'incliner l'axe de rotation de la Terre (d'environ 23°). Conclure : la cause des saisons sur Terre est l'inclinaison de la planète sur son axe d'environ 23°.

### PISTES DE TRAVAIL

- Autres œuvres préconisées par les programmes officiels de 2002 :
  - une aquarelle de William Turner (XVIII^e^-XIX^e^ siècles) ;
  - un paysage de Camille Corot (XIX^e^ siècle) ou de Claude Monet (XIX^e^-XX^e^ siècles).

*Reproduction couleur p. 209*

*Reproduction couleur p. 209*

- Huile sur toile
- 1885-1887
- 61 x 50 cm

# Analyse de l'œuvre

## *Le vase bleu*

### Paul Cézanne

***Peintre français (Aix-en-Provence, 1839 - Aix-en-Provence,1906)***
*Peintre de la nature comme Monet ou Pissaro, Paul Cézanne diffère d'eux par une volonté de faire une œuvre « solide et durable comme l'art des musées ». Refusant les sujets anecdotiques et historiques, il étudie la forme et la couleur à partir de natures mortes ou de paysages. Il invente alors un nouvel espace pictural, sans clair-obscur ni perspective. Il est considéré comme le père de l'art moderne.*

### Présentation

Cézanne ne cherche pas à rendre la beauté des fleurs ou à en exalter les couleurs, mais à organiser des formes entre elles. Les fleurs sont ainsi très « géométrisées » et il n'y a pas de volonté « décorative ».

### Composition

À la différence de nombre de ces contemporains peintres, la composition est, chez Cézanne, très complexe : on peut difficilement réduire *Le vase bleu* à un schéma traditionnel en pyramide ou arc de cercle.

La masse des fleurs et le vase peuvent s'inscrire approximativement dans un triangle (fig. 1). Un angle droit à gauche, entre la table et le mur, permet à la composition de rester « stable ». Cézanne élimine les notions de « plan » classique – tous les éléments du tableau étant dans le même espace –, sans souci de suggérer la profondeur (comme dans la peinture classique). Les objets sur la table sont au même niveau que les pommes.

### Technique et couleur

« Il faut traiter la nature par le cylindre, la sphère et le cône » : cette légendaire citation que reprendront les cubistes, Cézanne la met en pratique, en suggérant le volume des objets par la simplification des contours et des lignes (fig. 2). le peintre n'essaye pas de suggérer le volume des pommes ou leur « texture » particulière, come dans la peinture traditionnelle.

La dominante de l'œuvre est bleue, le jaune pâle et le blanc jouant sur leur luminosité pour « réchauffer » l'ensemble. La « touche » si particulière du peintre est large, légère, rythmée, parfois verticale (fig. 3). Le pinceau fin vient parfois souligner avec légèreté les contours (fig. 4).

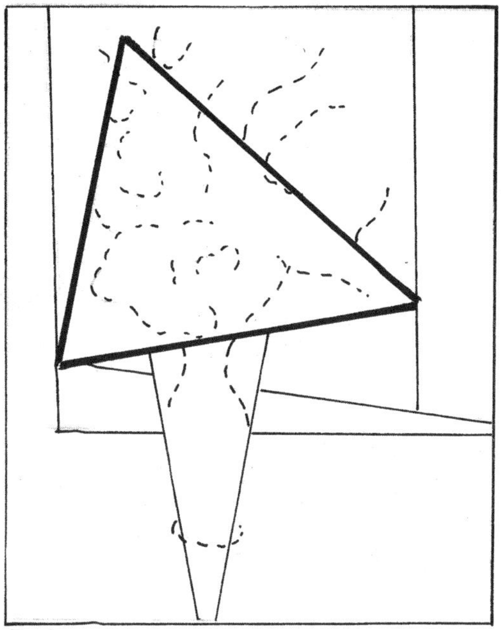

Fig. 1

Fig. 2

Fig. 3

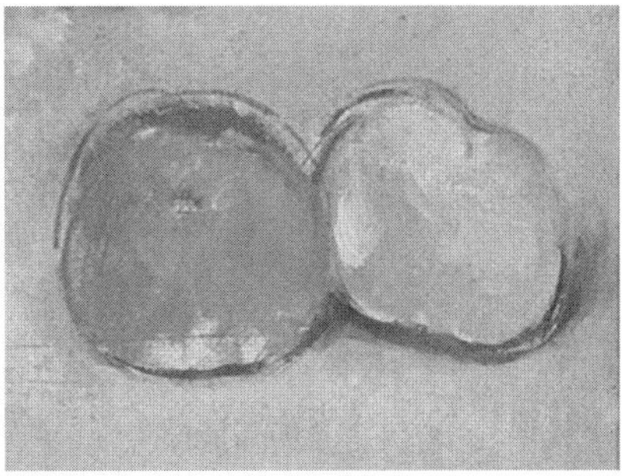

Fig. 4

# Lavis en couleur

## *Le vase bleu*

Paul Cézanne

### Objectifs

- Utiliser les possibilités motrices et expressives de la main.
- Jouer avec toutes les possibilités d'un outil (le pinceau).
- Investir pleinement une surface.
- Utiliser le blanc du support.
- Utiliser le dessin dans différentes techniques.

### Matériel

- Une feuille de Canson blanc d'au moins 250 g, format « Moïse » (hauteur au moins égale à trois fois sa largeur) ;
- un pinceau n°6 ou n°12 ;
- de l'encre de couleur.

### Durée

1 heure

### • Déroulement

Le format « en hauteur » de la feuille va induire une forme de dessin particulier.

En bas de la feuille, dessiner un contour de vase et une ligne horizontale indiquant une table (fig. 1). Mettre la feuille horizontalement et, avec de l'encre verte, tracer, avec un pinceau n° 6, neuf ou dix lignes évoquant des tiges, qui devront presque toucher les bords de la feuille (fig. 2). Après avoir trempé le pinceau dans l'eau en utilisant l'encre des tiges, dessiner des feuilles (suggérer d'en varier la forme), le but étant d'obtenir des variations de couleur allant jusqu'au très clair (on ajoutera un peu d'encre si nécessaire) (fig. 3).

Pour les fleurs, des touches de couleur (rouge, bleu ou jaune) (fig. 4), réparties sur l'ensemble du bouquet, sont transformées en pétales avec de l'eau (fig. 5). Terminer par une animation libre par points ou traits de la table et du vase (fig. 6).

### • Remarques

- Le blanc du papier doit être considéré comme une couleur et non comme un support neutre. Il aide les couleurs à respirer, à vivre, et permet à l'œil de se reposer pour mieux apprécier la qualité de la ligne. Il convient donc d'éviter de vouloir cacher le blanc et de remplir la surface à tout prix. Montrer à ce sujet que, sur ses aquarelles, Cézanne laisse beaucoup de « réserves » de blanc.
- Très utilisée par les peintres, le procédé pictural dénommé « lavis » consiste à peindre ou à dessiner en délayant de l'encre de Chine dans de l'eau. Cette technique permet de suggérer les lumières et les ombres dans une esquisse ou une ébauche en apportant une grande souplesse d'exécution.

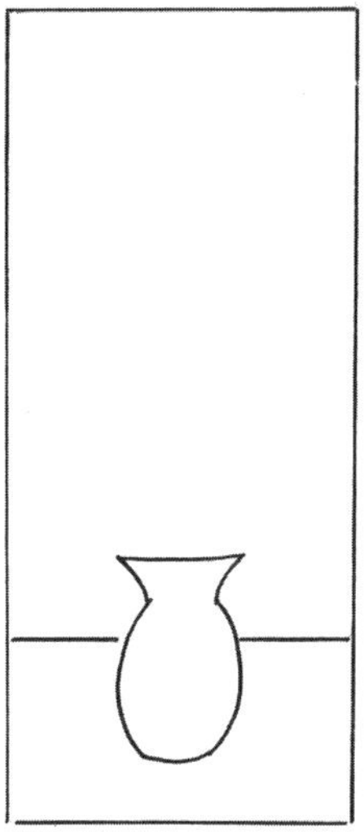

Fig. 1

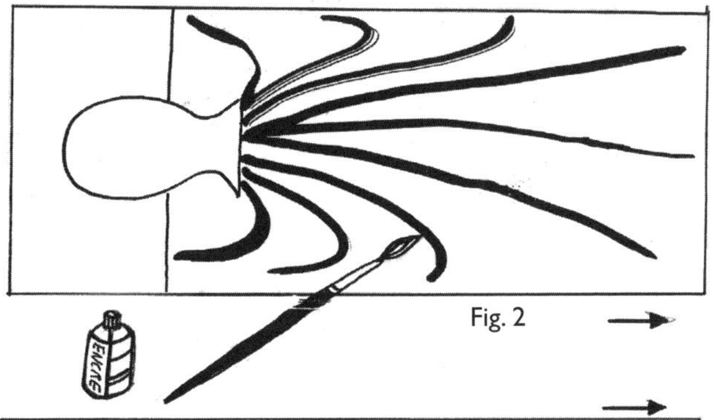


Fig. 2

Fig. 3

Fig. 3

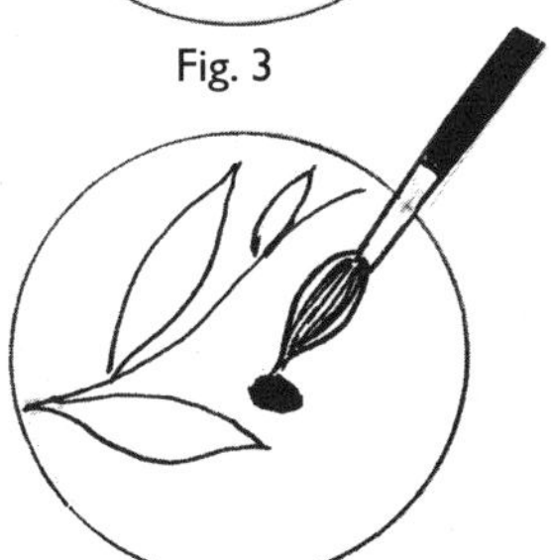

Fig. 4

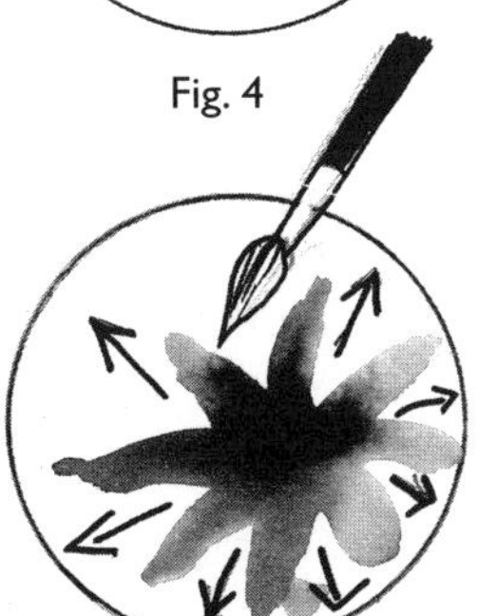

Fig. 5

Fig. 6

# Production d'écrits :
## écrire une description
## *Le vase bleu*

Paul Cézanne

### Objectifs

- Décrire une nature morte.
- Utiliser et enrichir son vocabulaire.
- Produire un texte descriptif.

### Durée

1 heure

## • Comparaison de deux tableaux : une nature morte et un portrait

Afficher au tableau la reproduction de Cézanne ainsi que le portrait de François Ier de Clouet (voir p. 206, mais tout autre portrait conviendra pour cette activité). Demander aux élèves d'observer rapidement les deux reproductions et d'essayer d'exprimer ce que les artistes voulaient donner à voir dans les deux cas.

Dans le cas de Clouet, le sujet du tableau est une personne et on sait que ce type de peinture s'appelle un portrait (soit la représentation d'une personne peinte de sorte que cette personne soit identifiable).

Comment appelle-t-on une peinture du type de celle de Cézanne ? Le sujet n'est pas ici un être humain ; on appelle ce genre de représentation une « nature morte ». Une nature morte (*still-life* en anglais, *Stilleben* en allemand, soit « vie tranquille ») désigne toute scène de motifs inanimés : gibier, fleurs, fruits ou tout autre objet. Ce n'est qu'à partir du XVIIe siècle que les natures mortes sont devenues des sujets à part entière. Auparavant, elles étaient déjà présentes dans les peintures mais uniquement comme éléments de composition, jamais comme thème principal. Ces représentations, tout comme les paysages, n'avaient pas de but descriptif mais servaient à situer, à camper l'histoire ou le personnage principal (au même titre que, dans un récit narratif, la description ou le portrait ne sont que des éléments du récit).

## • Première lecture de l'image

À partir de leur lecture de la reproduction, demander aux élèves d'énumérer tous les éléments figuratifs : établir un relevé précis des éléments représentés, puis trouver un classement (aliments, fleurs, objets de cuisine...). Une énumération n'est cependant pas suffisante pour décrire l'image ; elle ne rend pas compte de l'ambiance créée par le peintre, notamment par l'agencement des objets entre eux, les couleurs, la lumière... (voir p. 114-115).

## • Élaboration de listes de mots et d'expressions

Former des groupes de deux à trois élèves et leur demander d'établir des listes de mots et d'expressions relatives aux différents éléments figuratifs de la reproduction : certains groupes se concentreront sur le vase, d'autres sur les fleurs, d'autres encore sur les fruits, etc. Mettre en commun les différentes listes, et, éventuellement, faire expliquer les mots ou/et expressions inconnus.

## • Deuxième lecture de l'image : déduction et/ou interprétation

Faire repérer des indices en posant des questions plus précises : « Où se situe la scène ? À quelle époque ? En quelle saison ? Qui a fait le bouquet ? Quelles impressions se dégagent de ce tableau ? Qu'est-ce que le peintre a voulu montrer ? Pourquoi ces objets sont-ils réunis ? » Etc. Donner le titre de l'œuvre, *Le vase bleu* : « Doit-on en déduire que le sujet principal est le vase et non pas le bouquet ? Pourquoi ? Peut-on opposer le vase (objet qui dure dans le temps) au bouquet (les fleurs vont faner, le bouquet ne durera pas) ? »

## • Description de l'image par des mots

Proposer aux élèves de décrire l'œuvre de Cézanne en écrivant un petit texte. Pour s'aider, utiliser les différentes listes de mots ou expressions établies précédemment. Leur conseiller de garder en tête qu'ils doivent non seulement énumérer les objets représentés mais également rendre compte de l'ambiance qui se dégage de ce tableau.

### PISTE DE TRAVAIL

En expression écrite, raconter la vie, les rêves, les aspirations d'un objet, d'une fleur, d'un fruit...

# Analyse de l'œuvre

## La chambre à Arles

*Reproduction couleur p. 209*

- Huile sur toile
- Septembre 1889
- 57,50 x 74 cm

### Vincent Van Gogh

**Peintre hollandais (Groot Zundert, Hollande, 1853 - Auvers-sur-Oise, 1890)**

*Fils de pasteur protestant et artiste autodidacte, Vincent Van Gogh a eu une carrière très brève mais très productive. Après une période de peinture sombre, il rencontre à Paris des impressionnistes comme Seurat, Lautrec, Gauguin… Mais c'est en Provence qu'il découvre la luminosité du Midi et l'importance de la couleur pure et violente pour exprimer ses émotions.*
*Il peint alors souvent à l'extérieur, avec une « touche » épaisse, nerveuse, dynamique, franche, des toiles qui sont maintenant des « classiques » de l'art. Torturé et passionné, inconnu de son vivant, il se donne la mort à 36 ans.*

## Présentation

Van Gogh nous fait entrer ici dans son intimité. Ce tableau était l'un de ses préférés. Il en fit trois versions à Arles, où il demanda à Gauguin de le rejoindre.

On aperçoit une sorte de nature morte sur la table où sont placés les objets quotidiens pour la toilette de l'artiste (fig. 1 et 2). Van Gogh avait décoré les murs de la chambre de ses tableaux, dont un autoportrait et un paysage. L'univers créé est humble et dépouillé ; il n'y a aucune volonté de mettre en scène ou d'embellir la réalité.

## Composition

Van Gogh utilise une perspective « montante » avec un point de fuite situé en haut du tableau dans la fenêtre (fig. 3). L'œil du spectateur est ainsi attiré sur la lumière extérieure rendue par le jaune des vitres.

L'importance donnée au sol est considérable, reléguant les quelques meubles sur les bords de la toile. Ceux-ci sont dessinés de façon très massive, tels des cubes (fig. 4).

## Couleur

Van Gogh utilise des couleurs presque pures en évitant la multiplicité des mélanges. Il « monte » énormément l'intensité de chaque couleur. Les tonalités sont franches, les oppositions très vives.
La couleur est posée par touches très vigoureuses épousant le rythme et la forme de l'objet (fig. 5). Le peintre réussit à donner une impression de lumière et de vie à un espace banal grâce à l'utilisation étonnante des jaunes, des bleus et des verts.

Fig. 1

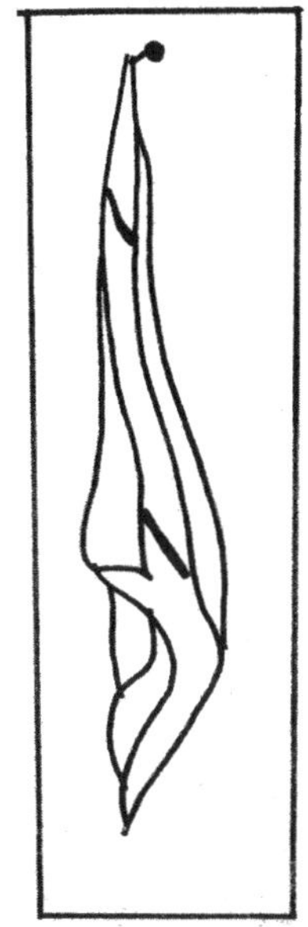

Fig. 2

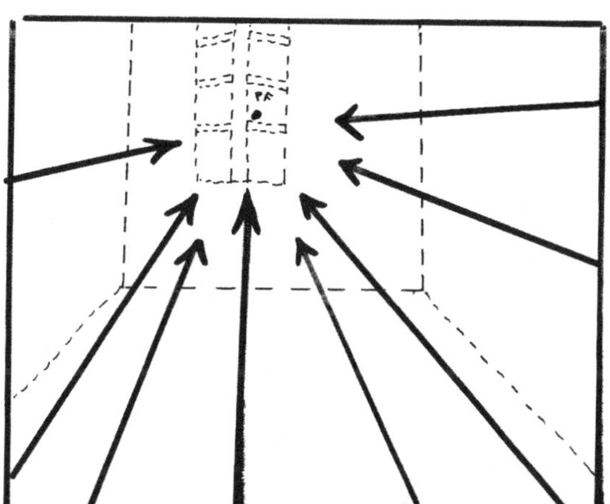


Fig. 3

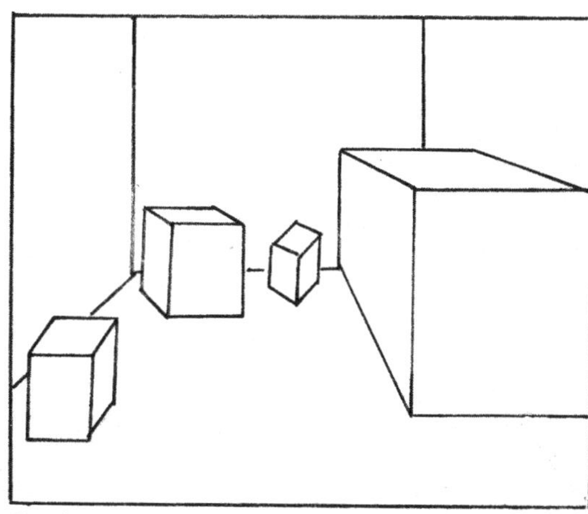

Fig. 4

Fig. 5

# Maquette de la chambre/ « La chaise »

## La chambre à Arles

Vincent Van Gogh

### Objectifs

**A :** - Réaliser une production en trois dimensions.
- Combiner des matériaux.
- Structurer une forme avec du carton.
- Établir, évaluer la notion d'échelle, de proportion à partir d'éléments plastiques.

**B :** - Appréhender les différentes visions possibles d'un objet.
- Construire un élément avec des principes géométriques.
- Réaliser une production en deux ou trois dimensions à partir d'une consigne précise.

### Matériel

**A :** - une feuille de Canson 250 g ou du bristol blanc ;
- des petites feuilles de Canson 1/2 raisin ou de bristol ;
- du carton ;
- des ciseaux ;
- de la colle forte ;
- des feutres de couleur.

**B :** - une feuille de canson blanche ;
- une règle ;
- une équerre ;
- un crayon ;
- de la gouache ;
- des pinceaux.

### Durée

**A :** 3 séances d'1 heure
**B :** 2 heures

## • Proposition A : maquette de la chambre

Montrer la reproduction du tableau aux élèves ; les interroger sur l'espace de cette chambre, sa dimension, sa disposition, sa couleur, etc. Il s'agit ici de passer de la deuxième à la troisième dimension.

Prendre la feuille de Canson (ou le bristol blanc), la plier en deux horizontalement. Rabattre les deux parties gauche et droite sur l'axe central en insistant sur les plis. Ouvrir la feuille et découper les deux plis verticaux inférieurs (fig. 1).

Poser la feuille perpendiculairement et glisser les deux parties gauche et droite sous le rectangle central. Coller et découper le papier qui dépasse (fig. 2).

Sur des petites feuilles de Canson ou de bristol, réaliser les meubles de la chambre en suivant les schémas de construction (fig. 3 et 4).

Sur la maquette de la chambre, dessiner en même temps la fenêtre, la porte, en veillant à ce que tous les éléments soient de proportion égale (pour s'aider, on peut confectionner un petit personnage en carton qui indiquera la taille du lit, de la porte, etc.).

Colorier l'ensemble aux feutres ou aux pinceaux en essayant de respecter l'esprit de Van Gogh (vigueur du trait, exaltation de la couleur). Coller les meubles dans la chambre en pliant leurs extrémités. On peut faire de petites entailles avec un cutter pour ouvrir la porte et/ou la fenêtre.

## • Proposition B : « La chaise »

Plier une feuille en quatre (on peut choisir un format carré ou rectangulaire). Placer quatre points à égale distance sur les deux lignes (fig. 1). Relier ces points à l'aide d'une règle (fig. 2). En se servant de l'équerre, tracer les pieds et le dossier de la chaise (fig. 3 et 4). Donner ensuite du volume aux éléments.

Peindre librement ou en utilisant les couleurs du peintre. On peut découper et coller un élément sur la paille (chapeau, livre...) (fig. 5).

# Proposition A

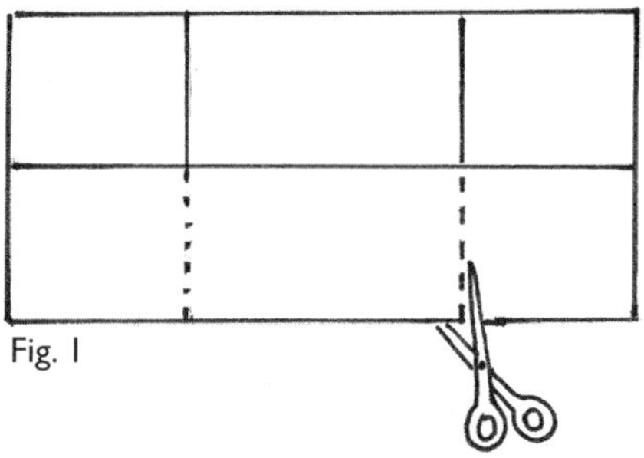

Fig. 1

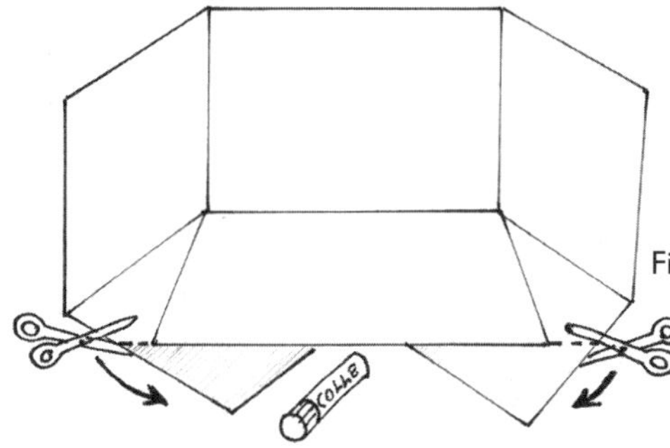


Fig. 2

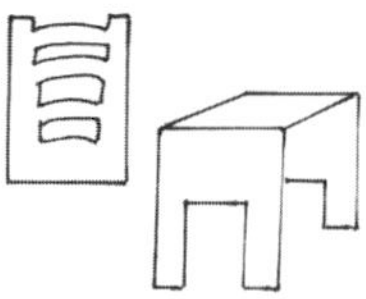

Fig. 3

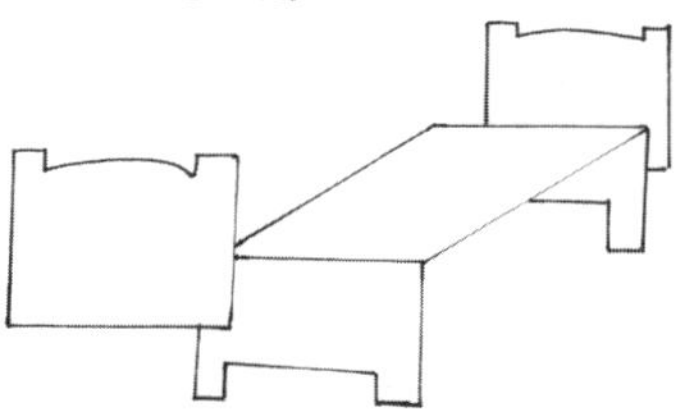

Fig. 4

Fig. 5

# Proposition B

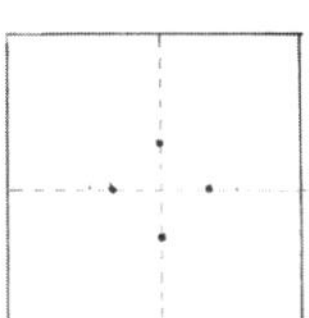

Fig. 1

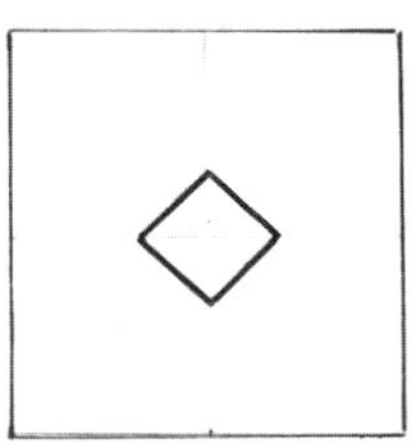

Fig. 2

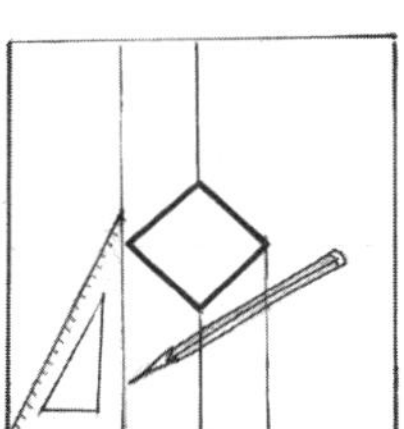

Fig. 3

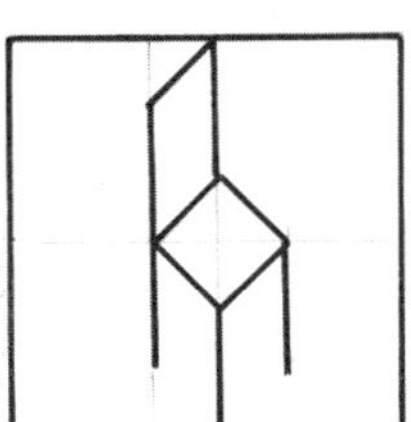

Fig. 4

Fig. 5

# Lecture pour agir :
## lire un plan
## *La chambre à Arles*

Vincent Van Gogh

**Objectifs**

- Passer d'une représentation en trois dimensions à une représentation plane.
- Se repérer sur un plan.
- Se situer dans l'espace.
- Choisir des symboles.

**Durée**

1 heure

### • Observation et analyse de l'œuvre de Vincent Van Gogh

Inviter les élèves à observer attentivement l'œuvre de Vincent Van Gogh. Pour les guider dans leur observation et les inciter à une seconde lecture plus précise, les interroger : « De quoi s'agit-il ? Comment est cette chambre ? Quels sont les meubles que l'on peut voir ? Que peut-on encore observer ? Où se trouve l'observateur ? »

Il s'agit d'une vue en perspective qui restitue une dimension spatiale aux objets en les décrivant tels que l'œil peut les apercevoir. Ce mode de représentation permet de faciliter la compréhension des formes.

### • Aborder la notion de plan

Poser le problème suivant aux élèves : on souhaite non plus représenter la chambre de Vincent Van Gogh, mais la maison entière – chambre, cuisine, entrée, salle de bains, toilettes : « Est-il possible d'utiliser le même mode de représentation ? Pourquoi ? Comment faire ? »

Il faut modifier la position de l'observateur et imaginer qu'il regarde la maison d'en haut, qu'il voit chaque pièce comme s'il était au plafond : « Si un observateur regardait la chambre de Vincent Van Gogh du plafond, que verrait-il ? Verrait-il la même pièce ? tous les objets ? Comment les chaises lui apparaîtraient-elles ? le lit ? » Etc.

Choisir alors avec les élèves des symboles qui représenteront les différents objets de la pièce tels qu'on les verrait du dessus (les symboles retenus seront des figures géométriques simples).

Demander aux élèves de représenter la chambre de Vincent Van Gogh vue de cette position haute à l'aide de ces symboles. On doit obtenir le schéma ci-contre.

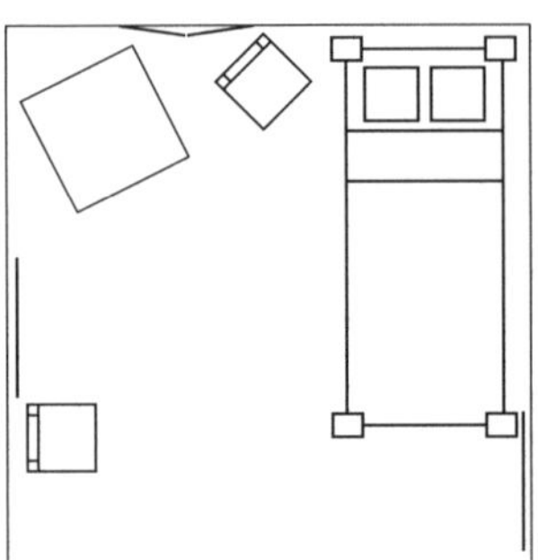

Par convention, on tracera des segments pour matérialiser les murs, deux petits traits perpendiculaires pour la fenêtre et on placera une ouverture pour représenter la porte (dont on peut éventuellement préciser le sens d'ouverture).

## • Se repérer sur un plan

Distribuer le document ci-dessous aux élèves et leur proposer l'exercice suivant : « Voici la maquette et le plan de la maison de la famille Dubreuil. Retrouve sur le plan les différentes pièces et écris le nom de chacune d'elles en t'aidant des indications de la maquette. Madame Dubreuil rentre des courses, gare sa voiture. Elle sort les sacs de son coffre, passe par l'entrée pour aller boire un verre d'eau dans la cuisine et ranger les courses. Elle se rend dans le cellier pour entreposer les bouteilles d'eau et les briques de lait, puis dépose le baril de lessive dans la buanderie. Elle se lave les mains dans la salle de bains, dépose sa veste dans sa chambre, met ses chaussures dans le placard de l'entrée, puis se dépêche d'aller répondre au téléphone dans le salon. » À l'aide du texte et de la maquette de la maison des Dubreuil, les élèves placeront le nom de chaque pièce sur le plan.

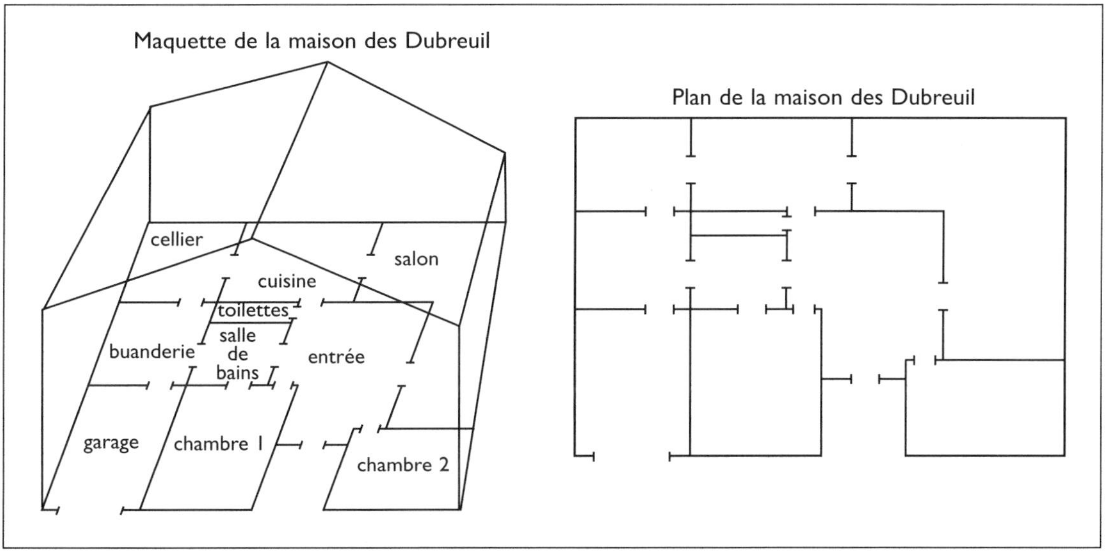


### PISTES DE TRAVAIL

- Produire un texte descriptif dont la fonction sera de présenter un lieu de telle sorte que le lecteur puisse se le représenter ou se l'imaginer le plus précisément possible : par exemple, Vincent Van Gogh a écrit une lettre à son frère Théo dans laquelle il décrit sa chambre à coucher (in *Lettres à Théo*, Paris, Gallimard, 2005). Proposer aux élèves de dessiner cette chambre à partir de cette lettre et leur demander de comparer leur dessin avec l'œuvre de Vincent Van Gogh.
- Autre œuvre préconisé par les programmes officiels de 2002 : un autoportrait de Vincent Van Gogh (XIXe siècle).

# Analyse de l'œuvre

## La charmeuse de serpents

Reproduction couleur p. 210

- Huile sur toile
- 1907
- 1,69 x 1,89 m

### Henri Rousseau (dit le Douanier Rousseau)

**Peintre français (Laval, 1844 - Paris, 1910)**

*Artiste autodidacte, le Douanier Rousseau doit sur surnom à son emploi de commis à l'octroi de Paris. Raillé à son époque, il est reconnu par Apollinaire, Delaunay, Gauguin et Picasso. Il est, par certains « aspects de son art » – sens de la couleur, netteté du dessin, frontalité des figures... –, proche des primitifs du XVe siècle. Il élabore des toiles de grand format figurant un monde exotique, végétal, peuplé d'animaux, des scènes allégoriques ou fantastiques d'une grande poésie. Sa stylisation des formes, sa fraîcheur, son goût pour les atmosphères mystérieuses en on fait le chef de file des peintres dit « naïfs » du XXe siècle.*

### Présentation

Rousseau peint des paysages exotiques, pas d'après nature (comme Gauguin), mais en se servant de ses souvenirs du jardin des Plantes et d'illustrations découpées dans des revues de géographie. Son grand talent vient de sa capacité à suggérer l'ailleurs, le mystère, la rêverie, avec des éléments assemblés au gré de l'inspiration.

La pose de la charmeuse est proche de celle du *Fifre* de Manet (1866).

### Composition

Rousseau, très admiratif des peintres officiels des salons de son époque (Cabanel, Bouguereau...), compose, comme eux, des toiles de très grands formats. Ici, l'œuvre est divisée en deux parties, une partie « pleine » avec une accumulation de végétaux en diagonales (partie droite), une partie gauche plus vide avec des rythmes de vagues horizontales (fig. 1 et 2). Le personnage debout fait la liaison entre les deux parties.

On remarquera l'équilibre subtil entre les espaces clairs et obscurs (fig. 3). Les grandes feuilles claires du premier plan donnent de la profondeur à la jungle, plus foncée, du second plan. Le cygne est de profil ; la charmeuse, de face, regarde le spectateur.

### Couleur

La peinture est très lisse, posée délicatement, sans effet de matière.

Le tableau est une savante et « froide » harmonie de verts. Les riches nuances et la variété de ces derniers permettent de donner une profondeur à la jungle représentée. On remarquera la présence de deux serpents ainsi que le rôle important de la lune et de ses reflets de lumière dans l'eau.

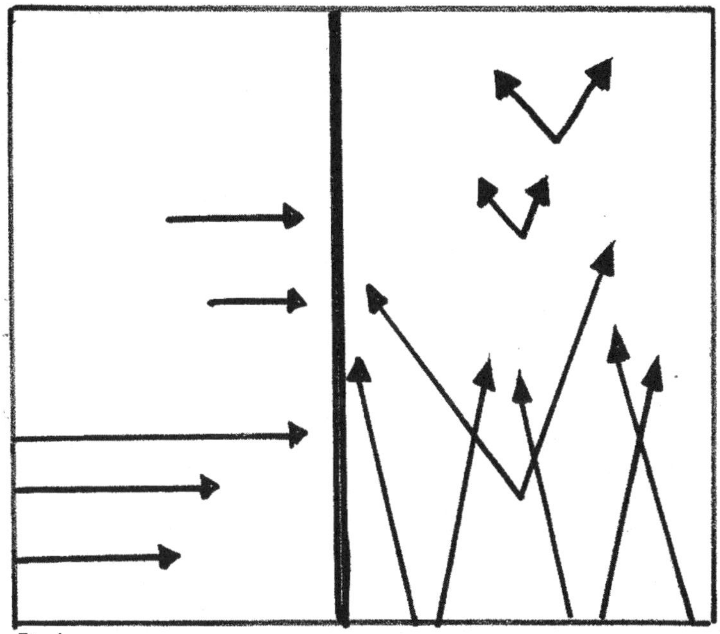

Fig. 1

Fig. 2

Fig. 3

# La jungle

## *La charmeuse de serpents*

Le Douanier Rousseau

### Objectifs

- Organiser un espace à deux dimensions.
- Figurer la profondeur d'un espace par la juxtaposition de plans.
- Construire, évoquer un feuillage par un jeu de lignes (dessus/dessous).
- Acquérir un principe d'organisation, de composition.

### Matériel

- Une feuille de Canson noir 1/4 raisin ;
- une feuille de Canson noir ou blanc ;
- des crayons de couleur ;
- de la colle ;
- des ciseaux.

### Durée

3 séances d'1 heure

### • Déroulement

Sur la feuille, tracer, à l'aide d'un crayon de couleur (claire), une série de lignes parallèles ondulantes (fig. 1), puis une autre série sur les précédentes, mais dirigées dans l'autre sens (fig. 2).

Au niveau des croisements de lignes, gommer une partie des traits pour obtenir un « entrelacement dessus-dessous » (fig. 3).

Dans les espaces vides entre les tiges ou lignes, dessiner des feuilles (fig. 4) de façon à les entrelacer également de temps à autre (essayer de varier les formes et la taille des feuilles) (fig. 5).

Sur l'autre petite feuille, dessiner et colorier un félin (fig. 6). Le découper et le coller dans la jungle.

Mettre en couleur librement avec des crayons de couleur (on peut jouer avec le noir du papier).

Sur une bande horizontale de papier, dessiner un ensemble de grandes feuilles pour constituer un premier plan. Colorier dans des tons plus clairs et découper le dessin (fig. 7).

Le coller en bas de la jungle en essayant de ne pas cacher complètement l'animal (fig. 8).

### • Variante

Répéter le même principe de composition, mais sur du papier blanc et en utilisant des feutres de couleur.

Fig. 1

Fig. 2

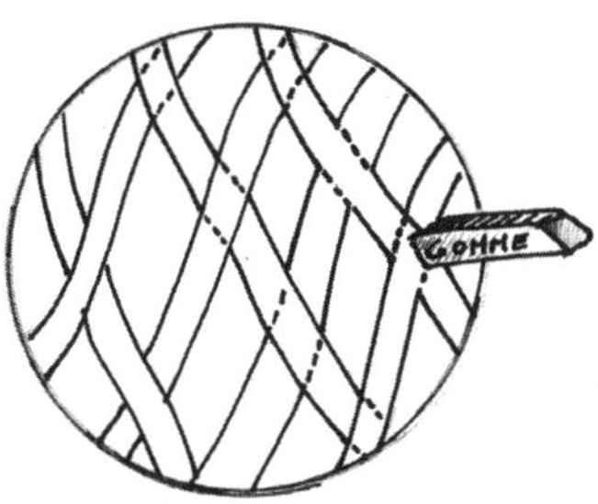

Fig. 3

Fig. 4

Fig. 5

Fig. 6

Fig. 7

Fig. 8

# Les forêts

## La charmeuse de serpents

Le Douanier Rousseau

### Objectifs

Connaître les milieux naturels du monde en fonction de leur localisation.

### Durée

1 heure

### • Observation de l'œuvre du Douanier Rousseau

Laisser les élèves observer le tableau du Douanier Rousseau et les questionner : « Que vous inspire ce tableau ? Qu'y voit-on ? À quoi cela vous fait-il penser ? D'après vous, qui a peint ce tableau ? Est-ce une œuvre d'imagination ou la représentation d'une scène réelle ? (Le Douanier Rousseau n'a jamais voyagé ; il s'est inspiré des grandes serres du Jardin des Plantes à Paris.) Qu'en pensez-vous ? » Etc.

En venir au thème de la forêt. Questionner de nouveau les élèves : « Qu'est-ce qu'une forêt ? Quel genre de forêt le Douanier Rousseau a-t-il représenté ? Les forêts sont-elles toutes identiques ? Quelle est la plus belle saison pour observer une forêt ? » Etc.

### • Les forêts dans le monde

Expliquer aux élèves qu'il y a des milliers d'années, les forêts occupaient la moitié des terres émergées de la planète. Actuellement, cette occupation est de 12 %. Les élèves ayant déjà étudié les grandes zones climatiques sauront sans doute que les forêts sont loin d'être uniformes et qu'en fonction des climats, les espèces d'arbres et l'allure de la forêt varient.

Distribuer une carte simplifiée des forêts dans le monde et demander aux élèves de la colorier en utilisant des couleurs différentes en fonction des différents types de forêts. Profiter de ce moment pour expliciter les différents qualificatifs des forêts : forêt sèche, humide, mixte, de conifères, etc.

Demander aux élèves de rechercher des images de différentes forêts pour illustrer leur cahier (images de magazine, dessins, cartes postales, images Internet...). Ils devront surtout retenir qu'il existe trois grands types de forêts :

- La forêt équatoriale (*rain forest* en anglais, parce qu'il y pleut beaucoup), dense et verte grâce à un climat toujours chaud et humide. La forêt équatoriale couvre 7 % de notre planète, abrite plus de la moitié des espèces animales de la terre et 40 % des espèces végétales. On y trouve de très nombreuses espèces d'arbres. La forêt équatoriale d'Amérique du Sud renferme 1 500 espèces d'oiseaux, 500 espèces de mammifères, 2 000 espèces de papillons. Dans le fleuve Amazone, se trouvent 2 000 espèces de poissons d'eau douce.
- La taïga est une forêt extrêmement vaste qui borde la toundra. Elle se compose essentiellement de sapins (conifères les plus résistants au froid) et de bouleaux (feuillus les plus résistants au froid). La taïga est principalement située en Sibérie.
- Les forêts européennes, qui sont des forêts entretenues et aménagées par l'homme.

## • Les problèmes actuels des forêts

Demander aux élèves s'ils connaissent le mot « déforestation » et ce qu'il évoque pour eux. Les questionner : « Qui ou qu'est-ce qui détruit la forêt ? Est-ce naturel ? Pourquoi détruit-on la forêt ? Qui en tire des bénéfices ? Quels sont les problèmes que cela pose ? » : les hommes déboisent les forêts parce que la population mondiale augmente et que l'on a donc besoin de plus d'espaces à aménager, de plus de bois de chauffe, de plus de bois pour fabriquer des meubles et du papier. Les incendies détruisent également la forêt dans des proportions importantes. En Amazonie, un territoire équivalent à la Suisse disparaît chaque année. Cette destruction n'est pas sans conséquence : les écosystèmes sont modifiés et certaines espèces animales et végétales sont en voie de disparition.

## • Conclusion

Pour conclure, demander aux élèves de rédiger un résumé permettant de garder en mémoire l'essentiel de la leçon. Par exemple (trace écrite) : « La forêt couvre environ 1/5$^{e}$ de la surface de la Terre. Il existe des forêts très différentes selon les régions du monde. La forêt équatoriale, très dense, inhospitalière, comprenant une très grande variété d'animaux, de plantes et d'arbres, la taïga en Sibérie et des forêts aménagées par l'homme pour l'homme en Europe. Certaines forêts, particulièrement en Amazonie, sont menacées de déforestation par une exploitation trop intensive. »

### PISTES DE TRAVAIL

- En éducation musicale : apprendre à chanter *Vive le Douanier Rousseau,* chanson de la Compagnie Créole.
- En lecture : lire *La Jangada* de Jules Verne, qui décrit la nature dense et luxuriante de la forêt amazonienne.

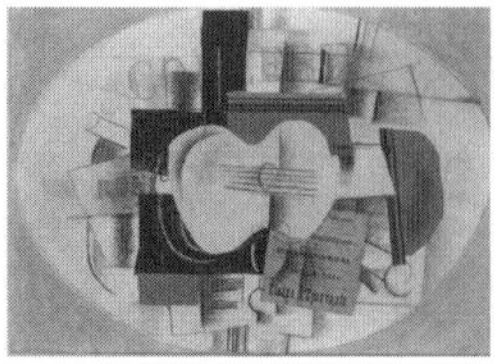

# Analyse de l'œuvre

## La guitare, statue d'épouvante

*Reproduction couleur p. 210*

- Fusain, gouache, papiers collés
- 1913
- 0,73 x 1 m

### Georges Braque

**Peintre français (Argenteuil-sur-Seine, 1882 - Paris, 1963)**
*Après une période fauve, Georges Braque rencontre Picasso et invente avec lui le « cubisme », révolution plastique qui marque une rupture avec l'art du passé : rompant avec la perspective traditionnelle, le tableau devient un espace libre de tout souci de réalisme.*
*La peinture de Braque est un assemblage de formes géométriques évoquant la vision d'un objet, vu sous des angles différents. Maître de la nature morte et coloriste hors pair, il est l'un des grands artistes du xx^e^ siècle.*

## Présentation

L'art de Braque consiste à utiliser les éléments du réel dans un nouvel univers plastique sans souci d'imitation. Il pose ainsi les bases de la peinture abstraite qui, quelques années plus tard, effacera complètement la référence à l'objet (Mondrian, Kandinsky…).

Dans ce tableau, le sujet représenté, la musique, obéit aux lois du cubisme ; les éléments ne sont pas dans un espace « illusionniste » avec points de fuite et perspective. La guitare est utilisée comme élément plastique (rondeur de la forme). Elle est réduite à un signe graphique simple et se juxtapose à d'autres éléments évoquant la musique (partition, caractères d'imprimerie…).

## Composition

Braque utilise ici une forme ovale comme « cadre » de sa composition. La forme arrondie évoquant une guitare est placée au centre de l'espace (fig. 1).

Des papiers découpés géométriquement sont disposés autour de l'instrument ; les papiers noirs sont horizontaux et verticaux pour « affirmer » la composition (fig. 2). Les formes rayonnent à partir du centre de l'œuvre (fig. 3).

## Technique et couleur

Cette œuvre est une technique « mixte », mélange de collage, de gouache et de dessin. Picasso et Braque sont les premiers artistes à introduire des éléments de récupération et à les mêler aux outils traditionnels de la peinture. Le faux bois (fig. 4) et le papier journal (fig. 5) sont très présents dans l'œuvre du peintre : ils permettent à l'œuvre de garder un « contact » avec la réalité et de ne pas devenir trop abstraite.

Braque réduit volontairement la gamme de ses couleurs pour se concentrer sur l'organisation des formes de son tableau.

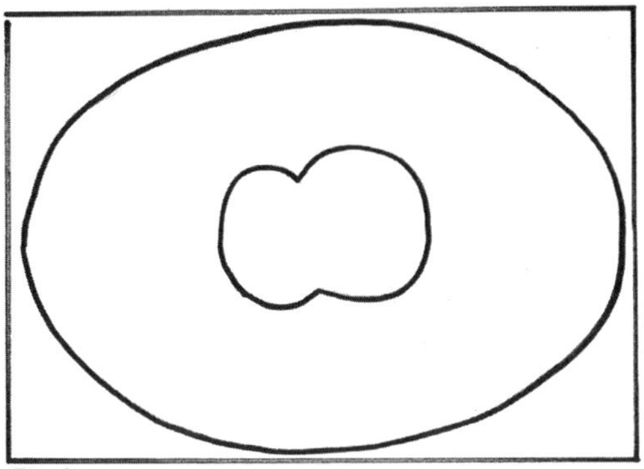

Fig. 1

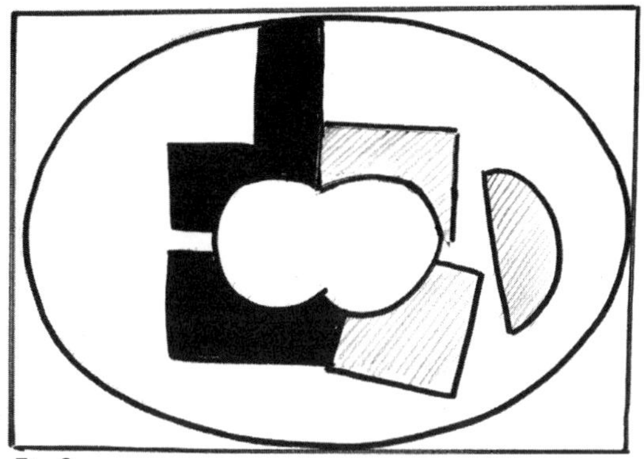

Fig. 2

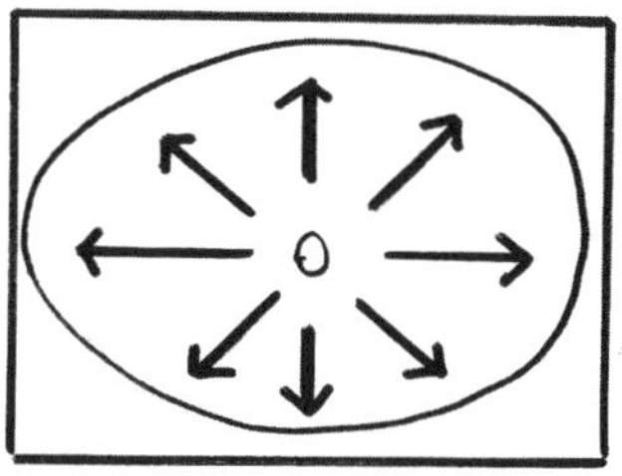

Fig. 3

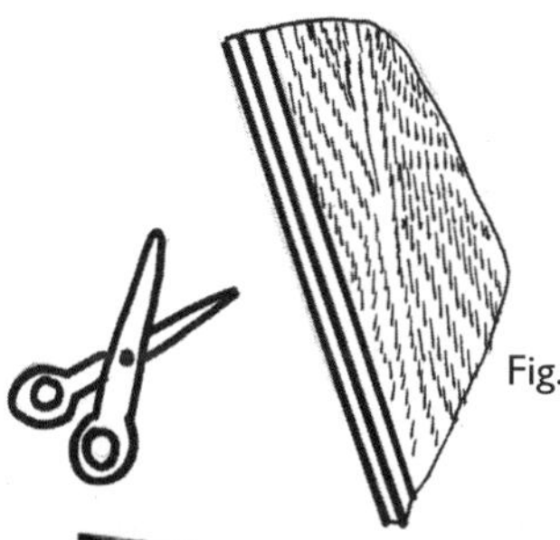

Fig. 4

Fig. 5

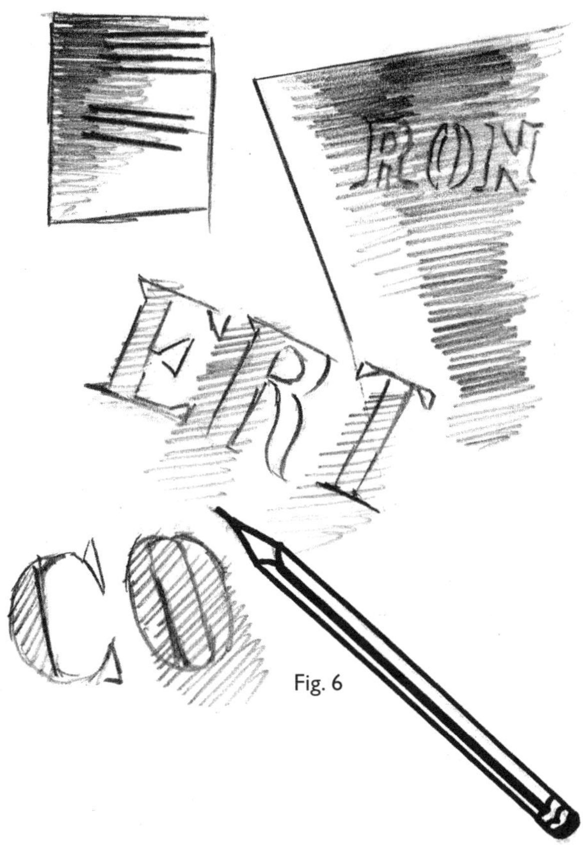


Fig. 6

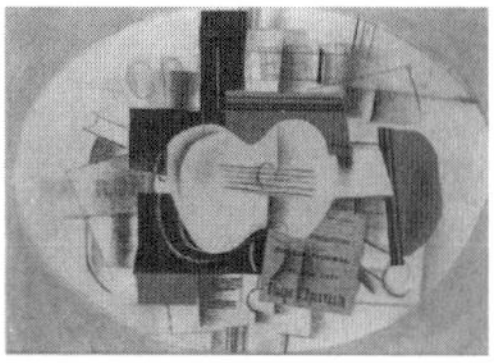

# Nature morte au pochoir

## *La guitare, statue d'épouvante*

Georges Braque

### Objectifs

- Appréhender une façon nouvelle de représenter l'espace.
- Approfondir la notion de point de vue.
- Fabriquer une gamme colorée.
- Juxtaposer, associer des surfaces géométriques simples.
- Acquérir un principe d'organisation, de répétition, de superposition.

### Matériel

- Une feuille de Canson blanc 1/2 raisin ;
- un crayon HB :
- du papier bristol ;
- de la gouache ;
- un pinceau n° 6 ou n° 12 ;
- une brosse n° 12 ;
- des ciseaux.

### Durée

2 heures

## • Préambule

Avant de commencer l'activité, interroger les élèves sur la reproduction : « Quel en est le sujet ? Comment sont représentés les objets ? Où était placé le peintre par rapport à la guitare ? Y a-t-il un point de fuite comme dans certaines peintures (ex. : Sisley) ? Pourquoi les objets semblent-ils en morceaux ? Quelle est la gamme de couleurs utilisées ? Est-ce une peinture, un collage, un dessin ? » Etc. Il peut être utile de rappeler cette phrase de Braque : « Il faut absolument s'ôter de l'esprit que les peintres sont condamnés à copier les formes de la nature, quand les musiciens, par exemple, ne le font pas ! »

## • Déroulement

Sur la feuille, dessiner à main levée, au crayon HB, un ovale occupant tout l'espace (on peut plier la feuille en deux pour s'aider) (fig. 1). Dans du papier assez épais (ou bristol), confectionner une série de pochoirs, en forme de rectangle, de tailles variées (fig. 2).

Préparer une palette avec de la gouache noire et blanche mélanger pour obtenir des valeurs de gris différents (fig. 3). Avec la brosse sèche, prendre directement la couleur sans ajout d'eau et imprimer une série de rectangles dans l'ovale. Essayer de trouver un rythme, une organisation rigoureuse (principe vertical, horizontal ou par taille). Superposer les gris pour obtenir des effets de transparence ou de matière (fig. 4).

Découper la forme d'une guitare pour réaliser un nouveau pochoir (fig. 5). Utiliser l'instrument dans la composition (soit une partie, soit en répétant le pochoir) (fig. 6). À l'aide du pinceau n° 6 ou n° 12, écrire des mots ou des lettres en utilisant du marron ou du noir et blanc.

## • Remarque

On peut aussi coller sur la gouache un bout de journal noir et blanc ou un ticket de concert ou de transport (en veillant à l'harmonie colorée générale).

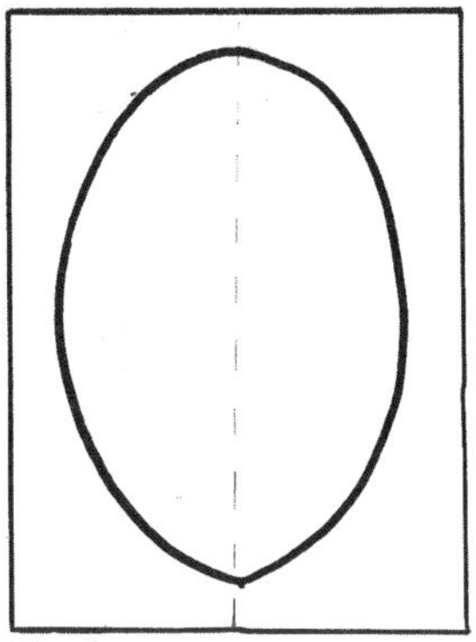

Fig. 1

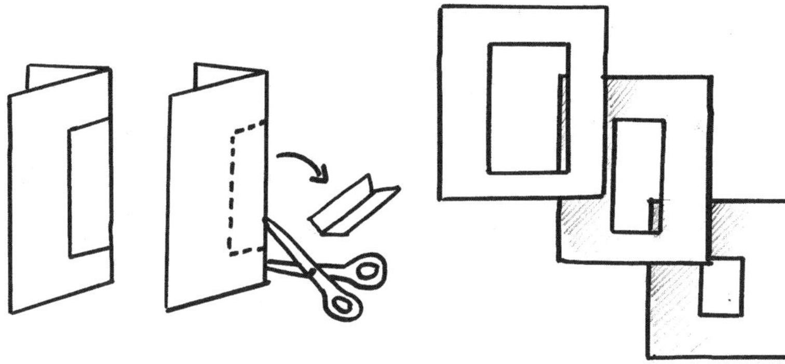

Fig. 2

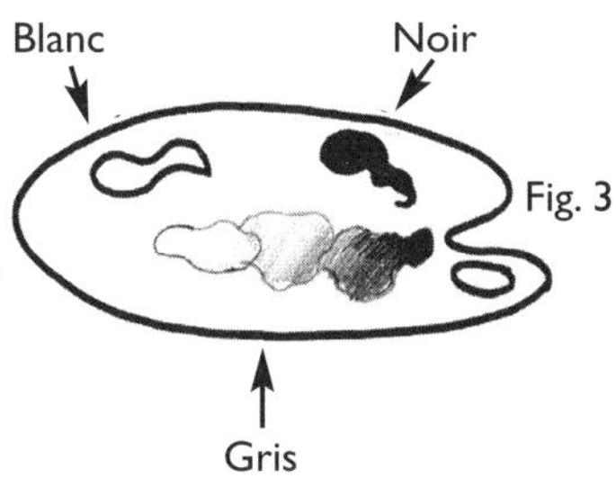


Fig. 3

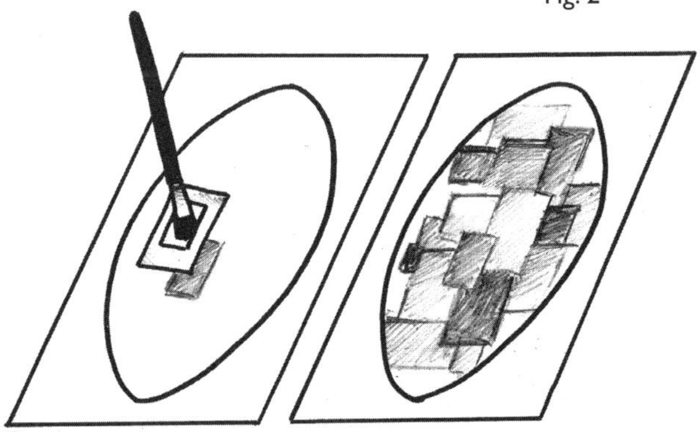

Fig. 4

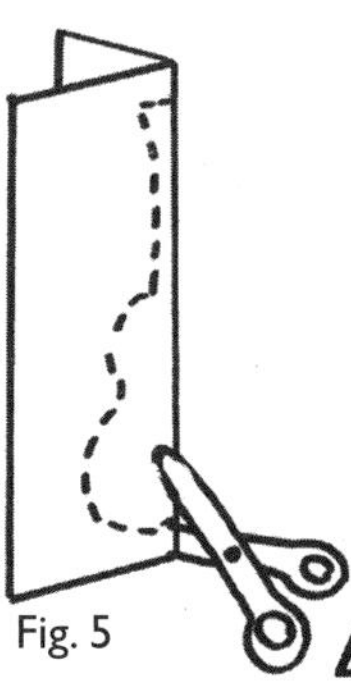

Fig. 5

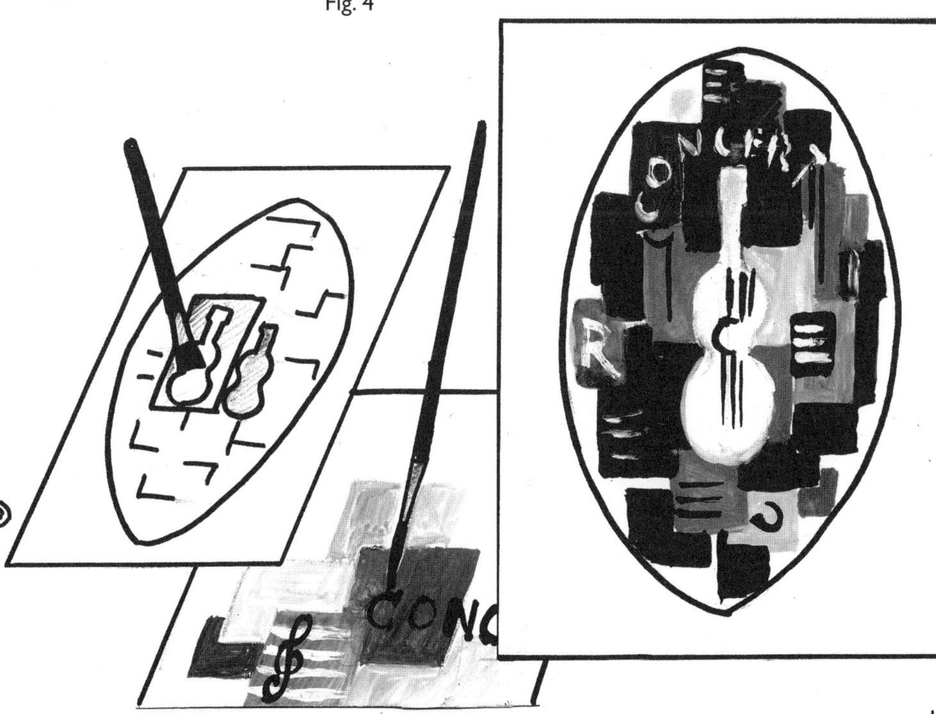


Fig. 6

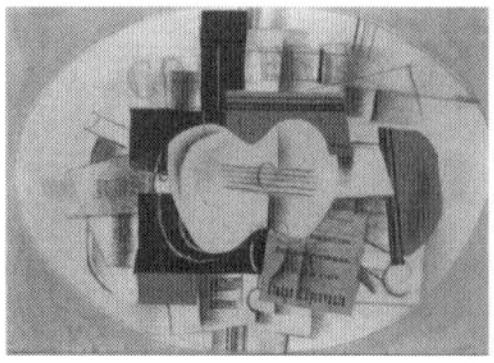

# Les différents points de vue

## *La guitare, statue d'épouvante*

Georges Braque

### Objectifs

- Prendre conscience qu'un objet possède différentes formes selon le point de vue que l'on adopte pour l'observer.
- Passer d'une représentation en trois dimensions à une représentation plane.
- Construire des rapports spatiaux.
- Savoir lire un dessin technique.

### Durée

1 heure

## • Observation et analyse de l'œuvre de Braque

Il s'agit, à partir de l'œuvre de Braque, de présenter le cubisme et les différents points de vue que l'on peut avoir d'un objet.

Inviter les élèves à observer attentivement le tableau de Braque et leur poser les questions suivantes : « Que représente cette œuvre ? Quelles techniques l'artiste a-t-il utilisées ? Quelles sensations éprouvez-vous en la regardant ? » Etc. Laisser les élèves commenter et s'exprimer librement.

Leur demander d'observer les formes représentées : « Quelles formes reconnaît-on ? Y a-t-il des formes reconnaissables ? À quoi servent ces formes ? » Etc. Les formes géométriques sont largement représentées et les objets sont peints de face, de profil et de dos en même temps. Rappeler aux élèves que ce type de réalisation a pour nom « le cubisme ».

## • Observation d'un objet

Répartir les élèves en binômes et leur distribuer une boîte à chaussures, une grosse boîte d'allumettes vide, une brique de lait ou tout autre objet ayant la forme d'un parallélépipède rectangle. Leur demander d'observer attentivement la boîte et de la représenter. Il est vraisemblable que la représentation majoritaire sera la perspective.

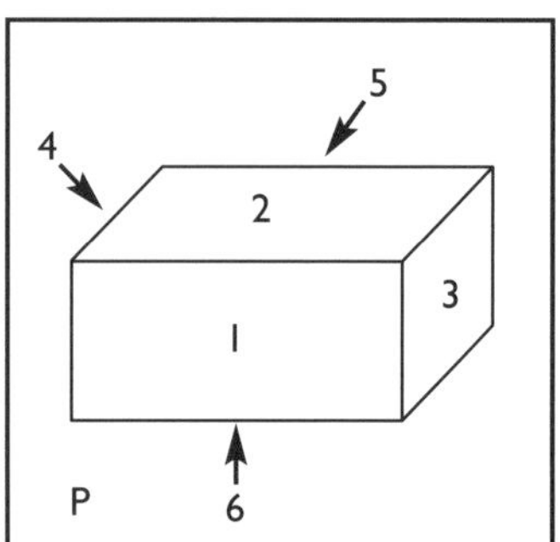


Questionner les élèves : « Quelles faces voit-on ? (1, 2, 3) Lesquelles sont cachées ? (4, 5, 6) Où se trouve l'observateur ? (en P) »
L'observateur se situant en P, la vue 1 est appelée la vue de face.

Nommer les différentes vues :

1 = vue de face ou vue principale (car, en général, un observateur se situe en face de l'objet qu'il observe)
2 = vue de dessus
3 = vue de droite
4 = vue de gauche
5 = vue de dos
6 = vue de dessous

Photocopier et distribuer le document suivant aux élèves.

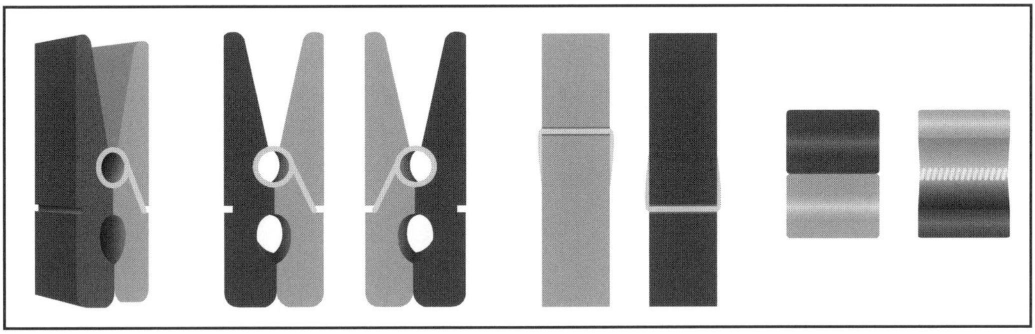

Demander aux élèves d'indiquer les noms des différentes vues (perspective, vue de dessus, vue de dessous, vue de face, vue de dos, vue de gauche, de droite). Éventuellement, distribuer des pinces à linge de façon à confronter représentations et objet réel.

On pourra ainsi proposer de multiples exercices de lectures de vues aux élèves, notamment à partir de constructions simples réalisés avec différents cubes.

## PISTES DE TRAVAIL

- En géométrie, tracer des figures simples en utilisant les outils appropriés aux élèves de CE2 et de CM1, et reproduire une figure complexe pour les élèves de CM2.
- Autres œuvres préconisées par les programmes officiels de 2002 :
  - *L'Homme à la guitare* de Georges Braque (MNAM, Paris, 1914) ;
  - *Le violon* de Pablo Picasso (MNAM, Paris, 1914) ;
  - *Petit Paul en arlequin* de Pablo Picasso (musée Picasso, Paris, 1924).

Reproduction couleur p. 211

- Huile sur toile
- 1920
- 1,30 x 1,62 m

# Analyse de l'œuvre

## Les disques dans la ville

### Fernand Léger

**Peintre français (Argentan, 1881 - Gif-sur-Yvette, 1955)**
*D'abord cubiste, Fernand Léger se considérait comme « un nouveau primitif » ; il évolua avec une grande inventivité vers un art « compréhensible par tous » fait de couleurs contrastées, d'aplats géométriques et de compositions savamment construites et très dynamiques.*
*Il puisait son inspiration dans des sujets « modernes », célébrant la beauté plastique de la machine et l'inscription de la mécanique dans le paysage urbain, la figure humaine étant considérée comme « une valeur plastique et non sentimentale ». Son œuvre, très monumentale, se déclina dans des techniques diverses comme la céramique, le vitrail ou la mosaïque.*

### Présentation

Léger juxtapose ici des éléments géométriques simples (cercles, demi-cercles, carrés, rectangles) évoquant l'accumulation des formes diverses qui composent une ville. Sa vision est joyeuse et dynamique, des éléments en apparence hétéroclites formant une unité : « J'aime les formes imposées par l'industrie moderne, je m'en sers, les aciers, aux mille reflets colorés, plus subtils et plus fermes que les sujets dits classiques : je soutiens qu'une mitrailleuse ou la culasse d'un canon 75 sont plus sujets à peinture que quatre pommes sur une table. »

Des silhouettes simplifiées de personnages apparaissent et « humanisent » la géométrie générale. Qu'ils soient sur un balcon (en haut à droite) ou des motifs d'affiches, ces personnages restent des éléments décoratifs sans but psychologique. La lettre R (en bas à gauche), réalisée au pochoir, vient rappeler l'importance de l'affiche et du graphisme dans l'environnement urbain.

### Composition

Comme beaucoup d'œuvres de cette période (environ 1920-1927) dite « puriste », la composition est solidement charpentée à partir d'un réseau de lignes verticales et horizontales dans lequel viennent s'inscrire des cercles et des demi-cercles qui dynamisent ainsi l'ensemble (fig. 1).

### Couleur

La composition est très « charpentée » grâce à un solide contraste entre les parties foncées et claires (fig. 2). La totalité de la surface est remplie ; on ne peut distinguer ni le sol ni le ciel.

Les couleurs sont vives, lumineuses, posées en « aplat ». Léger utilise le blanc pour « aérer » l'harmonie générale.

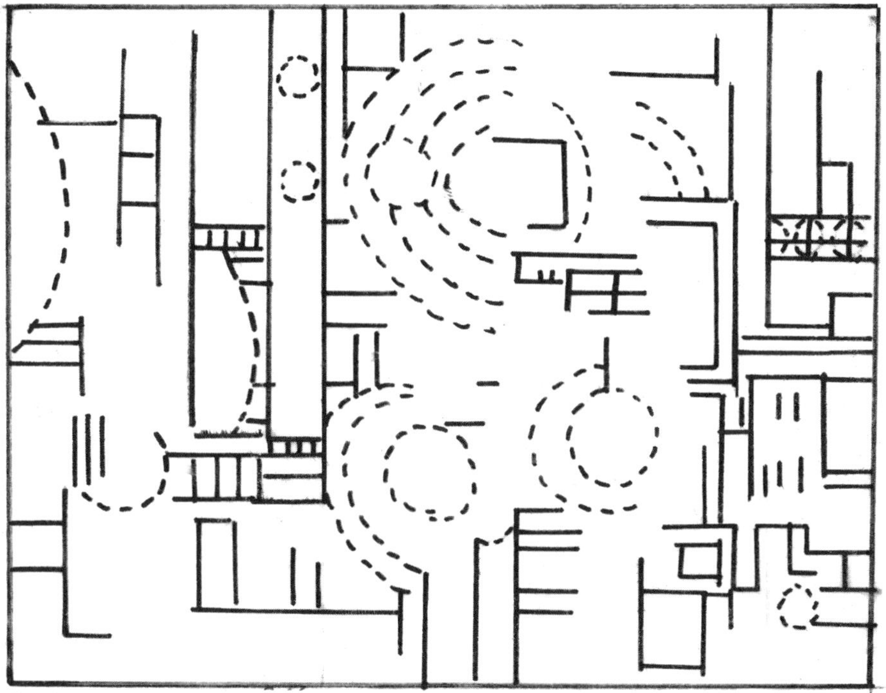
Fig. 1

Fig. 2

# Ville géométrique

## *Les disques dans la ville*

Fernand Léger

### Objectifs

- Réinvestir une œuvre et en changer le sens à partir d'un fragment.
- Inventer un paysage urbain avec des outils géométriques (équerre, règle, compas).
- Solliciter son imagination.

### Matériel

- Une feuille de Canson 21 x 29,7 cm ;
- des ciseaux ;
- de la colle ;
- une équerre ;
- un compas ;
- une règle ;
- un rapporteur ;
- un crayon ;
- des feutres.

### Durée

2 heures

### • Déroulement

Photocopier en noir et blanc la reproduction de Léger (agrandir pour obtenir un format 21 x 29,7 cm). Découper six ou sept éléments de la peinture situés dans la globalité de l'œuvre (en haut, en bas, à gauche, à droite, au centre) (fig. 1).

Sur une autre feuille, recoller chacun des morceaux en les replaçant exactement à leur emplacement initial (fig. 2). Photocopier ce montage et distribuer une photocopie à chaque élève, avec comme consigne de dessiner une ville du futur en intégrant les éléments déjà présents.

Pour ce faire, utiliser les instruments de géométrie : règle, compas, équerre, rapporteur (fig. 3). Pour aider les élèves, parler de l'urbanisme d'une ville : absence d'espaces vides, hauteur des constructions, indication des routes, monuments, vitrines des magazines, enseignes, circulation, etc. Évoquer l'importance moindre du ciel par rapport à un paysage de campagne.

Une fois la construction de la ville réalisée au crayon, mettre en couleur aux feutres, en vérifiant que les éléments de Léger soient bien intégrés. Choisir quatre ou cinq couleurs maximum pour obtenir une « harmonie colorée ».

### • Remarque

Après affichage des dessins d'élèves au tableau, montrer *Les disques dans la ville* : l'ayant investie sans la connaître préalablement, les élèves auront ainsi une perception active de l'œuvre.

### • Variante

Même principe d'intégration en croisant quatre morceaux situés aux quatre angles du tableau (fig. 4).

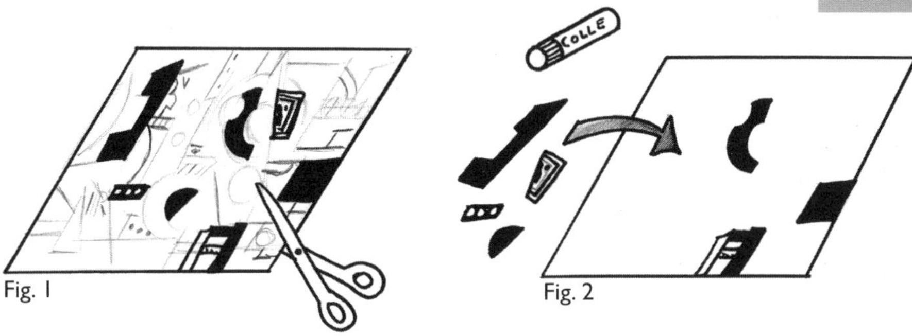


Fig. 1

Fig. 2

Fig. 3

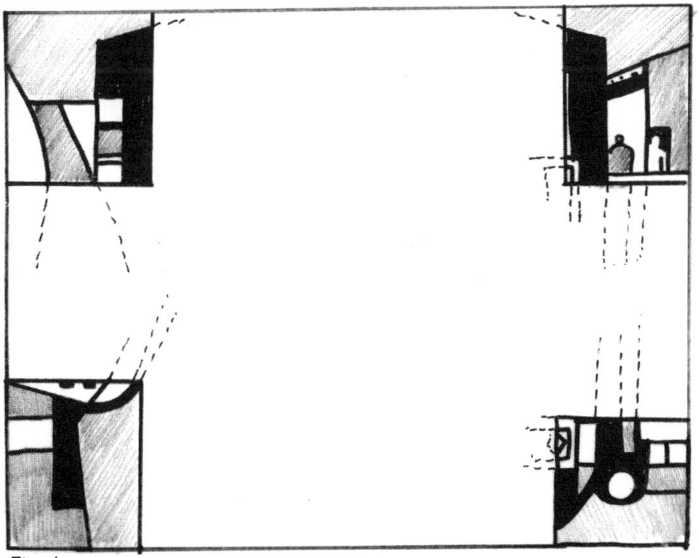

Fig. 4

# Les grandes villes du monde

## *Les disques dans la ville*

Fernand Léger

### Objectifs

- Connaître quelques grandes villes du monde.
- Découvrir la complexité des problèmes des grandes villes.

### Durée

1 heure

**Document 2 : les grandes villes du monde (par nombre d'habitants)**

Bombay : 17 340 900
Buenos Aires : 14 235 106
Calcultta : 14 362 546
Los Angeles : 18 313 809
Mexico : 22 414 318
New York : 24 112 176
Paris : 11 367 193
Rio de Janeiro : 11 629 629
São Paulo : 19 194 100
Séoul : 22 173 711
Shangai : 14 871 156
Tokyo : 33 413 000

### • Observation de l'œuvre de Fernand Léger

Laisser les élèves observer le tableau de Fernand Léger et les interroger à propos de ce qu'elle évoque pour eux : « Que voit-on ? Quelle impression générale se dégage du tableau ? » Etc. Donner le titre de l'œuvre aux élèves – *Les disques dans la ville* – et les laisser s'exprimer à son propos.

### • Lecture documentaire : l'accroissement de la population des villes

Donner le document 1 (voir page suivante) à lire aux élèves. Leur poser quelques questions pour s'assurer de la bonne compréhension du document et laisser émerger quelques réflexions. Faire noter quelques définitions (densité, agglomération, exode rural, urbaine, métropole) dans le cahier des élèves.

### • Lecture documentaire : les plus grandes villes du monde

Distribuer le document 2 (voir ci-contre). Demander aux élèves de situer les villes sur un atlas, de les ranger de la plus peuplée à la moins peuplée en indiquant à quel continent elles appartiennent, et de répondre aux questions suivantes : « Quelle est la ville la plus peuplée ? Combien a-t-elle d'habitants ? Combien y a-t-il d'habitants à Paris ? Parmi ces grandes villes, quelles sont celles qui se situent en Europe ? en Asie ? en Amérique ? » Etc.

Conclure en faisant remarquer que même si la répartition de la population mondiale montre que l'Europe est l'une des régions les plus densément peuplées du monde, les plus grandes villes sont majoritairement situées en Asie et en Amérique du Sud.

## • Les problèmes liés à l'urbanisme

Demander aux élèves de recenser les problèmes liés aux grandes villes (circulation difficile, manque d'hygiène, manque de logements, insécurité, nuisances sonores, pollution...) et de réfléchir aux moyens que l'on pourrait mettre en œuvre pour les résoudre.

Montrer aux élèves une photographie d'une grande ville asiatique (Bombay ou Rio de Janeiro, par exemple) révélant le contraste entre un centre-ville extrêmement développé et moderne, et les bidonvilles. Les interroger sur les problèmes que rencontrent les habitants des immeubles modernes et ceux qui se posent aux habitants des bidonvilles.

## • Trace écrite

Pour conclure, demander aux élèves d'élaborer un résumé permettant de garder en mémoire l'essentiel de la leçon. Par exemple : « Depuis plus de cent ans, l'exode rural a vidé les campagnes de sa population. Il y a de plus en plus de grandes villes aussi bien dans les pays industrialisés que dans les pays en voie de développement. Ces grandes villes connaissent de nombreux problèmes : manque de logements, insécurité, pollution et circulation automobile très difficile. La population de ces villes est constituée de deux groupes très marqués : les riches, qui habitent les beaux quartiers, et les pauvres, qui survivent dans les bidonvilles. »

**Document 1 : l'accroissement de la population dans les villes**

La population mondiale est actuellement de plus de 6 milliards d'hommes (soit 100 fois la population française). Elle est très inégalement répartie : certaines régions du globe sont vides (déserts, régions polaires, régions montagneuses...), d'autres sont très peuplées. Depuis l'Antiquité, la population urbaine n'a pas cessé d'augmenter. C'est l'exode rural qui provoque la croissance de la population des villes. La mécanisation de l'agriculture qui nécessite alors moins de main d'œuvre et les conditions climatiques aléatoires et parfois défavorables (sécheresse, inondations...) incitent les habitants des campagnes à s'installer en ville, où ils espèrent trouver du travail et des conditions de vie meilleures. Dans certains pays encore en guerre, les paysans fuient leurs campagnes, lieux de combats, pour rejoindre les métropoles, où ils espèrent trouver refuge.

### PISTE DE TRAVAIL

En géométrie : étudier le cercle, le disque et la sphère ; tracer à l'aide du compas ; reproduire des figures complexes.

Reproduction couleur p. 211

- Huile sur carton
- 1921
- 54 x 40 cm

# Analyse de l'œuvre

## Croissance

### Paul Klee

**Peintre suisse (Münchenbuchsee, 1879 - Muralto Locarno, 1940)**
*En marge des grands mouvements (cubisme, fauvisme, surréalisme, etc.), Paul Klee est un artiste majeur du xx^e siècle.*
*Il est très marqué par des voyages en Tunisie (1914) et en Égypte (1920), et par le pouvoir expressif « primitif » de la couleur et des éléments graphiques (motifs décoratifs).*
*Ses œuvres, souvent de petites dimensions, sont composées d'associations de rythmes géométriques et labyrinthiques évoquant de loin des souvenirs naturalistes.*

## Présentation

Cette œuvre est inspirée, dans son atmosphère, sa composition, son rythme très particulier, d'un voyage que Paul Klee fit en Tunisie en 1914.

On peut penser, en regardant cette disposition, à un jardin, au gémissement de la nature, l'étagement des éléments et la richesse harmonique dynamisant l'œuvre.

## Composition

Klee utilise un répertoire de formes bien défini (cercle, carré, losange, quadrilatère) de tailles très légèrement différentes, « empilées » verticalement (fig. 1).

L'ensemble de ces amoncellements de formes (fig. 4) est entouré par une sorte de barrière formée de triangles sur les côtés droit et gauche, et de demi-cercles en haut et en bas (fig. 2). L'artiste semble imposer au tableau une organisation rigoureuse et méthodique, oubliant la représentation figurative pour un rythme quasi musical. L'espace est entièrement occupé par les formes (absence de vide).

## Couleur

Adepte des théories de Delaunay et Kandinsky sur la couleur, le peintre déploie ici les plus grandes variations chromatiques possibles.

Placées dans un ordre croissant ou décroissant, les formes, qui s'éclaircissent à mesure de leur élévation, se détachent sur l'ensemble de la surface très sombre (fig. 3). La gamme est composée de marrons, de nuances de terre de Sienne, d'ocres rouges, brunes, de vert et de jaune pâle ainsi que d'un peu de blanc.

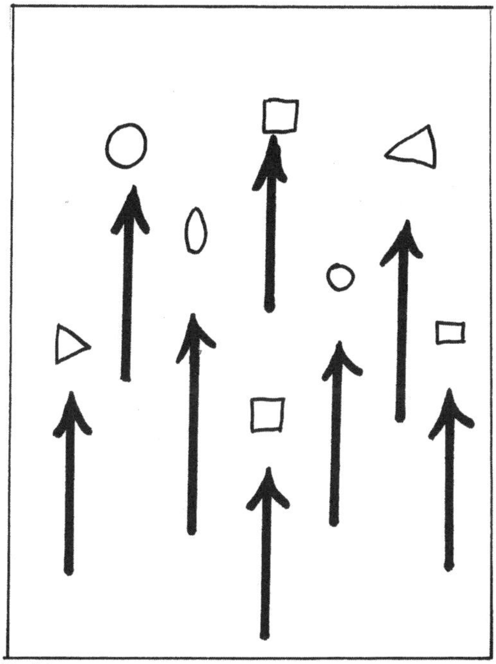
Fig. 1

Fig. 2

Fig. 3

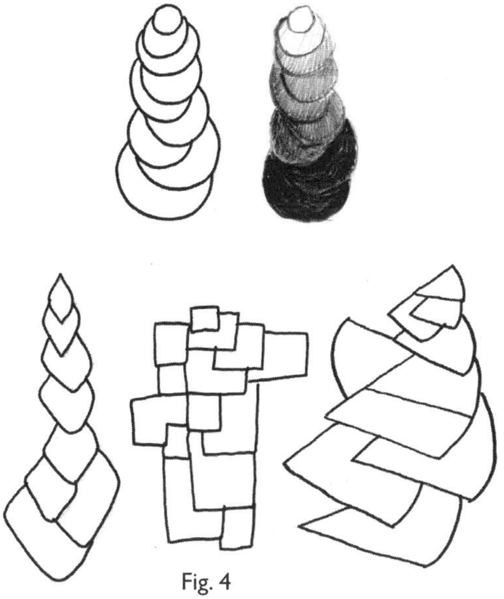
Fig. 4

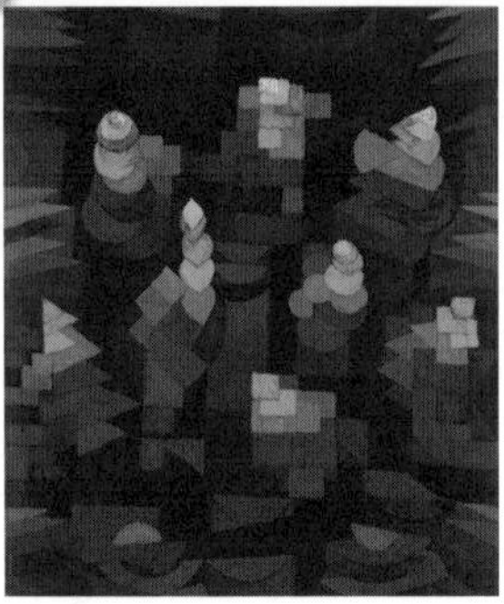

# Agrandissement, développement, progression…

## Croissance

Paul Klee

### Objectifs

- Identifier les principaux constituants d'une œuvre plastique.
- Suggérer un mouvement, une impression, une idée par un jeu graphique.
- Acquérir les notions de rythme, de progression, de déplacement.
- Jouer avec un module (rectangle-carré).
- Structurer un espace par accumulation.

### Matériel

- Une feuille de Canson blanc raisin ;
- un crayon de papier ;
- des feutres ou des crayons de couleur.

### Durée

2 heures

### • Proposition A

Choisir un format de la feuille carré d'environ 25 x 25 cm. Dessiner à main levée un petit rectangle, en bas à droite, au crayon de papier (fig. 1).

En prenant cette forme comme repère, procéder à un échelonnement de cette même forme en agrandissant au fur et à mesure le rectangle. Articuler la progression en choisissant un sens (fig. 2).

Remplir totalement l'espace de la feuille en changeant le sens des alignements, mais en gardant la forme rectangulaire initiale (fig. 3).

### • Proposition B

L'activité est la même mais en partant d'un cercle (fig. 1) et en accumulant les cercles les uns aux autres (fig. 2). On peut ainsi varier les parcours, agrandir jusqu'à toucher les bords de la feuille, puis réduire progressivement (fig. 3).

Le dessin avec les cercles induit un répertoire de formes minérales ou animales. On peut ainsi serpenter dans tout l'espace de la feuille.

### • Proposition C

Partir de deux carrés et de deux cercles positionnés aux quatre angles et procéder comme précédemment (fig. 1).

La consigne étant d'agrandir très progressivement sans déformer et d'occuper au maximum l'espace, on peut se diriger vers le centre (fig. 2).

La mise en couleur est libre ou dirigée. On peut proposer de partir de couleurs foncées pour arriver au blanc, ou l'inverse (fig. 3).

## Proposition A

Fig. 1

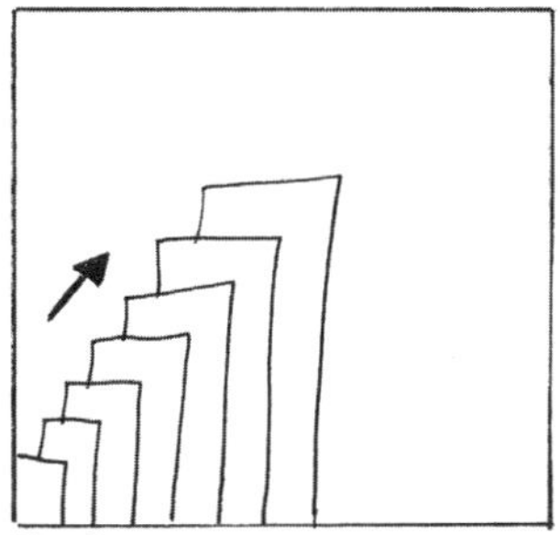
Fig. 2

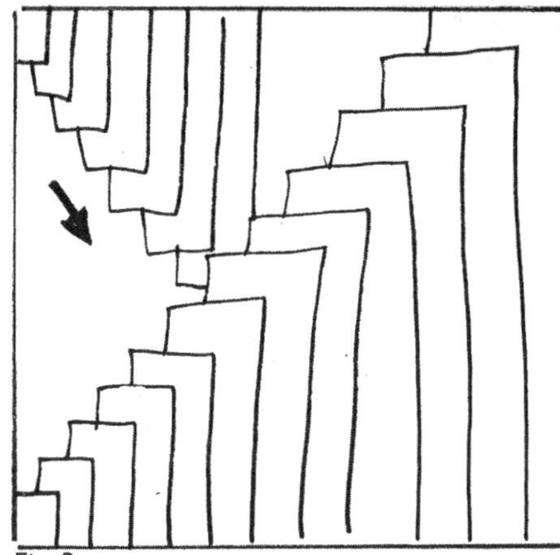
Fig. 3

## Proposition B

Fig. 1

Fig. 2

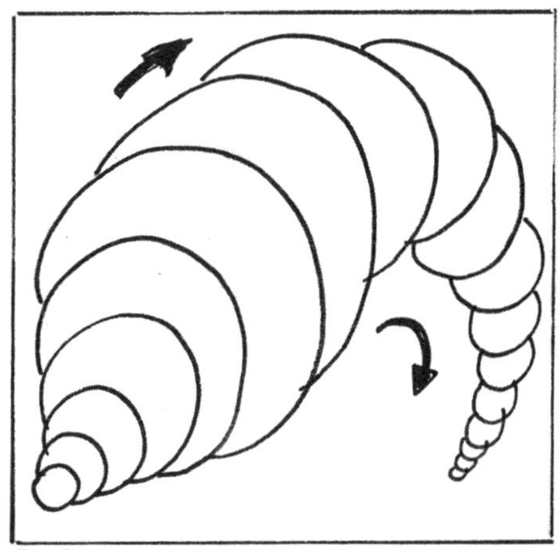
Fig. 3

## Proposition C

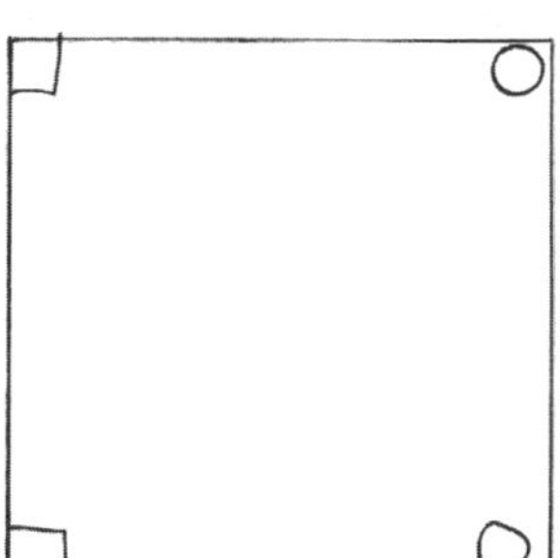
Fig. 1

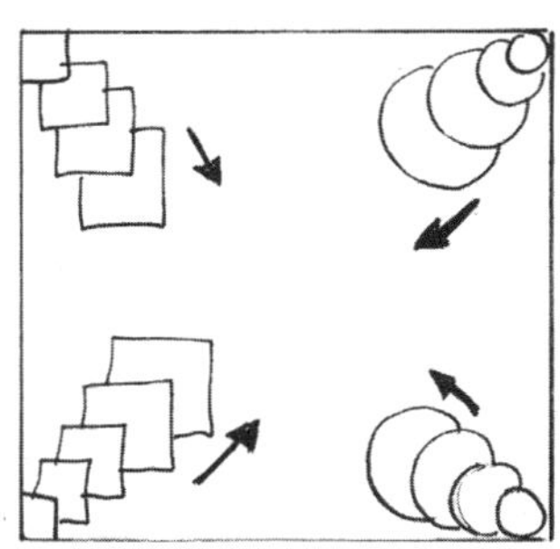
Fig. 2

Fig. 3

# Décrire un tableau à l'oral

## Croissance

Paul Klee

### Objectifs

- Apprendre à décrire une œuvre picturale.
- Aborder les notions d'art abstrait et d'art figuratif.
- Enrichir son vocabulaire artistique.
- Émettre une opinion et la justifier.
- Écouter les autres.

### Durée

1 heure

### • Découverte de l'œuvre

Présenter le tableau de Klee aux élèves sans leur en donner le titre. Les laisser s'exprimer librement à son sujet. Répartir les élèves en groupes ; leur proposer de donner un titre au tableau, puis de justifier celui-ci oralement devant leurs camarades.

### • Expression à partir de l'œuvre

Procéder à une mise en commun et noter au tableau les différents titres trouvés par les élèves. L'argumentation de chaque groupe pour justifier son titre doit permettre une première observation de l'œuvre.

Indiquer le titre de l'œuvre de Klee, *Croissance*, et demander aux élèves de s'exprimer sur ce que suggère ce mot : « Dans quel domaine l'utilise-t-on ? Quel est son contraire ? » Leur demander de justifier le titre donné par l'artiste.

### • Analyse du tableau

À l'instar de l'étude de *La Joconde* (voir pp. 62-63), demander aux élèves de procéder à une lecture fine du tableau : sujet, composition, formes, couleurs, impressions…

### • Comparaison de l'œuvre avec « La neige à Louveciennes » de Sisley

Proposer aux élèves d'observer côte-à-côte les tableaux de Sisley (voir p. 216) et de Klee. Après une rapide lecture du tableau de Sisley (un paysage d'hiver), demander aux élèves d'établir un point commun entre ces deux tableaux qu'*a priori* tout sépare. Leur préciser que le tableau de Klee a été peint d'après des souvenirs de l'un de ses voyages en Tunisie. C'est un tableau inspiré d'un paysage.

Questionner les élèves : « Peut-on s'imaginer en promenade dans un paysage comme celui peint par Sisley ? comme celui peint par Klee ? dans la réalité ? en rêve ? » Etc.

Le tableau de Sisley représente la réalité ; c'est de l'art figuratif. Celui de Klee est une image suggérée ; ce n'est pas une « réalité photographique » mais de l'art abstrait. L'art abstrait est également appelé « art non figuratif » dans la mesure où il ne se réfère pas directement à une réalité visible, tangible. Cet art utilise parfois certains éléments de la réalité, une atmosphère, une impression colorée, un jeu de formes, un mouvement, qui peuvent évoquer un paysage, un lieu ou un sentiment. À titre d'exemple, on pourra montrer des vues à la loupe, au microscope, des vues d'avion de paysages divers (détails non perceptibles, écrasement des volumes), etc.

## • Critiquer le tableau et en débattre

Proposer aux élèves d'énoncer leur préférence : sont-ils plus sensibles à l'art figuratif ou à l'art abstrait ? Leur demander la raison pour laquelle, d'après eux, les peintres du XX$^{e}$ siècle sont moins figuratifs que les peintres du XIX$^{e}$ siècle (l'invention de la photographie, à la fin du XIX$^{e}$ siècle, libère les peintres de l'obligation de représenter la réalité : ils ne peuvent être plus réalistes que les photographies…). Chaque intervention devra systématiquement être développée et chaque avis argumenté afin de favoriser le débat.

### PISTES DE TRAVAIL

- En production d'écrits, traduire graphiquement une émotion (joie, peur, colère, solitude, fraternité…) à l'aide de couleurs et de formes géométriques simples (carrés, rectangles, cercles, losanges…) sans avoir recours à une représentation figurative.
- Proposer un travail en géométrie sur le gabarit, les formes simples, la reproduction d'une figure complexe.

*Reproduction couleur p. 212*

- Huile sur toile
- 1926
- 1,69 x 0,85 m

# Analyse de l'œuvre

## *La tour Eiffel*

### Robert Delaunay

***Peintre français (Paris, 1885 - Montpellier, 1941)***
*Élève dans une école de décors de théâtre à Belleville, admirateur de Gauguin, ami du Douanier Rousseau à qui il achète* La charmeuse de serpent*, Robert Delaunay adopte la manière cubiste de peindre (formes simplifiées et géométrisées), mais s'écarte de Picasso et de Braque par sa volonté d'apporter de la couleur à ce mouvement.*
*Son intérêt pour les théories sur la couleur de Chevreul et Seurat l'amène à un cubisme « coloré », puis à une peinture « libérée » de l'objet, dans laquelle il exploite le dynamisme et l'expressivité de la couleur pure.*
*Apollinaire crée le mot « orphisme » pour désigner sa peinture.*

## Présentation

« Amoureux » de la tour Eiffel, symbole flamboyant de la modernité, Delaunay déclinera toute une série d'œuvres sur ce thème pour ensuite aborder le thème de l'aviation dans d'immenses peintures murales. Sa femme Sonia, également peintre, partage la même vision de la peinture.

## Composition

Delaunay représente la tour Eiffel vue depuis le bas du pilier droit. C'est une perspective en « contre-plongée », rarement utilisée en peinture, mais fréquente en photographie (le point de fuite est situé à l'intérieur de la surface) (fig. 1).

Le format (rectangle en hauteur) est choisi délibérément pour accentuer la monumentalité de l'édifice. Des lignes obliques parallèles donnent de la « largeur » et du dynamisme au monument (fig. 2). L'artiste choisit un cadrage en gros plan, éliminant la partie gauche, que le spectateur doit recréer mentalement (fig. 3).

## Technique et couleur

Les couleurs pures sont brossées en aplat sur la tour Eiffel et sont légèrement en dégradé sur le ciel. Delaunay disait : « J'ai l'idée d'une peinture qui ne tiendrait techniquement que de la couleur, des contrastes de couleurs, mais se développant dans le temps et se percevant simultanément d'un seul coup. »

Le sujet n'est plus qu'un « prétexte » pour harmoniser les couleurs, les faire « rayonner ». Les structures métalliques sont en effet des « espaces » géométriques disponibles, qui permettent de faire jouer les contrastes de rouge, de bleu et de vert (fig. 4).

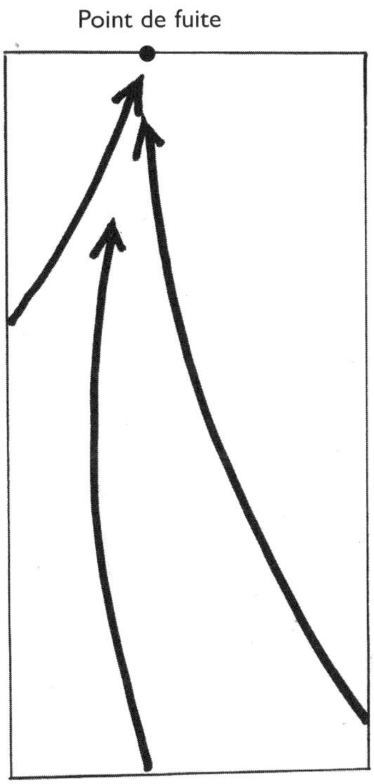


Fig. 1

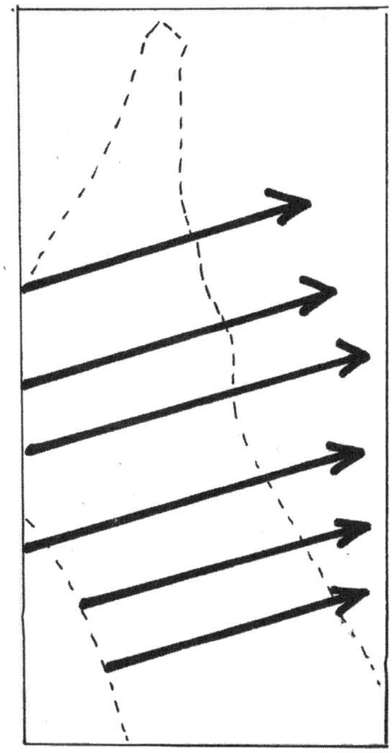

Fig. 2

Fig. 3

Fig. 4

# « La tour F. L. »

## *La tour Eiffel*

Robert Delaunay

### Objectifs

- Dessiner avec de l'écriture.
- Dessiner un monument à l'aide de lignes courbes.
- Animer une surface dans une juxtaposition de graphismes.
- Acquérir un principe d'organisation : alternance, répétition.

### Matériel

- Une feuille de Canson blanc 1/4 raisin ;
- un crayon ;
- une règle ;
- des feutres de couleur.

### Durée

2 heures

### • Déroulement

Sur la feuille, tracer à main levée une ligne horizontale à 5 cm du bord (en bas) (fig. 1).

Placer en haut et au milieu de la feuille deux petits repères espacés de 2 cm (1) et (2) (fig. 1). En partant de ces deux points, rejoindre les repères (3) et (4) par deux courbes ou arcs de cercle (fig. 1).

Expliquer aux élèves qu'il faut d'abord s'exercer dans le vide sans crayon, pour appréhender la ligne courbe, et savoir qu'un trait juste nécessite de l'entraînement. Sinon, on fait une ligne droite et on dessine une pyramide…

Tracer un demi-cercle au centre de la ligne horizontale (fig. 2). Arrondir le sommet et placer un petit trapèze au centre (fig. 3).

Avec la règle, faire une série de lignes horizontales (12 ou 15) se resserrant progressivement vers le sommet (fig. 4).

Dans les espaces ainsi créés, tracer à main levée et au feutre noir fin des lettres qui se touchent, s'articulent entre elles pour recréer les structures métalliques de la tour (fig. 5 et 6). On peut ajouter un deuxième demi-cercle à la voûte (fig. 7).

Animer librement le fond par des lignes colorées (fig. 8).

### • Variante couleur

À partir du même dessin de base, on peut peindre sur le thème du cercle, demi-cercle, arc de cercle. Par exemple, utiliser les trois couleurs primaires (rouge, bleu, jaune) et les trois couleurs complémentaires (vert, orange, violet) pour l'intérieur du monument (la couleur étant posée dans des portions de cercle).

Pour le fond, et de manière à ce que la tour se détache, utiliser les mêmes six couleurs mélangées avec du blanc, ce qui permet des nuances claires infinies. Préconiser pour le fond des rythmes de cercles concentriques.

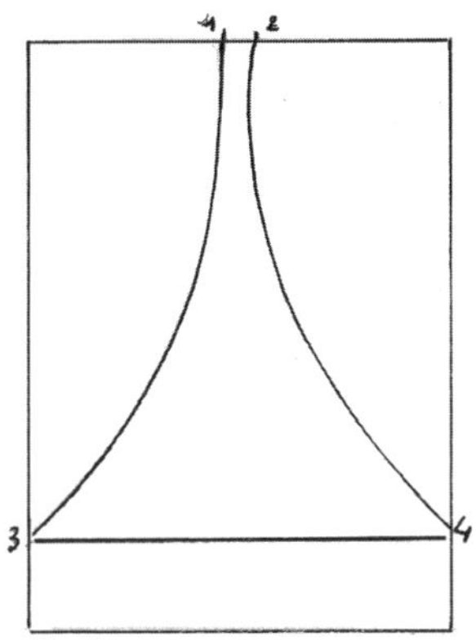

Fig. 1

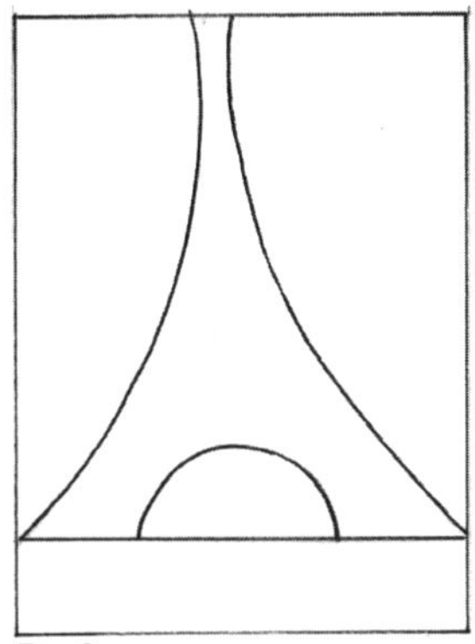

Fig. 2

Fig. 3

Fig. 4

Fig. 5

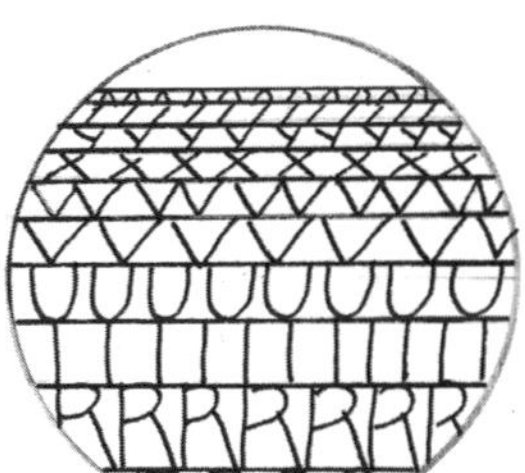

Fig. 6

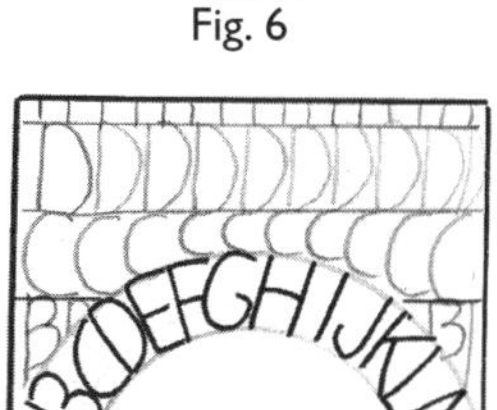

Fig. 7

Fig. 8

# La tour Eiffel, symbole national

## *La tour Eiffel*

Robert Delaunay

### Objectifs

- Mieux connaître l'un des symboles de la France : la tour Eiffel.
- Connaître un grand personnage du patrimoine français : l'ingénieur Gustave Eiffel.
- Rechercher et sélectionner des informations dans un document.

### Durée

30 minutes

## • Observation de l'œuvre de Robert Delaunay et connaissances initiales des élèves

Laisser les élèves observer l'œuvre de Robert Delaunay et les interroger à propos de ce qu'elle évoque pour eux : « Quelles sont les couleurs utilisées ? La tour Eiffel est-elle ressemblante ? La voit-on dans son intégralité ? Où se situe l'observateur ? » Etc. Interroger les élèves sur le monument lui-même : « Le connaissez-vous ? Où est-il ? Où à Paris ? En connaissez-vous l'histoire ? Qui l'a construite ? En quelle occasion ? De quelle époque date-t-elle ? » Etc. Poursuivre : « À votre avis, l'artiste est-il un fervent admirateur du monument ? Comment le sait-on ? (Il a choisi de la représenter ; il a utilisé des couleurs vives, joyeuses ; il l'a représentée lumineuse – halo jaune autour du monument.) »

## • Lecture documentaire et questions de compréhension

Distribuer aux élèves le document 1 (page suivante) et leur demander de le lire silencieusement puis de répondre aux questions.

Demander aux élèves de répondre par V (Vrai) ou F (Faux) :

- La tour Eiffel a été construite au bord de la Seine.
- En 117 ans, elle a reçu 6 millions de visiteurs.
- Elle a été construite en 1989.
- Son inventeur s'appelle Georges Eiffel.
- La tour Eiffel a été démolie.
- La tour Eiffel a servi à des expériences scientifiques.
- Pour repeindre la tour, il faut 4 tonnes de peinture.
- Il a fallu 4 ans pour la construire.
- La tour Eiffel a été menacée de démolition ; finalement, il en a été décidé autrement. Pourquoi ?
- La tour Eiffel a été comparée à une dame de fer, un chandelier, un squelette disgracieux, un suppositoire, une cheminée d'usine, un lampadaire, un mât de fer. Quelle est l'image que tu préfères ? Et toi, à quoi te fait-elle penser ?

**Document I**

Pour célébrer le centenaire de la Révolution française, le gouvernement français décide d'organiser l'Exposition universelle de 1889 et lance le concours d'un monument exceptionnel à construire pour attirer le plus grand nombre de visiteurs à l'Exposition et étonner le monde entier. C'est le projet de Gustave Eiffel et de son équipe, la tour la plus haute du monde, qui gagnera la compétition.

Gustave Eiffel était un ingénieur déjà connu, spécialiste des monuments en fer, qui a également construit des ponts, dessiné la charpente métallique du Bon Marché, à Paris, et conçu le squelette de la statue de la Liberté, fabriqué à Paris puis transporté en bateau à New York.

En janvier 1887, le chantier démarre à Paris, la tour sera implantée au bord de la Seine. En décembre 1887, la jonction des quatre arêtes et du premier étage est réalisée. En juillet 1888, le deuxième étage est atteint, à 115 mètres au-dessus du sol. La tour est achevée à temps pour l'Exposition universelle.

Le fer, beaucoup plus léger que la pierre, a permis d'atteindre des sommets record. À l'époque de sa construction, c'est le monument le plus haut du monde. Elle faisait 300 mètres ; actuellement, elle en fait 24 de plus car on a ajouté des antennes à son sommet. Si le vent souffle fort, le sommet de la tour Eiffel peut bouger de 15 centimètres.

Lors de l'ouverture des portes de l'Exposition universelle, le succès de la tour est immédiat, la vue panoramique sur Paris et la campagne environnante émerveillent et fascinent le public. Un million neuf cent mille visiteurs venant de toutes les régions de France et de tous les pays du monde feront l'ascension de la tour en 1889. Pourtant, les critiques sur la tour ne manquent pas, des artistes très célèbres de l'époque la détestaient.

Après l'Exposition universelle de 1889, le nombre de visiteurs ne cesse de diminuer ; la tour Eiffel n'est plus une nouveauté et est menacée d'être détruite ou reconstruite sur un autre site. Pour l'Exposition universelle de 1900, l'invention récente de l'éclairage électrique incite les organisateurs à éclairer la tour. Pour sauver « sa tour », Gustave Eiffel utilisera ce site exceptionnel à des fins scientifiques, notamment pour tester la résistance des matériaux. Plus tard, l'armée réquisitionnera la tour pour envoyer et capter des messages grâce à la télégraphie sans fil. Après la guerre, la tour Eiffel participera activement aux débuts de la radiodiffusion. Il ne sera évidemment plus question de destruction.

Peu à peu, la tour devient le symbole de Paris et attire de nombreux visiteurs. Aujourd'hui, c'est le monument le plus visité d'Europe, source d'inspiration pour de nombreux artistes.

**Quelques chiffres :**
Hauteur : plus de 300 mètres
Nombre de pièces métalliques : 18 000
Nombre de rivets : 2 500 000
Nombre d'étages : 3
Nombre de marches : 360 + 380 + 1 062
Quantité de peinture pour peindre entièrement la tour : 45 tonnes

Corriger collectivement le questionnaire en insistant auprès des élèves pour qu'ils justifient leurs réponses.

Reproduction couleur p. 212

- Carton, huile sur toile, marouflé
- 1935
- 56 x 46 cm

# Analyse de l'œuvre

## Le modèle rouge

### René Magritte

**Peintre belge (Lessines, 1898 - Bruxelles, 1967)**
*Élève à l'Académie des beaux-arts de Bruxelles, admirateur de Georgio de Chirico, René Magritte rejoint à Paris, en 1927, le groupe surréaliste (André Breton, Dali, Miró, Max Ernst). Il élabore alors un univers poétique insolite, teinté d'humour absurde, qu'il fera sien toute sa vie. Des objets ordinaires (grelots, chapeau, chaise, etc.) peints en trompe-l'œil de manière académique sont mis en scène pour créer de l'étrangeté.*
*Grand lecteur, Magritte joue avec les mots, donnant à ces tableaux des titres décalés qui accentuent le mystère. Son empreinte est très importante dans le domaine de la publicité et du pop art.*

## Présentation

Ce tableau est le parfait exemple de « l'image double », véritable rébus ou calembour visuel cher aux surréalistes : « Ce que l'on voit sur un objet, c'est un autre objet caché. » Magritte joue avec des oppositions – « le rugueux, le lisse », « le couvert, le découvert », « le naturel, le fabriqué ». Il réussit avec deux éléments ordinaires, « mariés plastiquement », à donner un simulacre de réalité, une « surréalité ». Il existe sept versions (gouache ou dessin) de cette œuvre.

## Composition

La composition du tableau est très simple : il est divisé pratiquement en deux tiers/un tiers horizontalement, le sujet unique de l'œuvre pouvant être contenu dans un parallélépipède rectangle droit (fig. 1). Le fond est constitué de deux oppositions de matières, rendues fidèlement par la technique « léchée » du peintre (technique qui renvoie à une peinture posée avec application, qui ne fait pas apparaître la touche du pinceau, soucieuse du détail de façon à coller à la représentation réaliste de l'objet) : « veines du bois » horizontales et fourmillement des gravillons (fig. 2).

## Technique et couleur

La « touche » du pinceau n'apparaît que légèrement dans les multiples cailloux du sol, le reste de la toile étant peint de façon illustrative, telles les images qui ornaient dictionnaires ou catalogues commerciaux au début du xx$^{e}$ siècle. La couleur dominante de l'œuvre est le « brun-ocre », la moitié supérieure étant claire et la moitié inférieure foncée. Magritte inverse ce contraste de tons dans la paire de « pieds/chaussures » (fig. 3).

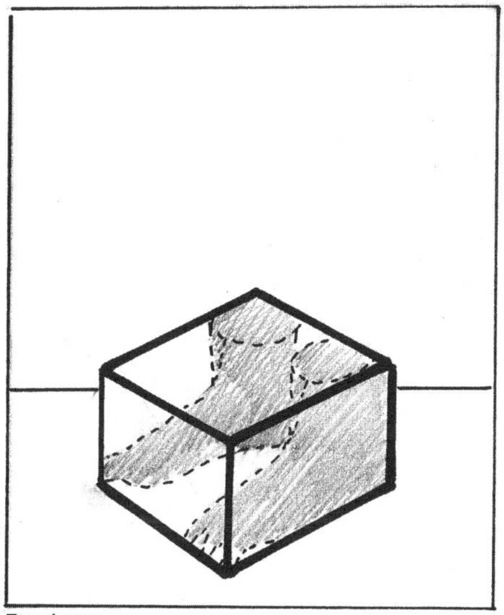
Fig. 1

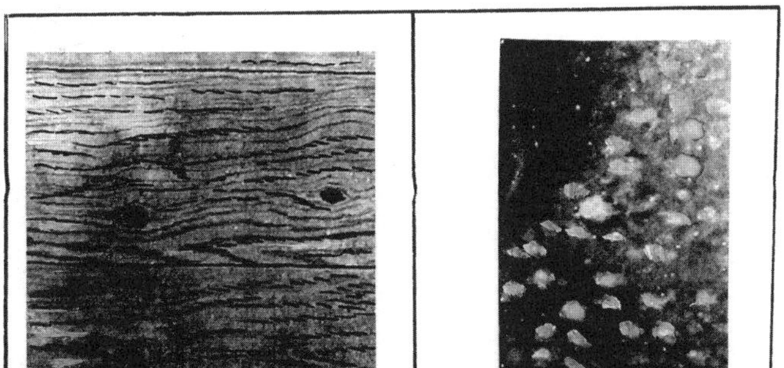
Fig. 2

Fig. 3

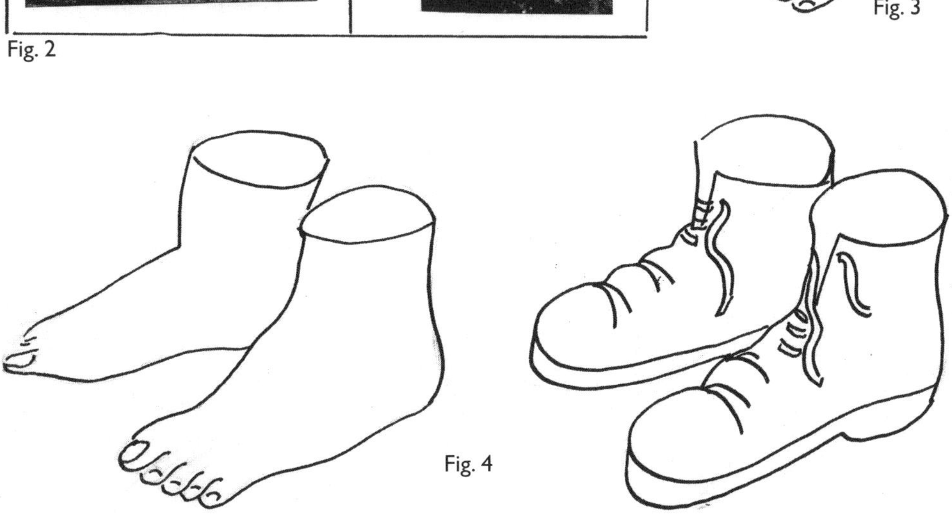
Fig. 4

# Objets à transformer

## *Le modèle rouge*

René Magritte

### Objectifs

- Développer l'imaginaire, le fantastique, le poétique.
- Mettre en forme une idée.
- Associer des images.
- Introduire les notions de vraisemblance, d'illusion, de fiction.

### Matériel

- Une photocopie (*cf.* page suivante) ;
- un crayon ;
- des feutres de couleurs.

### Durée

1 heure

## • Déroulement

Mettre la reproduction de l'œuvre au tableau sans explication préalable et interroger les élèves : « Que voyez-vous (des chaussures ou des pieds) ? Est-ce des chaussures qui se métamorphosent en pieds ou l'inverse ? Quel est votre sentiment à la vue de ce tableau (joie, interrogation, malaise, etc.) ? Où se déroule cette scène ? Quelle heure de la journée est-il ? Quelles couleurs a utilisées le peintre ? Quel est le titre du tableau ? Est-ce un tableau réaliste ? » Etc.

Après cette mise en situation et en questionnement, donner à chaque élève une photocopie noir et blanc représentant, dans la partie supérieure, la moitié d'un objet. Utiliser les modèles présentés ci-contre (fig. 1 à 4) en les agrandissant à la photocopieuse ou découper une photo dans un magazine en noir et blanc.

L'élève devra continuer le dessin de l'objet dans la partie inférieure de la feuille, mais en le transformant (fig. 5) : le crayon peut devenir un arbre, le peigne un animal, etc.

La mise en couleur est libre. Pour le fond, opter pour des surfaces assez neutres mettant en valeur l'objet métamorphosé (deux fonds pour les deux parties du dessin).

Donner un titre amusant, décalé au dessin.

## • Variante : « Présences mystérieuses »

Demander aux élèves de placer une bouche ou un œil dans un espace où on ne s'attend pas du tout à les trouver. Cette proposition vise à créer de l'étrangeté dans le dessin, un effet de surprise, d'interrogation (pourquoi un œil à cette place ?). Il est important que l'œil ou la bouche en question soient correctement dessinés. On veillera à la sobriété du dessin (éviter l'accumulation d'éléments).

Les crayons de couleur conviennent bien à cette activité.

Fig. 1 à 4

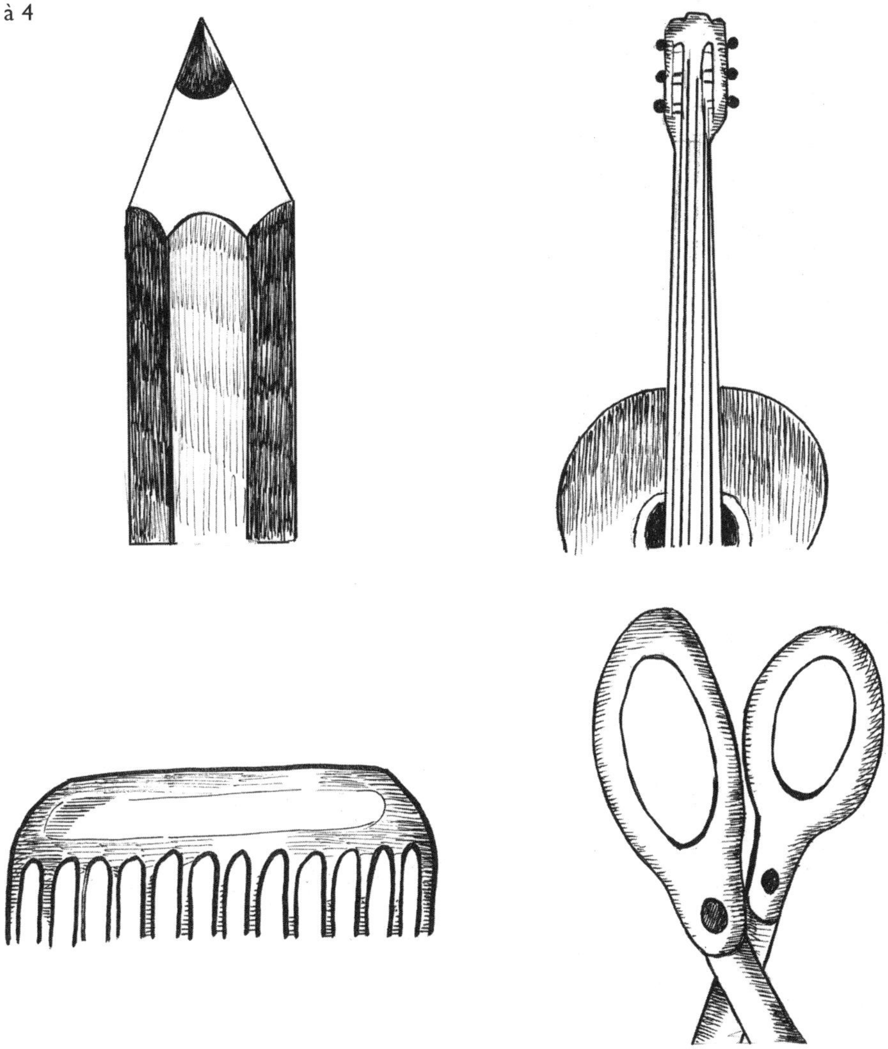

Fig. 5

# Écrire la suite d'un récit

## Le modèle rouge

René Magritte

### Objectifs

- Comprendre le contexte d'un récit.
- Analyser et respecter la forme d'un texte.
- Imaginer une suite à un récit.

### Durée

80 minutes

## • Découverte de la situation

Montrer la reproduction de Magritte aux élèves et leur demander de décrire ce qu'ils voient. Expliquer que ce tableau fait partie du mouvement surréaliste, courant artistique que l'on peut également rencontrer dans la littérature.

Distribuer aux élèves le texte « Chaussettes » de Bernard Friot, tiré de l'ouvrage *Histoires pressées* (Toulouse, éditions Milan, 2002) jusqu'à « Aujourd'hui, j'ai découvert le secret des chaussettes ». Questionner les élèves pour s'assurer de la bonne compréhension du texte : « Quels sont les personnages de l'histoire ? Où se déroule-t-elle ? À quelle époque ? Quelle description peut-on fournir de M^me^ Michat ? Quelles sont les hypothèses quant à la couleur des chaussettes de M^me^ Michat ? Est-ce une histoire réaliste ? » Etc.

Poser des questions sur les caractéristiques du texte : « Qui est le narrateur ? À quelle personne est racontée l'histoire ? Quels sont les temps utilisés ? » Etc.

## • Production d'un premier jet

Donner la consigne suivante : « Poursuis et termine ce récit en t'appuyant sur la question suivante : "Quel est le secret des chaussettes de M^me^ Michat ? " » Laisser les élèves écrire la suite du récit (10 lignes maximum). Ramasser les premiers jets et corriger seulement l'orthographe.

## • Analyse des premiers jets

Présenter aux élèves certaines des productions choisies en mettant l'accent sur la présence ou l'absence des critères suivants :

- <u>cohérence avec le début de l'histoire</u> : expliquer les changements de couleurs des chaussettes de M^me^ Michat, dans le même esprit que Bernard Friot ;

• suite et fin du récit : une fin « surréaliste » ;

• écriture : respect du narrateur, de la personne et du temps de conjugaison…

Demander aux élèves de produire oralement et collectivement une analyse constructive des textes proposés : « En quoi sont-ils réussis ? Qu'est-ce qui ne va pas ? » Etc.

## • Élaboration d'une fiche de réécriture

À partir de l'analyse précédente, demander aux élèves de construire une fiche de réécriture par groupe (voir quelques éléments possibles ci-dessous). Mettre en commun les différentes propositions, dégager une fiche synthèse qui sera écrite au tableau pour la phase suivante.

## • Production du second jet et évaluation

Demander aux élèves de réécrire leur texte à l'aide de la grille de réécriture recopiée au tableau et d'évaluer leur texte à l'aide de celle-ci. Pour le plaisir, faire lire les productions des élèves qui le souhaitent.

## • Prolongement

Donner à lire la suite de l'histoire, et demander aux élèves de dessiner M^me^ Michat d'après la description qu'on en a dans le texte complet.

**Éléments pour une grille de réécriture**

| | |
|---|---|
| **Présentation :** | L'écriture est soignée et lisible. |
| | L'orthographe est maîtrisée. |
| | Le narrateur est à la 1^re^ personne. |
| | Le nombre de lignes maximum est respecté. |
| **Structure du document :** | Le sujet est respecté. |
| | La fin du récit est cohérente. |
| | La suite du récit est dans l'esprit du texte. |
| **Grammaire du texte :** | Le système du temps est maîtrisé. |
| | La mise en paragraphe est adéquate. |
| **Grammaire de la phrase :** | Le vocabulaire est varié et adapté. |
| | Il appartient au même niveau de langage que le début. |
| | La ponctuation est correcte. |

Reproduction couleur p. 213

- Collage découpé, gouache
- 1943
- 36,50 x 55,50 cm

# Analyse de l'œuvre

## Ébauche de couverture pour « Verve » IV, n° 13

### Henri Matisse

**Peintre français (Le Cateau-Cambrésis, 1869 - Nice, 1954)**

*Après une solide formation « académique », Henri Matisse est à l'origine, avec Derain, Vlaminck et Dufy, du mouvement « fauve ». Il se sert alors de la couleur pure, vive, saturée, obtenue sans mélange. Son œuvre est une constante recherche de simplification, de lumière et de sérénité, dans un langage qui joue sur l'expressivité de la ligne (arabesque) et sur la construction harmonique du tableau. Les sujets sont quotidiens (intérieur, nature morte, paysage), avec une prédilection pour la figure féminine et le nu. Éliminant le détail et l'anecdote, il organise les formes sur le tableau, avec une science de l'équilibre et une maîtrise du coloris unique. Handicapé par la maladie, il renouvelle son art par l'invention des « papiers gouachés découpés », où il « sculpte » dans la couleur et dessine avec des ciseaux.*

## Présentation

Matisse et Tériade, l'éditeur de *Verve* (édition de livres d'art regroupant des textes et des illustrations de très grande qualité), ont en commun un amour de la peinture qui représente pour eux « la vie même ».

## Composition

Les éléments sont répartis dans la surface, en plan unique, sans profondeur ni perspective. Les deux personnages danseurs situés à droite et à gauche peuvent s'insérer dans un ovale et un triangle (fig. 1).

Les formes découpées, apparemment librement disposées, obéissent en fait à un alignement en diagonale (fig. 2).

Matisse joue ici avec un équilibre entre les pleins et les vides, entre des formes pointues et rectilignes et d'autres souples et dynamiques (fig. 3 et 4).

## Technique et couleur

C'est son envie de modeler directement dans la couleur qui amène Matisse aux papiers découpés. Les formes découpées sont d'abord punaisées pour pouvoir être déplacées aisément. Une fois la composition fixée, elles sont collées définitivement.

Les formats des collages deviendront de plus en plus monumentaux : avec cette technique, Matisse « réinvente » la peinture et concilie pureté des formes et puisssance de la couleur.

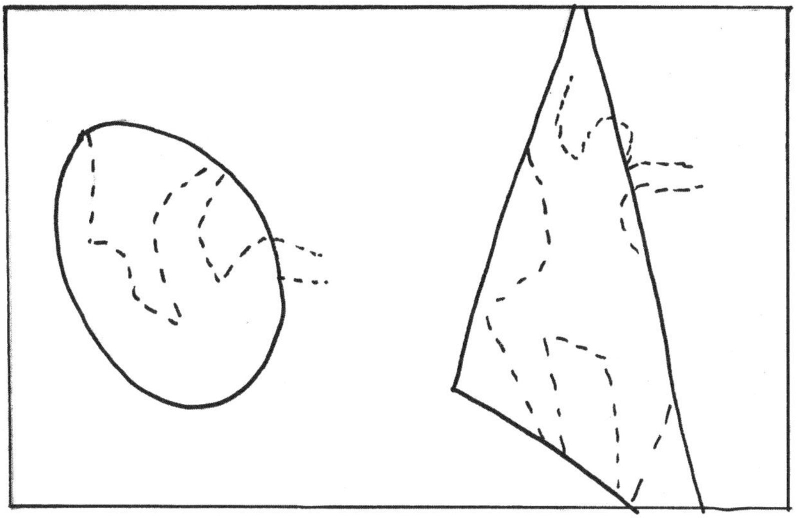

Fig. 1

Fig. 3

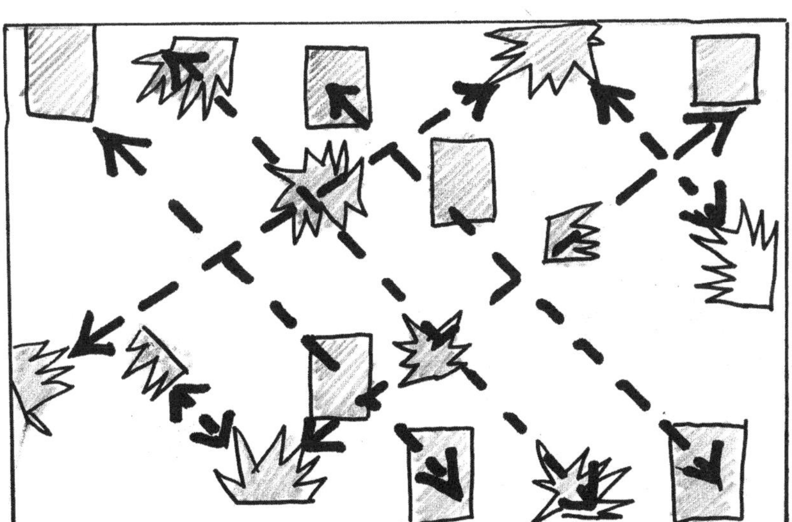

Fig. 2

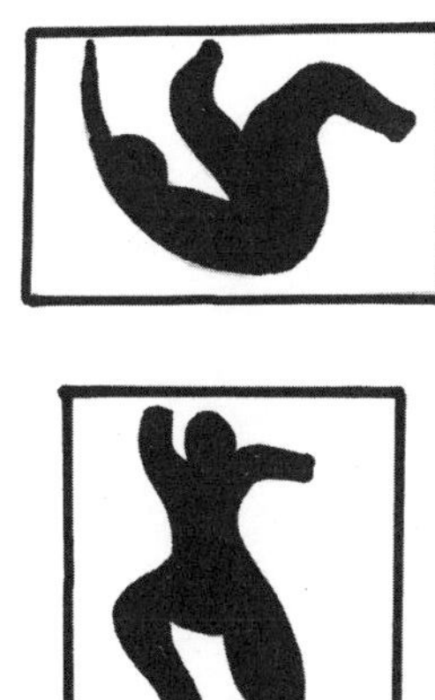

Fig. 4

# Je dessine avec mes ciseaux !

## Ébauche de couverture pour « Verve » IV, n° 13

Henri Matisse

### Objectifs

- Dessiner sans crayon.
- Appréhender la réalité par le dessin.
- Approfondir les notions de morphologie et de mouvement.
- Organiser et mettre en forme des éléments donnés.

### Matériel

- Des papiers de couleur ;
- une feuille de Canson blanc 1/4 raisin ;
- du papier blanc ou noir ;
- des ciseaux ;
- de la colle ;
- de la gouache.

### Durée

2 séances d'1 h 30

### • Déroulement

Donner à chaque élève différents papiers de couleur très vive (minimum quatre, par exemple : rouge vermillon, bleu turquoise, jaune citron, vert anglais). Découper une série de rectangles de tailles variées directement aux ciseaux. Sur la feuille, coller les rectangles en alternant harmonieusement les couleurs, selon un rythme vertical, horizontal (on peut superposer les formes) (fig. 1). L'activité consiste à « dessiner aux ciseaux » sans contour au crayon.

Demander à un élève de venir prendre des « poses » (fig. 2), en mimant des mouvements de danse ou de sport.

Après avoir bien observé la silhouette, et en faisant abstraction des détails, découper directement dans du papier blanc ou noir, sans se préoccuper de la proportion, mais seulement du mouvement (fig. 3).

Coller la ou les silhouettes sur le fond de rectangle. Avec les chutes de papier, confectionner, avec la même technique, des lettres (ex. : son prénom) (fig. 4). Utiliser les restes du découpage pour créer des formes dynamiques et animer l'espace autour du personnage (fig. 5).

### • Variante

Diviser une feuille de Canson en huit rectangles égaux (par pliage horizontal et vertical). Choisir une dominante colorée (par exemple, le rouge), puis peindre à la gouache chaque rectangle dans une nuance différente de la couleur choisie (rouge foncé, rouge moyen, vermillon…).

Une fois les rectangles peints, découper des silhouettes de personnages comme dans la proposition précédente mais dans du papier noir et blanc. Les disposer de façon dynamique sur le fond de manière à ce qu'ils occupent au mieux l'espace, puis les coller.

Faire ensuite un collage collectif en assemblant toutes les réalisations et en confectionnant un cadre, une bordure réalisée avec les chutes de papier blanc et noir.

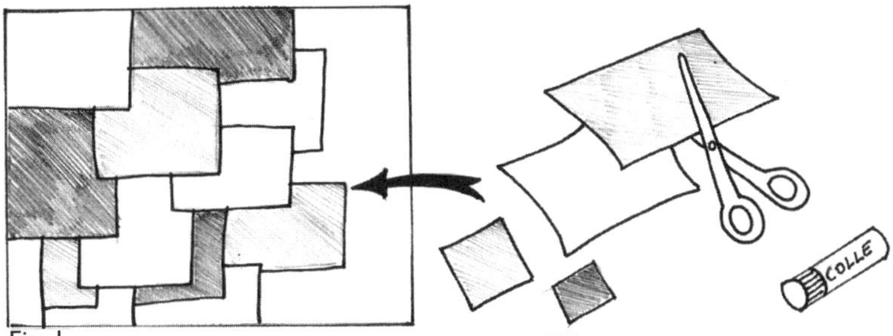


Fig. 1

Fig. 2

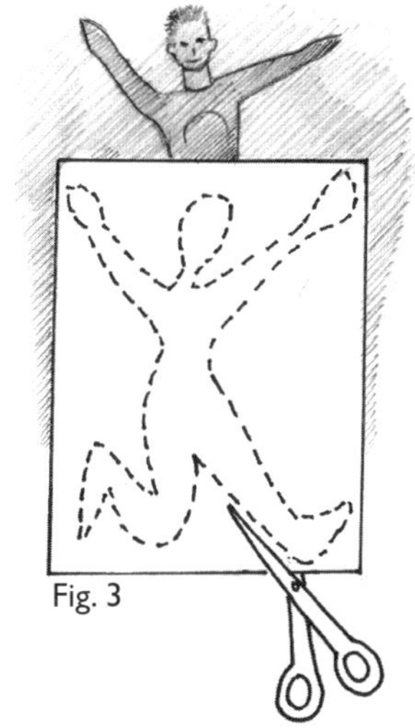

Fig. 3

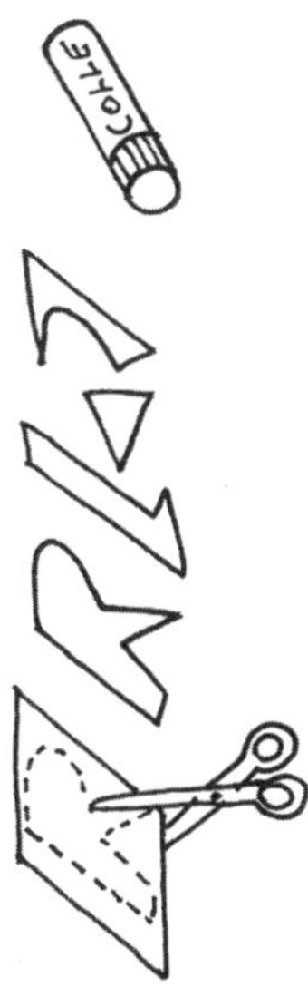


Fig. 4

Fig. 5

# Le fonctionnement des articulations

## *Ébauche de couverture pour « Verve » IV, n° 13* Henri Matisse

### Objectifs

- Apprendre que les mouvements du corps sont rendus possibles par différents types d'articulations.
- Identifier les différents types d'articulations, leurs mouvements et leurs fonctions.
- Connaître le dispositif permettant le déplacement des os les uns par rapport aux autres (liquide huileux, cartilage, ligament).

### Durée

1 heure

Durant la séquence d'arts visuels, les élèves auront observé que le bras et la jambe se plient. Les corps dessinés par Matisse sont loin d'être rigides. Proposer aux élèves « d'imiter » les silhouettes de l'œuvre. Il s'agira ici de rechercher ce qui permet la mobilité des êtres humains et d'étudier la manière dont les os sont reliés les uns aux autres.

## • Qu'est-ce qui permet aux os du corps de bouger ?

Démarrer la discussion : « Que se passerait-il si les os étaient collés les uns aux autres ? Comment pourrait-on bouger ? » Etc. Demander aux élèves d'observer une de leurs jambes et d'essayer de comprendre la manière dont elle bouge. Demander à un ou deux élèves de décrire le(s) mouvement(s) observé(s).

Choisir un élève volontaire pour une petite expérience. Fixer, à l'aide de ruban adhésif d'emballage, la règle de la classe à sa jambe gauche et lui demander de se déplacer dans la pièce. Puis, attacher une seconde règle à son autre jambe. Lui demander de se déplacer de nouveau. Procéder de la même façon avec le bras d'un autre élève (il devra, par exemple, se gratter la tête), puis fixer la règle dans son dos (il devra lacer ses chaussures). Recenser collectivement les différentes difficultés rencontrées.

Demander aux élèves d'énumérer tous les endroits où les os se rejoignent et peuvent bouger (ce sont des articulations). Procéder à une mise en commun en légendant une silhouette de corps humain dessinée sommairement au tableau.

## • Classer les différents mouvements du corps

Pour chaque articulation, demander aux élèves de répondre aux questions suivantes : « Quels mouvements sont possibles ? Y a-t-il d'autres articulations permettant le même mouvement ? Si l'articulation ne peut pas bouger, quels mouvements ne peut-on pas faire ? Comment pourrait-on bouger si l'on disposait d'un autre type d'articulation à cet endroit ? » Etc.

Procéder à une mise en commun : les articulations du genou et du coude ne permettent que des mouvements dans le plan (articulations charnières) ; les articulations de la hanche et de l'épaule permettent des mouvements dans toutes les directions (articulations à rotule). Pour information, on pourra ajouter que certaines articulations sont fixes (os du crâne) et que d'autres sont dites « glissantes » ou semi-mobiles (les vertèbres). Montrer éventuellement des radiographies (genou, coude, hanche…) aux élèves.

Laisser ces derniers formuler des hypothèses sur le pourquoi de ces différents mouvements et conclure : les mouvements possibles au niveau d'une articulation dépendent de la forme de celle-ci. Dans une articulation très mobile, comme celle de la hanche et de l'épaule, les os s'emboîtent parfaitement.

## • Comment les os du corps sont-ils joints les uns aux autres ?

Démarrer la discussion en posant les questions suivantes : « Comment les os sont-ils rattachés les uns aux autres ? Comment sont-ils joints au niveau des articulations ? Qu'est-ce qui, en dehors des os, est nécessaire au mouvement ? Comment les os bougent-ils ? Semblent-ils bouger brutalement ou en douceur ? Y a-t-il frottement entre les os ? Cela provoque-t-il une douleur lors des mouvements ? » Etc.

Faire dessiner cette liaison imaginée. Procéder à une mise en commun au tableau avec un dessin de synthèse.

**L'articulation du coude**

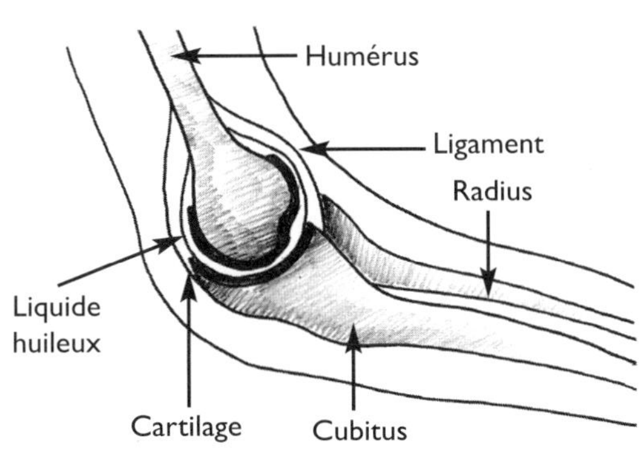


Les élèves dessinent le schéma de l'articulation du coude sur leur cahier et notent le texte suivant (trace écrite) : « Les surfaces qui s'emboîtent sont lisses et recouvertes de cartilage ; entre elles, un liquide huileux facilite les mouvements. Les os restent solidaires les uns des autres par des attaches très solides : les ligaments. »

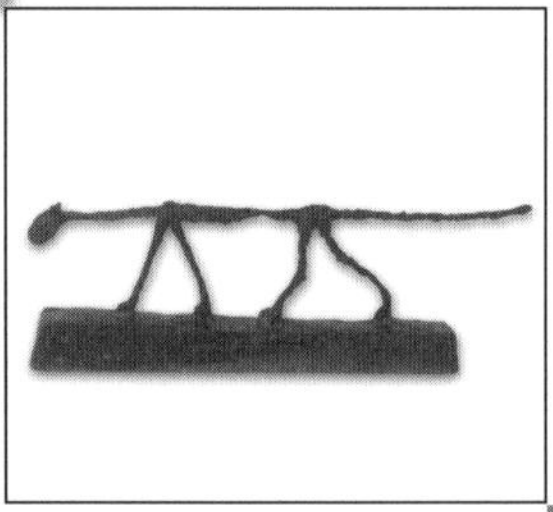

# Analyse de l'œuvre

## Le chat

*Reproduction couleur p. 214*

- Bronze
- 1951
- 25 cm

### Alberto Giacometti

***Sculpteur et peintre suisse (Stampa, 1901 - Coire, 1966)***
*Artiste majeur du XX^e^ siècle, à la fois sculpteur, peintre et dessinateur, Alberto Giacometti est le grand sculpteur du groupe surréaliste.*
*Sa sculpture quitte ensuite le surréalisme pour s'attacher à une forme de représentation plus « figurative » avec un souci constant de capter la complexité de la réalité. Sa production est dès lors essentiellement constituée de représentations humaines (corps filiformes, êtres décharnés) évoluant dans des espaces chargés de solitude. Certaines de ses œuvres sont proches de la statuaire étrusque ou africaine.*

## Présentation

La beauté de l'œuvre de Giacometti tient à son extrême simplicité, au dépouillement qui la caractérise, qui réduit la représentation de l'animal à l'essentiel, évitant l'anecdote, le pittoresque, le convenu qu'un tel sujet peut inspirer.

## Composition

Très rigoureux dans sa construction, l'artiste utilise un schéma géométrique simple fait de lignes horizontales et de triangles (fig. 1). L'une des caractéristiques majeures de la sculpture étant de jouer entre les pleins et les vides, Giacometti attache ici une grande importance aux espaces vides situés entre le corps et le socle (fig. 2).

Le socle constitue chez lui une partie intégrante de l'œuvre et non une pièce rapportée, comme dans la sculpture classique. Il est ici assez massif et contribue à accentuer la maigreur de l'animal (fig. 3).

La volonté de transcrire la fragilité du chat conduit à une sculpture semblant dépourvue de poids, émaciée, presque réduite à son squelette (fig. 4). Le corps s'étire, semble avancer lentement dans l'espace.

## Technique

La matière du corps est rugueuse, accidentée, morcelée, faite de petits ajouts successifs. La surface capte ainsi la lumière et donne vie à ces éléments longilignes.

Pour réaliser une telle sculpture, l'artiste construit d'abord une ossature en fer, sur laquelle il accumule des petits plots de terre glaise. Un moule est fait de l'œuvre, dans lequel il coule ensuite du bronze.

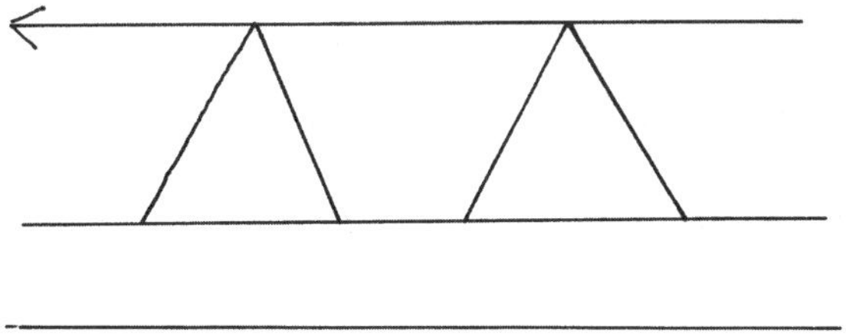

Fig. 1

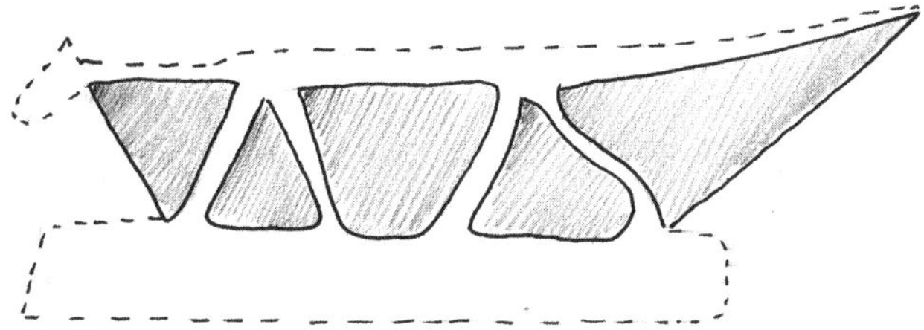

Fig. 2

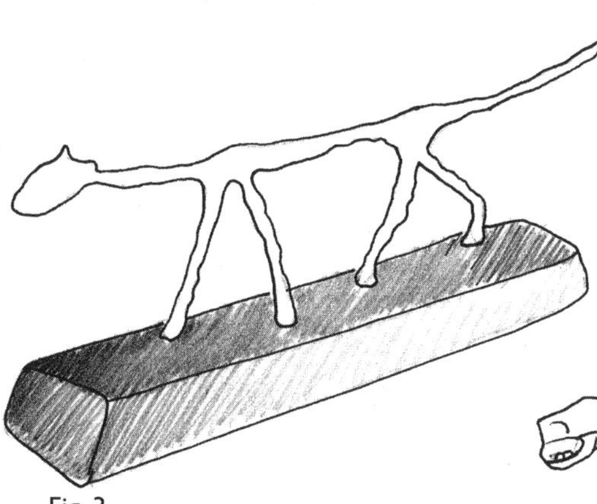

Fig. 3

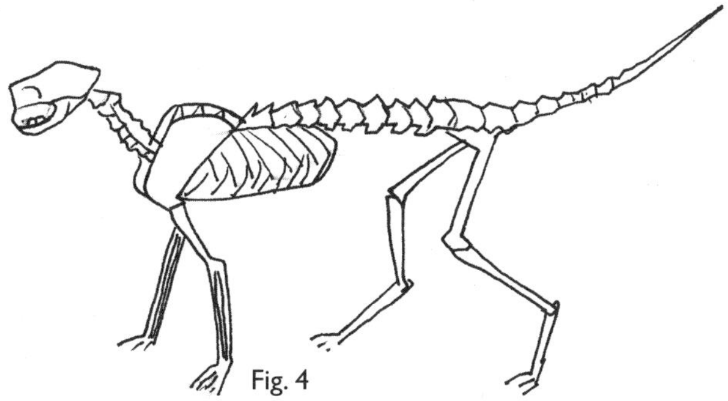

Fig. 4

Fig. 5

# Fabrication de sculptures animalières

## Le chat

Alberto Giacometti

### Objectifs

- Juxtaposer et associer différents matériaux (fil de fer, aluminium).
- Appréhender les notions de plein et de vide.
- Faire « tenir » une structure.
- Passer de la deuxième à la troisième dimensions.

### Matériel

- Une feuille de bristol blanc 1/4 raisin;
- des ciseaux;
- de la colle;
- du fil de fer;
- une pince;
- un rouleau de papier aluminium.

### Durée

Deux séances d'1 heure

## • Proposition A : sculpture en carton

L'activité consiste à réaliser un chat en carton par pliage simple. Cette sculpture permettra d'approcher la notion de création dans l'espace. Préciser aux élèves qu'une sculpture à trois dimensions doit présenter un intérêt plastique de tous les côtés.

Couper la feuille en deux, horizontalement. Plier horizontalement l'une des deux parties : au niveau du pli, dessiner la silhouette (simple) d'un chat de façon à ce que sa tête et sa queue touchent les bords (fig. 1).

Découper soigneusement les deux côtés à la fois (fig. 2). Dans les chutes de bristol, confectionner deux languettes (fig. 3). Plier chacune d'elles en V de façon symétrique (fig. 4). Les coller à l'intérieur du chat (fig. 5).

Avec l'autre morceau de la feuille, fabriquer un petit socle en suivant le même schéma (fig. 6). Coller le chat en repliant légèrement le bout des pattes sur le socle (fig. 7).

Laisser la sculpture blanche pour observer l'influence de la lumière sur ses facettes, ou mettre librement en couleur.

On peut également proposer une pyramide de chats ou de chiens en les empilant du plus grand au plus petit.

## • Proposition B : sculpture en aluminium

À l'aide d'un fil de fer assez rigide et d'une pince (fig. 1), construire la structure filiforme d'un animal réel ou imaginaire. Bien assembler les différentes parties pour une tenue solide de l'ensemble (fig. 2).

Avec de petites feuilles de papier d'aluminium, recouvrir les fils pour donner du volume à l'animal et le « modeler » (on peut superposer plusieurs feuilles) (fig. 3).

Mettre éventuellement la sculpture sur un bloc de pâte à modeler qui fera office de socle.

# Proposition A

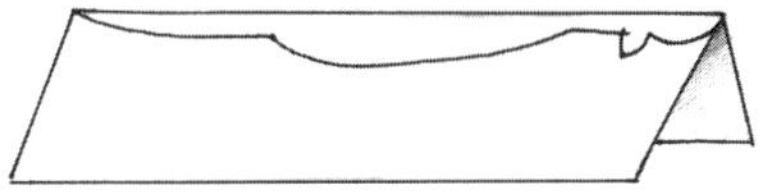

Fig. 1

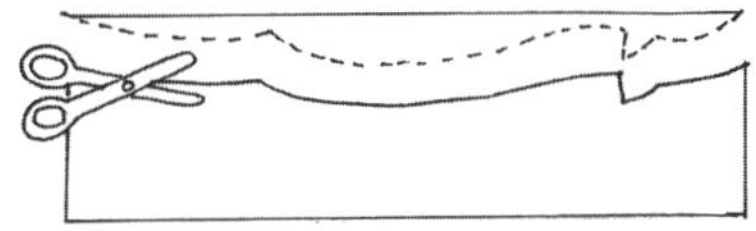

Fig. 2

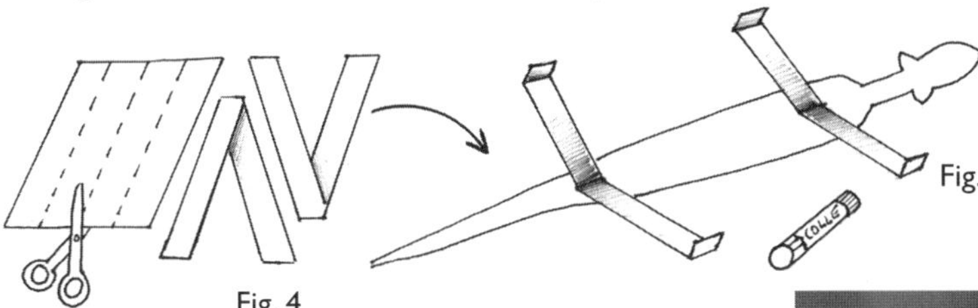

Fig. 5

Fig. 4

Fig. 3

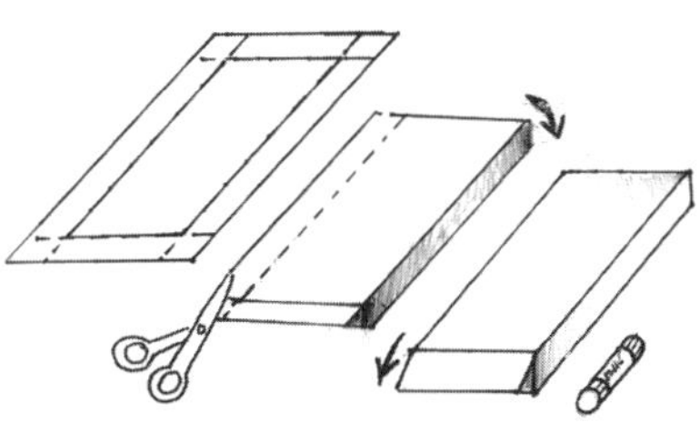

Fig. 6

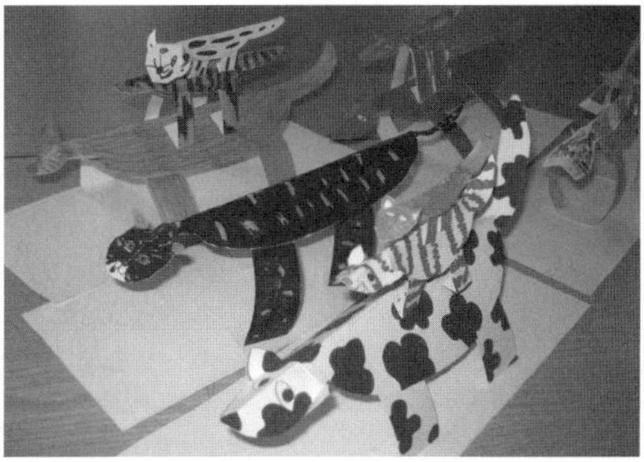

Fig. 7

# Proposition B

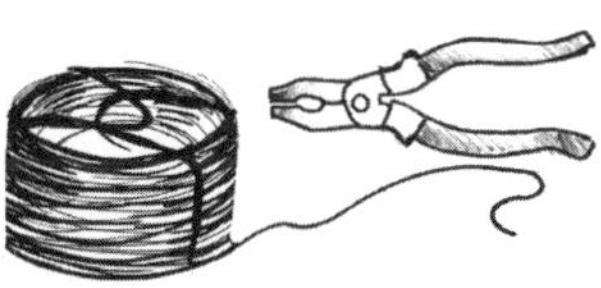

Fig. 1

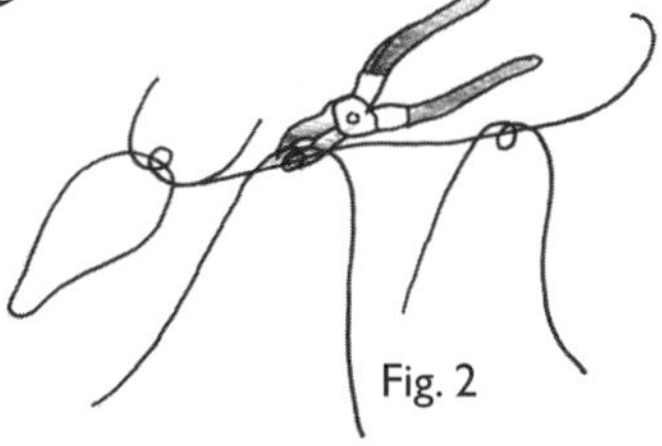

Fig. 2

Fig. 3

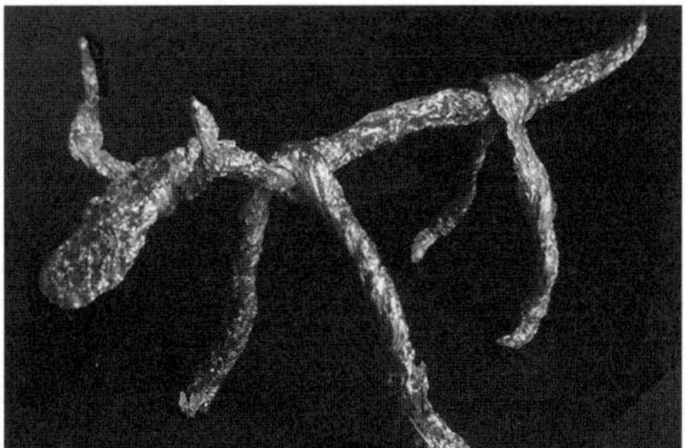

Fig. 4

# Écrire à la manière de...

## *Le chat*

Alberto Giacometti

### Objectifs

- Découvrir le genre poétique.
- Écrire un texte poétique « à la manière de... ».
- Développer sa créativité.

### Durée

1 heure pour les trois premières parties ; 45 minutes pour la quatrième.

## • Sensibilisation

De même que le chat inspira de nombreux peintres et sculpteurs (Delacroix, Giacometti...), il est la source d'inspiration de nombre de poètes à travers les siècles (Jean Anouilh, Baudelaire, Joachim Du Bellay, Maurice Carême, Charles Cros, Colette...).

Solliciter les élèves sur les raisons de l'attrait que cet animal exerce sur les créateurs. Par sa félinité, son mystère, son ambivalence (animal domestique et sauvage, animal sociable et solitaire), le chat est un thème poétique privilégié. Fréquemment même, sa dualité, son intuition, sa sensualité et sa douceur nourrissent l'imaginaire des poètes en opérant un rapprochement entre femme et chat.

## • Reconnaître les caractéristiques d'un poème

Donner à lire aux élèves « Le chat et le soleil » de Maurice Carême (in *L'Arlequin*, Paris, Nathan, 1970), « La fleur » de Colette (in *Chats de Paris*, Paris, Albin Michel, 1984) et « Chatterie » de Pierre Albert-Birot (in *Les amusements naturels*, Éditions Rougerie, 1985) en veillant à ce qu'apparaisse le nom du recueil dont est respectivement tiré chaque poème.

Pour chaque poème, demander aux élèves de répondre aux questions suivantes : « Quel est le titre du texte ? son auteur ? De quel recueil est-il extrait ? Que peut-on remarquer sur la disposition des vers ? Y a-t-il des strophes ? Combien ? Combien y a-t-il de syllabes par vers ? Y a-t-il des rimes ? des répétitions (de mots, de vers) ? Quels sont les signes de ponctuation utilisés ? » Etc.

Élaborer collectivement une synthèse des différentes caractéristiques du genre poétique (trace écrite). Par exemple : « Un poème est un ensemble de phrases écrites le plus souvent sous la forme de vers qui riment ensemble. Les vers sont des ensembles de mots. On va à la ligne à la fin de chaque vers. Les rimes sont des sons qui se répètent en fin de mot, même si l'orthographe en est différente. Ce qui importe, c'est ce que l'on entend. Une strophe est un ensemble de vers. Entre deux strophes, on saute une ligne. »

## • Reconstitution d'un poème

Donner aux élèves un poème à reconstituer (par exemple, « Le petit chat blanc » de Claude Roy, in *Enfantasques*, Paris, Gallimard, 1979) avec la consigne suivante : « Voici un poème tout en désordre. À vous de reconstituer l'original. Vous devez trouver un titre, le nom de l'auteur, le nom du livre dont le poème est extrait, l'éditeur, quatre strophes de quatre vers et une moralité. » Pour aider les élèves, leur donner éventuellement les premiers vers de la première strophe.

Mise en commun : le poème reconstitué est écrit au tableau. Chaque élève vérifie et corrige son travail.

## • Écrire à la manière de... Violette Bordon

Demander aux élèves de lire silencieusement le poème « Petite encyclopédie des chats » de Violette Bordon (in *Le rire des poètes*, Paris, Hachette Livre, 1998). Leur faire repérer la structure syntaxique répétitive :

Le chat ______

______________

Le chat ______

______________

et le jeu sur les mots : « le chapitre » –> « le chat pitre », un pitre fait des grimaces ; « le chapeau » –> « le chat pot », on fait des confitures dans des pots…

Demander aux élèves de choisir un nom d'animal comprenant une seule syllabe (ver, rat, cerf, pie, veau…) et d'écrire un poème à la manière de Violette Bordon en respectant la mise en espace originale. L'évaluation de la production portera sur le respect des deux consignes : mise en page et jeu sur les mots. On peut envisager de regrouper les élèves qui ont plus de difficulté et de les aider à formuler leurs idées pour produire un poème collectif. Chaque élève recopiera son poème dans son cahier de poésies et l'illustrera à sa manière.

Reproduction couleur p. 214

# Analyse de l'œuvre

## La bouture

- Huile et fragments de toile sur toile
- 1956
- 1,015 x 0,78 m

### Jean Dubuffet

**Peintre et sculpteur français (Le Havre, 1901 - Le Havre, 1985)**
*Artiste autodidacte inclassable et prolifique, Jean Dubuffet est, par son originalité et sa puissance de renouvellement, une grande figure du XX<sup></sup>e siècle. D'abord commerçant, il se consacre ensuite à la création, en rejetant la culture classique et l'intellectualisme. Fasciné par les dessins d'enfants et les productions des malades mentaux, il est à l'origine de « l'art brut », qui réunit des artistes autodidactes comme Chaissac, Soutter, Isidore… Il délaisse les outils habituels de la peinture pour des matériaux jugés non nobles, comme le goudron, le mastic, la terre, les cailloux.*

### Présentation

Dubuffet disait : « L'art doit naître du matériau et de l'outil et doit garder la trace de l'outil et de la lutte de l'outil avec le matériau. » La mise en scène de la matière donne au tableau un côté brut et primitif. De l'esprit mosaïque, Dubuffet ne garde que l'espace entre les morceaux (fig. 1). Il n'y a pas de souci décoratif ou représentatif.
Le dessin est très proche du graphisme enfantin, avec un accent appuyé sur les yeux et la bouche. Il utilise une expression brute, directe, sans référence à des modèles d'histoire de l'art, sans volonté de faire une « belle peinture ». Son souci est de retrouver « la spontanéité de la main humaine quand elle trace des signes ».

### Composition

La toile est réduite à deux plans : le personnage et le fond. Le personnage occupe tout l'espace du tableau : ses mains touchent le bord du rectangle (fig. 2) ; il est caché au niveau de la taille, la tête face au spectateur et le corps de profil.
Il n'y a pas de perspective et pas de volonté de représenter la profondeur ou la lumière.

### Technique et couleur

Dubuffet semble avoir collé les éléments colorés, sur un fond noir (fig. 3 et 4). L'artiste utilise des fragments de récupération d'autres toiles.
Il découpe le personnage de façon très anguleuse, en variant les tailles et les formes. La matière de la peinture à l'huile peut parfois évoquer la texture du marbre, du fossile ou du monotype.
La dominante est ocre, rose, le vert venant ponctuellement refroidir les tons chauds.

Fig. 1

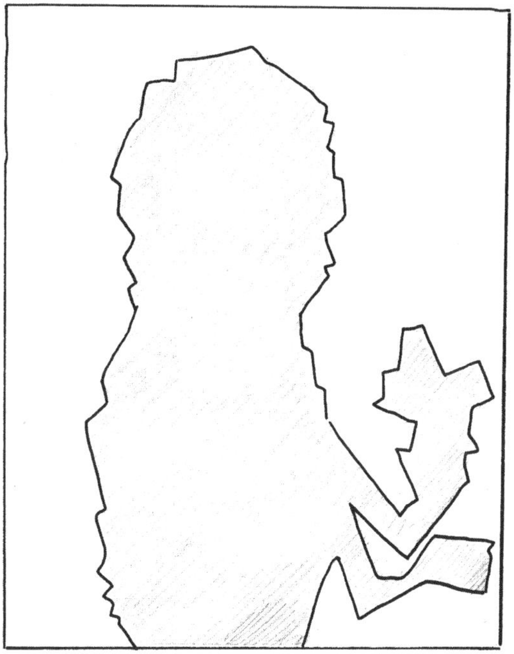

Fig. 2

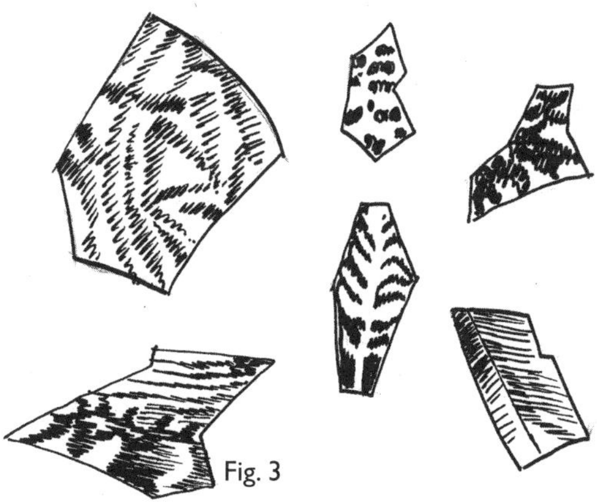

Fig. 3

Fig. 4

# Collage/bois peint

## *La bouture*

Jean Dubuffet

### Objectifs

**A :** - Développer l'imagination par l'exploitation d'un matériau.
- Créer avec des matériaux de récupération.
- Apprendre à structurer et agencer des fragments pour produire un effet général.
- Combiner plusieurs opérations plastiques.

**B :** - Créer avec des matériaux bruts.
- S'approprier, détourner un élément naturel de sa fonction première.
- Adapter son geste aux contraintes matérielles (matière, outils).

### Matériel

**A :** - Une feuille de Canson gris 1/4 raisin ;
- de la colle ;
- des ciseaux ;
- du papier journal ;
- des feutres ;
- un feutre-pinceau noir.

**B :** - Un morceau de bois de récupération ;
- une brosse ;
- un pinceau ;
- de la gouache ;
- du vernis pour gouache.

### Durée

**A :** deux séances d'1 heure
**B :** 2 heures

### • Proposition A : collage « papier journal »

Proposer aux élèves de dessiner d'autres membres de la même famille que le personnage peint par Dubuffet. Sur la feuille, dessiner les contours d'un personnage en occupant toute la surface et en laissant le crayon libre pour obtenir une silhouette étonnante (fig. 1).

Dans des pages de journaux, découper des fragments de textes, de lettres en noir et blanc, etc. Varier le plus possible la taille, le style des caractères et la forme des morceaux (on évitera les trop grands morceaux rectangulaires). Les coller à l'intérieur de la silhouette en les superposant (fig. 2).

Avec un feutre-pinceau noir, repasser tous les contours des fragments (faire un tracé très large) (fig. 3). L'intérêt de l'exercice provient de l'utilisation d'éléments jugés « non plastiques » et l'esthétique du rapport noir, blanc et gris du papier support et du journal (fig. 4).

### • Proposition B : bois peint

Récupérer dans la nature, des petits morceaux de bois dépourvus d'écorce (fig. 1).

À l'aide de la gouache noire, peindre (avec des formes très simples et sans vouloir trop détailler) les yeux, le nez et la bouche directement sur la pièce de bois (tapoter avec le pinceau ou la brosse pour bien faire pénétrer la peinture) (fig. 2).

Peindre avec quatre couleurs l'ensemble de la tête par petites parties colorées (fig. 3). Avec un pinceau fin et de la gouache noire, détourer chaque couleur (fig. 4) et dessiner les yeux et la bouche avec la gouache blanche.

Laisser sécher deux heures pour que la peinture pénètre le bois, puis vernir (fig. 5).

# Proposition A

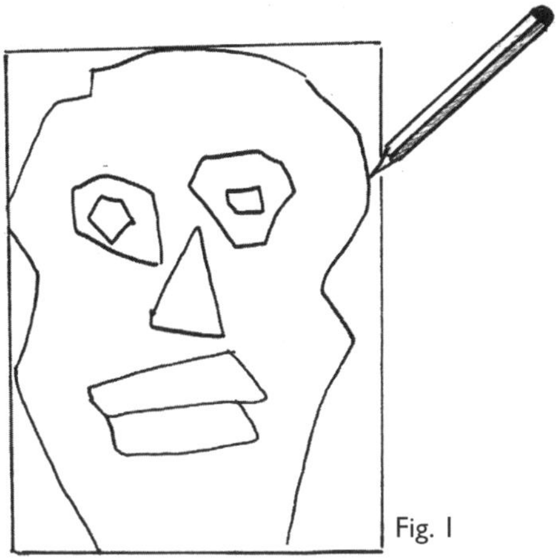

Fig. 1

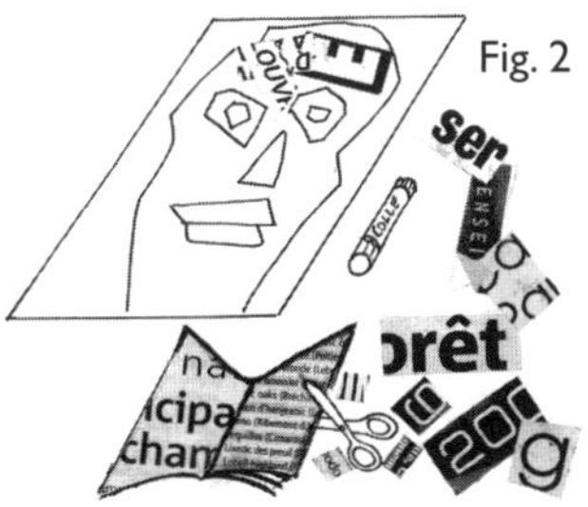


Fig. 2

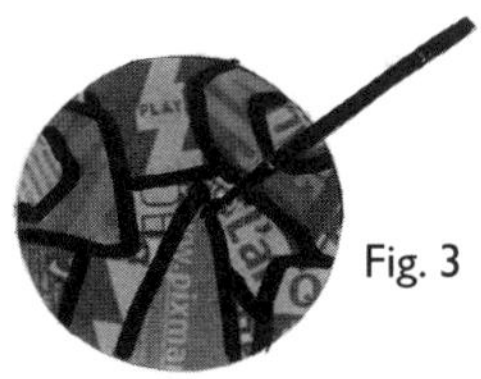

Fig. 3

Fig. 4

# Proposition B

Fig. 1

Fig. 2

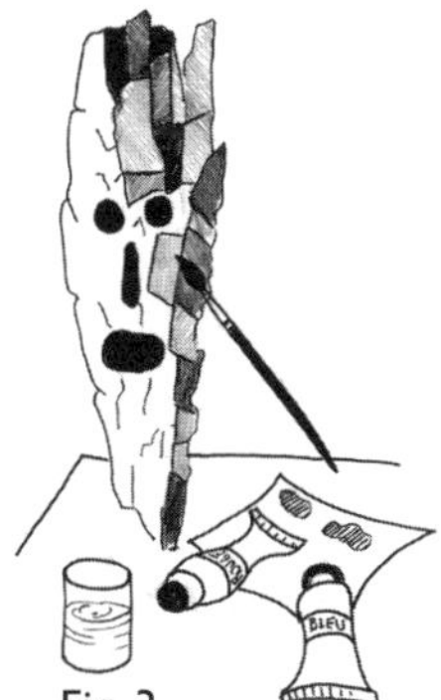


Fig. 3

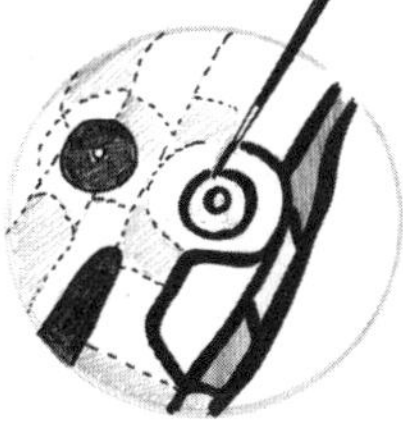

Fig. 4

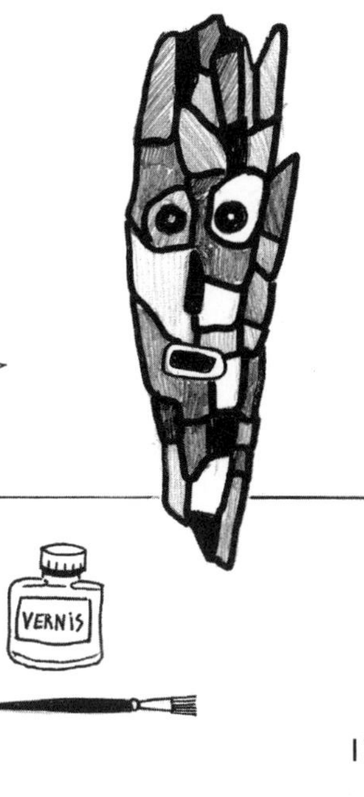


Fig. 5

# Éducation à l'environnement : le traitement des déchets

## La bouture

Jean Dubuffet

### Objectifs

- Prendre conscience de la durée de vie des déchets abandonnés dans la nature.
- Comprendre l'enjeu du traitement des déchets pour l'environnement.
- Établir le lien entre sa propre action (tri sélectif) et le devenir des déchets ménagers.
- Formuler des questions pertinentes.
- Émettre des hypothèses.

### Durée

45 minutes

### • Observation de l'œuvre de Jean Dubuffet

Demander aux élèves d'observer l'œuvre de Jean Dubuffet et les laisser s'exprimer à son propos. Leur demander d'observer les effets de matière utilisés par l'artiste.
Suite à la séance d'arts visuels, leur rappeler que Jean Dubuffet s'est détourné de la peinture traditionnelle utilisant des matériaux nobles pour aller vers des mélanges de sa confection (sable, goudron, éclats de verre...). Nous avons tendance à considérer que ce qui n'est plus utilisable dans sa fonction première n'a plus qu'une destination – la poubelle – car c'est un déchet. Or, les déchets peuvent aussi devenir un produit qu'il faut savoir (ré)utiliser, un matériau qui peut avoir une seconde vie.

### • Qu'est-ce qu'un déchet ?

Réunis par groupes de trois ou quatre, les élèves réfléchissent et tentent de répondre par écrit au questionnaire suivant, affiché au tableau : « Qu'est-ce qu'un déchet ? Qui produit des déchets ? Où les met-on ? Que deviennent-ils ? Peut-on réutiliser certains déchets ? Si oui, lesquels ? Pouvez-vous donner une définition du mot “recyclage” ? » Etc.
Procéder à une mise en commun des réponses des différents groupes en mettant en évidence les nuisances provoquées par l'accumulation de déchets (dégradation de l'environnement, insalubrité…).

Préciser aux élèves qu'il n'existe pas de définition universelle du déchet, chaque pays ayant sa propre définition (en France, l'article 1 de la loi du 15 juillet 1975 établit qu'« est un déchet tout résidu d'un processus de production, de transformation ou d'utilisation, toute substance, matériau, produit... que son détenteur destine à l'abandon »). Le classement des différents déchets aboutit à six grandes catégories : matières organiques, plastiques, papiers et cartons, métaux, verres, autres.
Apporter les informations suivantes : tout être vivant (et pas seulement l'homme !) produit des déchets. Les déchets naturels comme les

feuilles, l'herbe, les coquillages... se décomposent sous l'action conjuguée du temps, de l'eau, de divers animaux, de micro-organismes. Ils seront transformés en terre et en eau et seront absorbés par les plantes : on peut véritablement parler d'un recyclage naturel. Mais celui-ci a des capacités limitées. Notre société moderne fabrique de plus en plus de produits que ni l'homme ni la nature ne réussissent à éliminer (à Paris, un habitant produit deux fois plus de déchets qu'il y a 50 ans).

Pour que les élèves comprennent bien le problème de la durée du recyclage naturel par rapport à nos habitudes de consommation, leur donner quelques exemples de durée de vie de déchets : une peau de banane de 3 à 6 mois, une allumette 6 mois, un chewing-gum 5 ans, un journal de 3 à 12 mois, un morceau de polystyrène 1 000 ans, une cannette de 10 à 100 ans...

La problématique qui se dégage est clairement saisie par les élèves : « Comment agir pour réduire les nuisances liées aux déchets ? » Après avoir écouté les propositions des élèves, faire émerger deux grandes idées : jeter moins (réduire la quantité de déchets) ; traiter les déchets pour les transformer.

## • Rédaction d'une liste de gestes pratiques pour réduire sa production de déchets

Demander aux élèves, répartis en groupes de trois à quatre, de rédiger des conseils aux citoyens pour réduire la production de déchets au sein des foyers. Mettre en commun les différentes propositions et rédiger un mémento que chaque élève recopiera dans son cahier et commentera à la maison (par exemple, ne plus utiliser de sacs plastiques ; utiliser des produits rechargeables plutôt que des produits jetables ; préférer des emballages en verre, recyclables à l'infini, à des emballages en plastique...).

## • Découverte des filières de traitement des déchets ménagers

Les élèves ayant certainement déjà entendu parlé (voire pratiqué) le tri des déchets ou tri sélectif, leur demander dans quel but ce tri est effectué (pour les orienter vers des usines de recyclage qui vont les transformer en de nouveaux produits). Trace écrite pour les élèves :

- les papiers sont recyclés dans une usine pour produire du papier journal ;
- les emballages plastiques des tubes, des tuyaux, des peluches, des textiles (polaires) ;
- les emballages cartons de l'essuie-tout, des enveloppes, des cartons d'emballage ;
- les emballages métalliques des boîtes de conserve, des poutres et des barres d'acier, des radiateurs, des semelles ;
- le verre des bouteilles en verre.
- les déchets végétaux sont orientés dans des usines de compostage qui les transforment en engrais.

Tout le reste est acheminé dans des usines d'incinération pour être brûlé ce qui produit de l'énergie.

### PISTES DE TRAVAIL

- Dans le prolongement de cette leçon, étudier le devenir des catégories de déchets autres que les déchets ménagers : déchets industriels, déchets inertes (blocs de béton, terre, vitres...), déchets agricoles et déchets nucléaires.
- Le tableau s'appelant *La bouture*, étudier la croissance des végétaux.

28A

Reproduction couleur p. 215

# Analyse de l'œuvre

## Alom (Le rêve)

- Collage sur contreplaqué
- 1966
- 2,53 x 2,52 m

### Victor Vasarely

**Peintre hongrois (Pecs, 1908 - Paris, 1997)**

*Passionné de géométrie dans l'espace et de sciences physiques, Victor Vasalery explore les schémas possibles de représentation de la troisième dimension. Très vite, sa peinture se réduit à un assemblage savant de cercles et de carrés, provoquant, par leurs combinaisons, des effets de profondeur, de relief et de luminosité. Sa volonté de créer un « art populaire » où l'artiste ne serait plus aussi omniprésent l'amène à une production quasi industrielle de ses œuvres.*

*C'est le chef de file de l'« Op art » ou art cinétique (Soto, Cruz Diez...) : les œuvres dialoguent visuellement avec le spectateur et bougent en même temps que lui. Elles sont tout à la fois décoratives et interactives.*

### Présentation

Cette œuvre « cinétique » s'amuse avec notre rétine qui parcourt le tableau, s'accrochant sur des effets de relief, de creux, de mobilité des éléments. La taille monumentale de l'œuvre en accentue encore le caractère illusionniste.

### Composition

Le principe de l'œuvre est le jeu entre le carré et le cercle, le format guidant le rythme des surfaces (dessinées à la règle et au compas, et découpées). L'ensemble de la construction très géométrique du tableau est conçu pour que notre œil se fixe sur son centre (fig. 1). Les yeux du spectateur sont « hypnotisés » par la juxtaposition des cercles et des carrés, qui crée mouvement, profondeur et lumière (fig. 2). On se « promène » visuellement dans le tableau. Suivant l'angle où l'on se place, les impressions diffèrent. Vasarely joue ici avec le pouvoir optique de la forme carrée, qu'il utilise pour le format général de la toile, puis pour chaque petit module la composant (fig. 3).

C'est un dialogue carré/cercle (fig. 4) ; l'apparente rigueur (verticalité/horizontalité) du premier regard se trouble peu à peu lorsque l'on fixe l'œuvre plusieurs minutes : les éléments semblent bouger, venir vers soi, reculer et créer des effets de lumière.

### Couleur

Le jaune et le violet-mauve (couleurs complémentaires) sont les deux composantes colorées du tableau. Vasarely éclaircit ou fonce chaque couleur d'une façon très mathématique (fig. 5), jouant avec notre perception optique du dégradé.

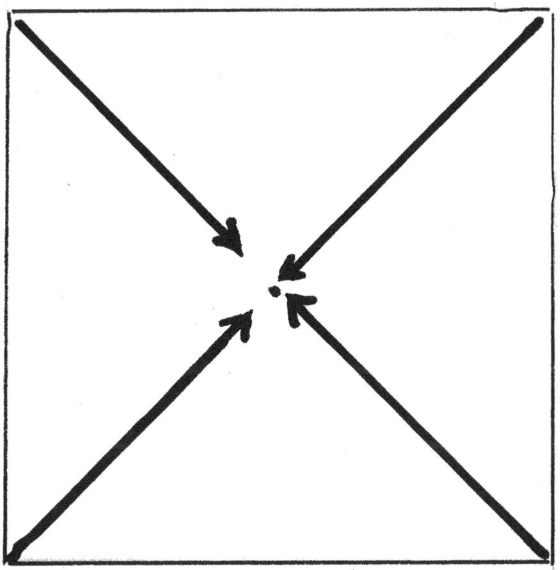

Fig. 1

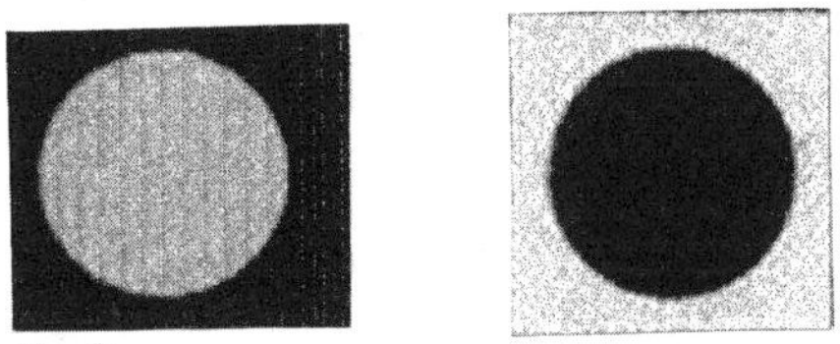

Fig. 2

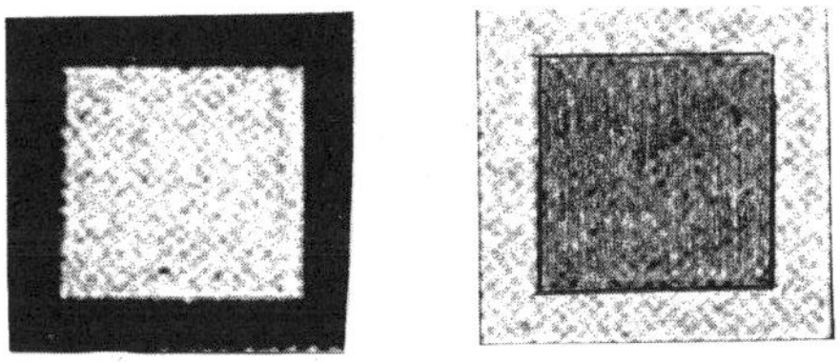

Fig. 3

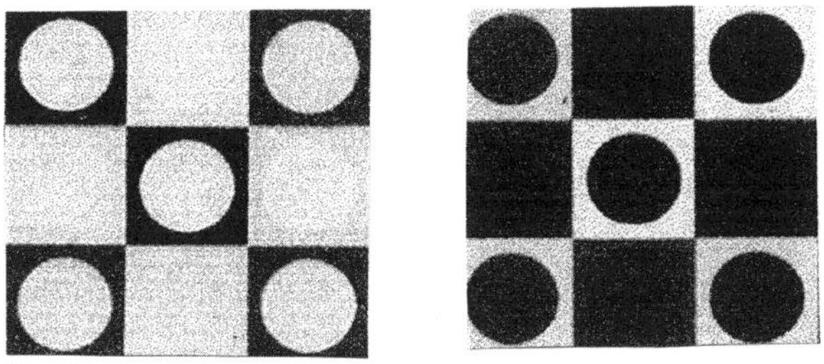

Fig. 4

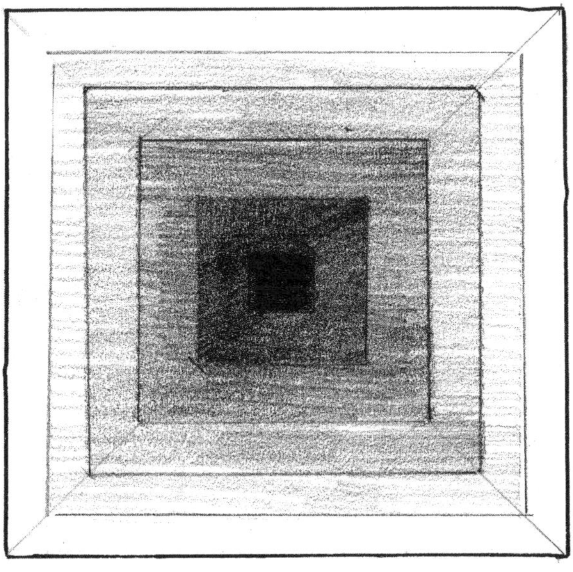

Fig. 5

# De la 2e à la 3e dimension

## *Alom (Le rêve)*

Victor Vasarely

### Objectifs

- Utiliser la géométrie pour faire un dessin.
- Jouer avec des alternances et des rythmes pour créer un effet de relief.
- Créer un effet (optique).
- Apprendre à utiliser un compas, une règle dans un but expressif.
- Mettre en œuvre des principes d'organisation d'agencement.
- Créer avec les autres.

### Matériel

- une feuille de Canson blanc 1/4 raisin ;
- une règle ;
- un compas ;
- un crayon HB ;
- des crayons ;
- des feutres.

### Durée

Deux séances d'1 heure

### • Proposition A : « Donner l'illusion du relief »

Sur la feuille, tracer un quadrillage pour obtenir un ensemble de carrés de 3 cm de côté (fig. 1). Le principe est la mise en volume de chaque carré suivant le schéma (fig. 2). Tracer des lignes diagonales entre tous les angles des carrés pour créer des parallélépipèdes rectangles.

Sur ce principe, construire librement un empilement de parallélépipèdes (fig. 3). On peut varier les dimensions, prendre, par exemple quatre carrés pour un volume, ou changer le sens des diagonales (fig. 4), jouer avec la profondeur de chaque élément, etc.

Sur la face carrée de chaque volume, tracer un cercle (en s'aidant des diagonales pour le centre) au compas (fig. 5).

Mettre en couleur aux feutres ou aux pinceaux. Choisir trois valeurs de couleurs (très foncée, noire ou bleue, moyenne, vert ou rouge, claire, jaune ou orange) pour obtenir un effet de relief et de trompe-l'œil plus important (fig. 6).

### • Proposition B (travail collectif)

Sur la feuille, chaque élève fait un quadrillage de carrés de 6 cm de côté. Dans chacun d'eux, dessiner, en utilisant les diagonales, soit un cercle, soit un carré plus petit.

Colorier chaque élément en utilisant toutes les possibilités d'harmonie entre les trois couleurs primaires (rouge, bleu, jaune) et les trois couleurs complémentaires (vert, violet, orange).

Découper les carrés. Préparer une très grande feuille fixée au tableau (2 m x 1 m). À la règle, tracer deux grandes perpendiculaires au centre de la feuille pour guider le collage. Les élèves viennent par groupes coller leurs carrés verticalement et horizontalement « par familles » : une ligne de cercles verts sur fond rouge, une ligne de carrés rouges sur fond vert, etc. (veiller à bien juxtaposer les morceaux).

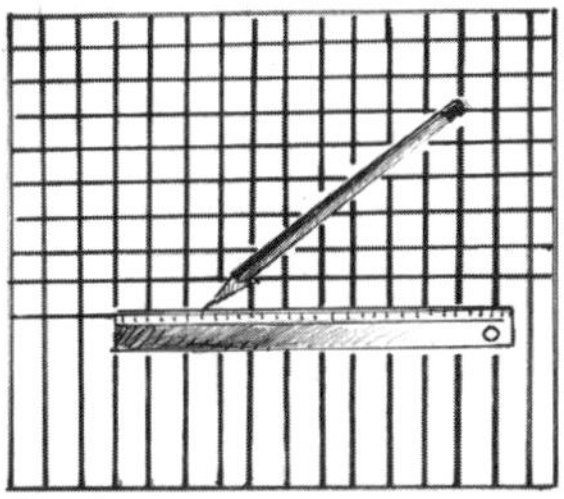

Fig. 1

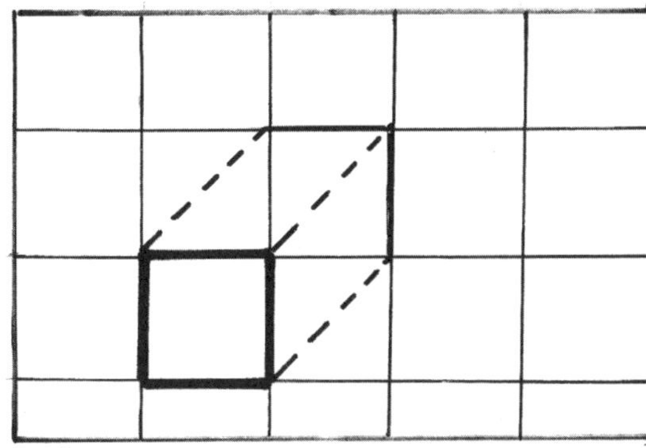

Fig. 2

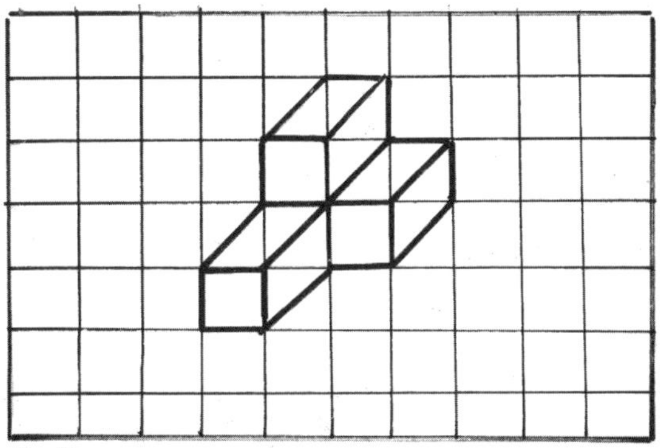

Fig. 3

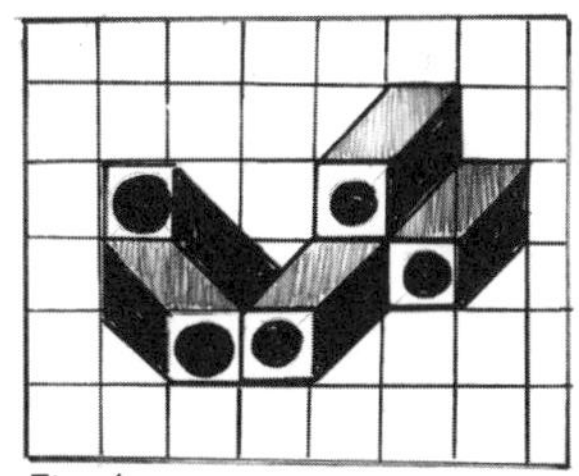

Fig. 4

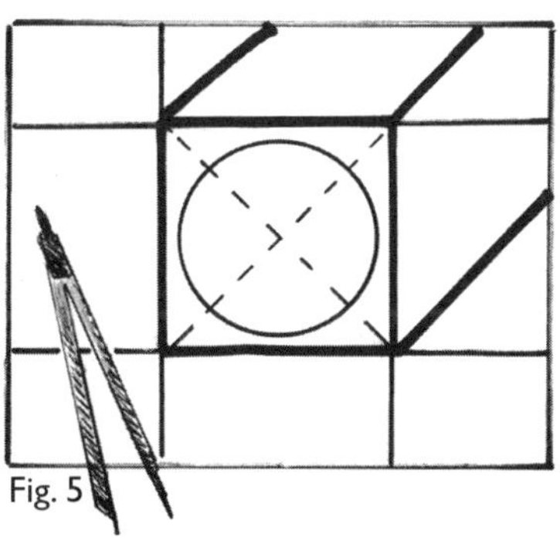

Fig. 5

Fig. 6

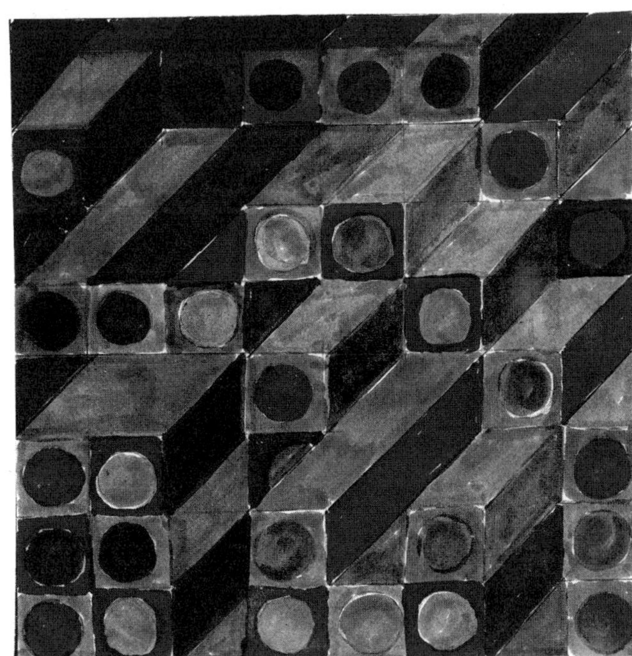

Fig. 7

# Réaliser un pavage

## Alom (Le rêve)

Victor Vasarely

### Objectifs

- Réaliser un pavage.
- Mettre en évidence que différents agencements sont possibles avec des pièces identiques.
- Observer, identifier et décrire des figures géométriques.
- Utiliser des techniques et des instruments précis.

### Durée

45 minutes

### • Observation et « analyse géométrique » de l'œuvre de Victor Vasarely

Laisser les élèves s'exprimer à partir de l'œuvre : couleurs, formes, fondus des couleurs, alternance des formes (disque sur carré, carré sur carré), alternance de couleurs (jaune sur noir, mauve sur orange…), assemblages de carrés pour former un carré plus grand, carrés imbriqués…

Puis, les amener à observer qu'à partir d'une figure géométrique de base – « le carré » –, le peintre a constitué un très grand carré sans jamais laisser deux carrés se chevaucher, sans jamais laisser de vide. Questionner les élèves : « Aurait-il pu réaliser une figure équivalente avec des disques ? Pourquoi ? Que se passe-t-il lorsque l'on met des disques côte à côte ? » Etc. Vasarely a effectué un pavage de son grand carré à l'aide d'un motif carré qu'il a ensuite décliné en deux modèles, disque sur carré et carré sur carré, dont il a ensuite varié les couleurs.

Conclure (trace écrite) : « Un pavage est le résultat de la juxtaposition (sans chevauchement ni espaces laissés vides) d'un même motif de base (appelé aussi "unité") que l'on a reproduit plusieurs fois. Ce motif est obtenu à partir d'un polygone (carré, rectangle, triangle, parallélogramme…) dont on a déformé les côtés. »

### • Réaliser un premier pavage simple

Demander aux élèves de tracer un carré de dix carreaux de côté sur leur cahier (réglure Seyes). Pour paver ce carré, ils devront utiliser comme motif un rectangle constitué de deux carreaux de cahier.

Trouver plusieurs façons d'effectuer un pavage à l'aide de ce motif :

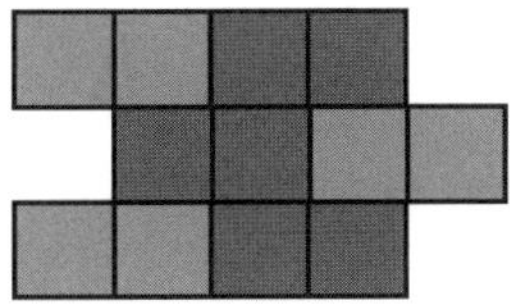

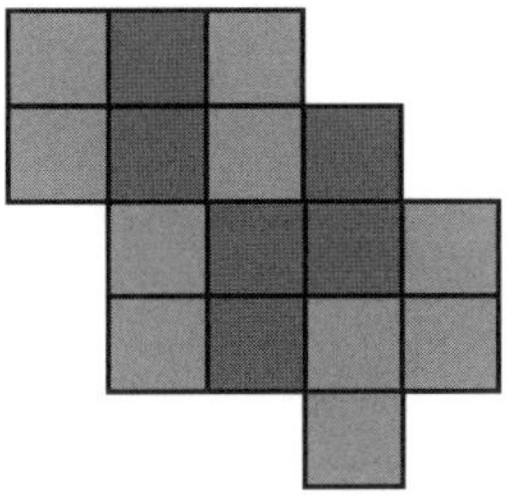

## • Réaliser un second pavage plus complexe

Demander aux élèves de tracer un quadrilatère quelconque (chaque côté ne devra pas excéder 4 cm) sur un morceau de papier cartonné et de le découper. Ils devront proposer des solutions pour recouvrir une feuille de papier à partir de cette forme géométrique : il ne doit y avoir ni espace vide ni superposition. (Remarque : il est toujours possible de paver un plan à l'aide d'un quadrilatère quelconque, sauf dans le cas d'un quadrilatère concave.)

Laisser les élèves démarrer l'activité. Proposer une mise en commun au bout de 5 minutes afin d'aider les élèves en difficulté.

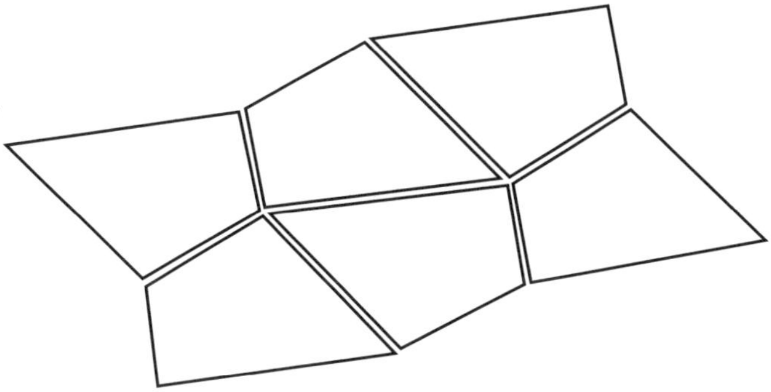

Faire observer, en invitant un élève à venir au tableau, la manière de paver à l'aide de la figure : rotation d'un demi-tour et translation. Après un temps de réalisation, proposer aux élèves de colorier leur pavage à l'aide de couleurs différentes.

### PISTES DE TRAVAIL

À partir de l'œuvre de Victor Vasarely, étudier, en sciences, l'œil et la vision, en prenant appui sur les illusions d'optique (utiliser l'exemple classique du disque noir sur un carré blanc et du disque blanc de même diamètre que le noir sur un carré noir : les deux disques semblent-ils avoir la même taille ?).

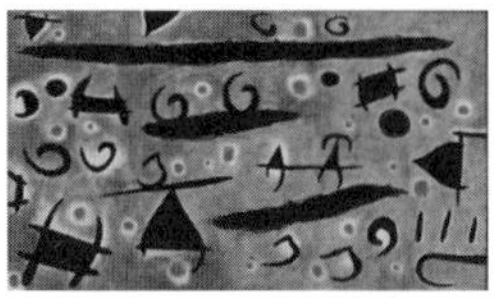

# Analyse de l'œuvre

## Danse de personnages et d'oiseaux sur un ciel bleu

*Reproduction couleur p. 215*

- Huile sur toile
- 1968
- 1, 73 x 2, 91 m

### Joan Miró

**Peintre catalan (Barcelone, 1893 - Palma de Majorque, 1983)**

*Catalan comme Dalí, influencé par Paul Klee, Joan Miró fait la connaissance, en 1924, à Paris, de Breton, Éluard, Aragon, et signe avec eux le* Manifeste du surréalisme. *Il en sera l'un des artistes les plus brillants, se renouvelant sans cesse (dessins, sculptures, assemblages, céramiques, tapisseries). Miró invente un monde cocasse, aux lignes vagabondes, teinté de fantaisie et d'onirisme. Il conçoit un répertoire de « formes-signes » allusifs, qui dialoguent sur des fonds colorés au chromatisme raffiné et puissant. De grandes dimensions, ses dernières œuvres sont très épurées et presque monochromes.*

## Présentation

Les séjours de Miró aux États-Unis lui ont donné une nouvelle sensation, celle de l'immensité de l'espace, que l'on retrouve dans « cette danse » et dans ses œuvres tardives.

Les signes calligraphiques – embryons de formes – peuvent parfois évoquer des personnages ou des oiseaux – ciel, galaxie, espace sans limite. C'est une sorte de paysage intérieur, rêvé et poétique, avec une lointaine référence à la réalité (le ciel).

## Composition

Il n'y a pas ici, comme dans les premières œuvres de Miró, une construction « postcubiste » avec multiples plans ; la surface est sur un plan unique, avec des éléments qui oscillent à l'horizontale du format et à la grande bande située en haut de la toile (fig. 1).
Miró dispose ces signes de façon très libre, mais avec un sens exact de l'équilibre et de l'espace. Ici, on peut noter le jeu des pleins et des vides.

## Technique et couleur

On peut voir que le blanc qui enduit la toile au départ est conservé par endroits pour éclairer le bleu et contraster avec le noir.

Miró utilise une seule couleur pour le fond (bleu primaire), qu'il module par frottis légers du pinceau, donnant à la couleur bleue une grande luminosité et transparence telle l'aquarelle (fig. 2).

Le rouge (primaire) est posé de façon égale sans nuance, avec légèreté. Les traces et graphismes d'un noir intense se disposent en fonction des ronds rouges (fig. 3).

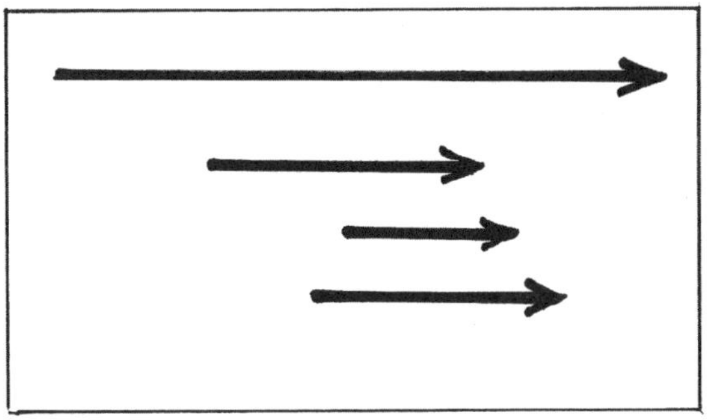

Fig. 1

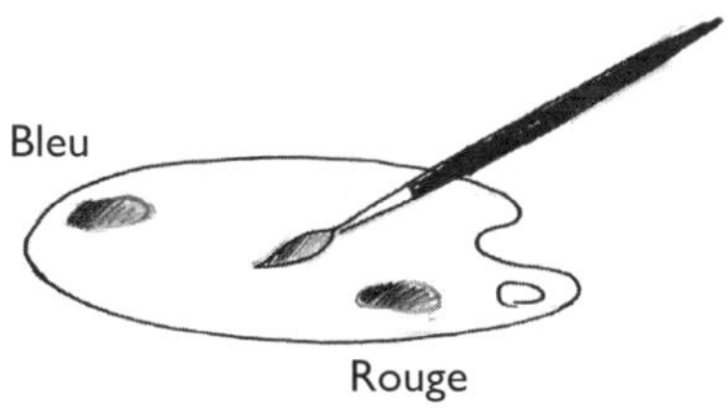


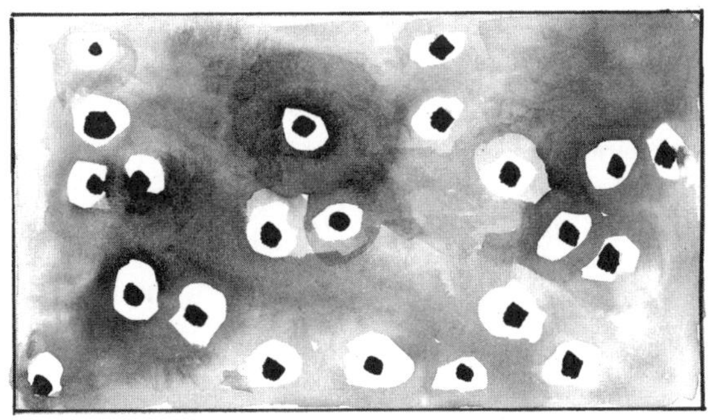

Fig. 2

Fig. 3

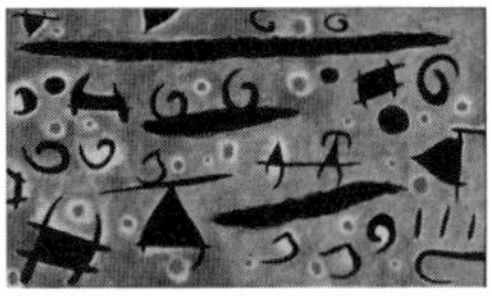

# « Ciel de signes »

## *Danse de personnages et d'oiseaux sur un ciel bleu*

Joan Miró

### Objectifs

- Appréhender les notions d'agencement et d'équilibre.
- Établir une relation entre l'écriture et la peinture.
- Maîtriser son geste dans un tracé graphique.
- Adapter son geste aux contraintes matérielles (outils, supports).

### Matériel

- Une feuille de Canson blanc 1/2 raisin ;
- de l'encre de couleur rouge ;
- de l'encre bleue ;
- de l'encre de Chine ;
- des pinceaux n° 12, n° 16 et n° 20.

### Durée

1 h 30

## • Déroulement

Prendre la feuille de papier (qui devra être assez épaisse pour pouvoir absorber l'encre). Avec de l'encre rouge, poser 10 ou 12 points répartis équitablement sur l'ensemble de la surface (utiliser un pinceau n° 12 ou n° 16) (fig. 1).

Donner à chaque élève une photocopie de l'œuvre de Miró.
Avec de l'encre de Chine, et en jouant sur la souplesse du pinceau (utiliser parfois la pointe, parfois l'épaisseur des poils), peindre des signes extraits de l'œuvre (fig. 2). Disposer ces signes en jouant avec les points rouges, sans jamais les toucher. Il est important de tourner autour de la feuille pour mieux évaluer l'espace (fig. 3).

Ce principe d'appréhension du format est très utilisé dans les arts asiatiques et dans la peinture abstraite occidentale.

Laisser sécher l'encre noire. Tremper un pinceau très large n° 16 ou n° 20 dans l'encre bleue, peindre le fond autour des signes en laissant une réserve, une marge blanche autour de chaque signe (fig. 4).

Passer plusieurs fois à certains endroits ; mélanger l'encre avec de l'eau pour obtenir de riches nuances de bleu (fig. 5), qui évoqueront les nuances du ciel, la transparence, la luminosité.

Une fois l'encre sèche, passer le pinceau trempé dans l'eau entre la marge et l'encre bleue pour adoucir le halo lumineux autour des signes (fig. 6).

## • Variante

Sur une feuille à part, chaque élève invente des signes en s'inspirant de ceux de Miró, la consigne étant qu'aucun ne doit ressembler à quelque chose d'existant (lettres, chiffres, objets) (fig. 7).

Laisser faire la main et exploiter le tracé aléatoire du pinceau.

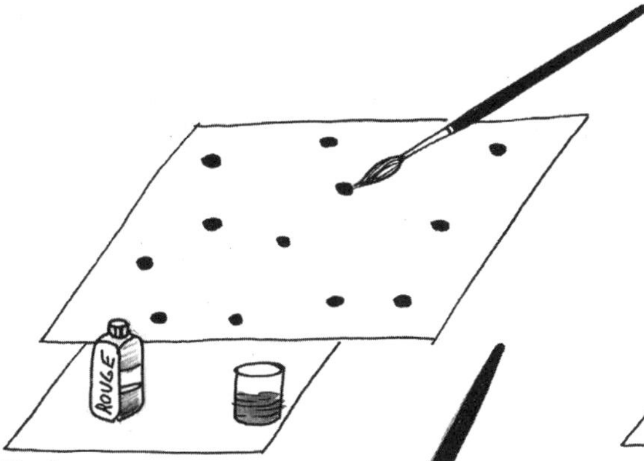

Fig. 1

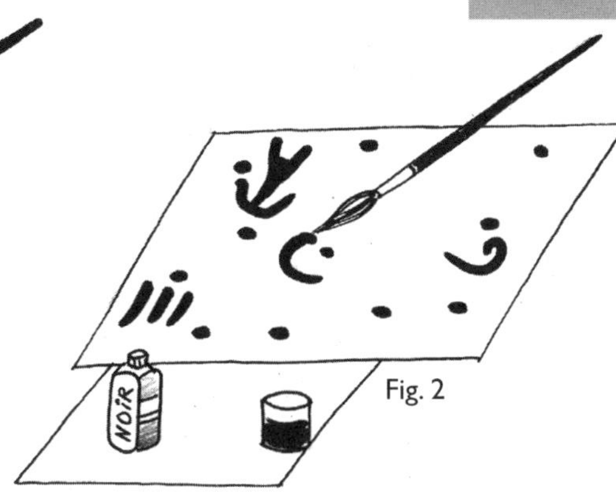

Fig. 2

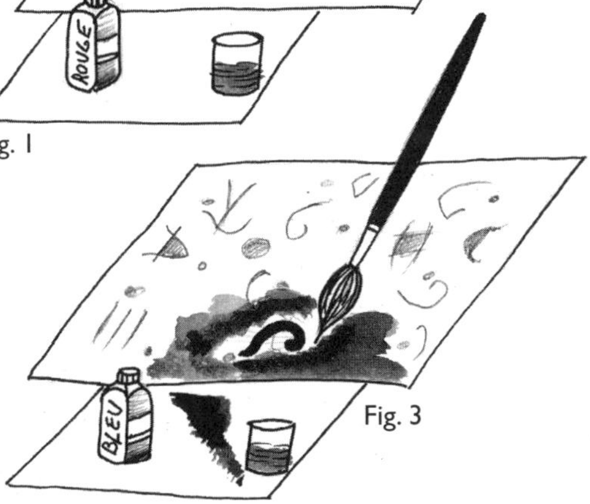

Fig. 3

Fig. 6

Fig. 4

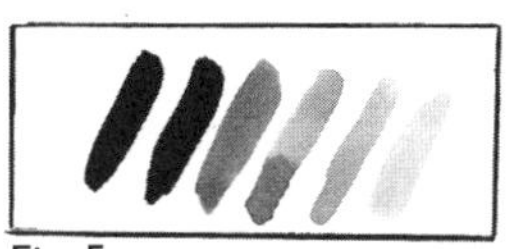
Fig. 5

Fig. 7

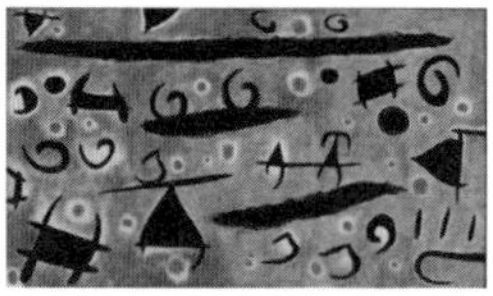

# Astronomie : découvrir l'univers

## Danse de personnages et d'oiseaux sur un ciel bleu

Joan Miró

### Objectifs

- Connaître un composant de l'univers : le système solaire.
- Prendre conscience des distances dans l'univers.
- Manipuler les grands nombres.
- Rechercher et sélectionner des informations dans un document.
- Utiliser la calculette.

### Durée

45 minutes

## • Observation de l'œuvre de Joan Miró

Demander aux élèves d'observer l'œuvre de Miró et d'énoncer ce qu'elle évoque pour eux : un ciel étoilé dans lequel dansent des personnages ? l'univers dans lequel voguent des objets ?...

Distribuer aux élèves une feuille de papier blanc, leur demander de dessiner l'univers ou l'un de ses composants (une planète, le soleil, des étoiles...) et de donner un titre à leur dessin. Afficher au tableau les différents dessins en fonction des objets représentés et recenser les titres donnés par les élèves : univers, étoiles, planètes, soleil, lune, astres... Faire nommer les différents objets dessinés, ce qui permettra de mieux cerner les connaissances des élèves.

## • Appréhension des distances dans l'Univers

Distribuer le document 5 (annexe, p. 200) aux élèves.

Après un temps de lecture silencieuse, interroger les élèves sur les informations délivrées par ce texte. Leur demander de vérifier les informations à l'aide de leur calculatrice, en calculant la distance parcourue par la lumière en un an, puis en cinq ans, puis d'effectuer la conversion de 5 u.a. en km.

## • Découverte du système solaire

Écrire au tableau les noms des différents objets évoqués au début de la séance. Demander aux élèves d'essayer de définir individuellement et par écrit ces différents objets. On s'attachera particulièrement aux mots comme *univers, galaxie, astre, planète, étoile, satellite, gravitation, révolution*. Procéder à une mise en commun en comparant les définitions.

Faire copier sur le cahier les définitions exactes :

- L'univers est l'ensemble de tout ce qui existe : les galaxies et ce qui les sépare.
- Une galaxie est un grand amas d'étoiles (plusieurs milliards d'étoiles), de gaz et de poussières d'environ 1 milliard de milliards de kilomètres de diamètre. Notre galaxie est « la Voie lactée » ; elle contient plus de 200 milliards d'étoiles, dont le Soleil, qui se situe à environ 280 millions de milliards de kilomètres du centre de la galaxie.
- On appelle astre tout corps céleste naturel.
- Une planète est un corps solide ou gazeux qui gravite autour d'une étoile. Une planète ne produit pas de lumière mais reflète celle de l'étoile qui la réchauffe. La Terre est une planète, son étoile est le Soleil. Par extension, la Lune est une planète.
- Une étoile est un corps céleste qui émet de la lumière. La plupart des astres visibles dans le ciel sont des étoiles. Le Soleil en est une parmi les quelques 200 milliards que compte notre galaxie.
- La force de gravitation est une force d'attraction s'exerçant entre deux corps notamment entre un objet et la Terre.
- Un satellite est un corps naturel ou non qui gravite autour d'une planète. La Lune est un satellite naturel de la Terre.
- Une révolution est un tour complet effectué par une planète autour d'un corps céleste référent. La Lune effectue une révolution autour de la Terre ; la Terre effectue une révolution autour du Soleil.

Demander aux élèves d'établir la liste des neuf planètes du système solaire, puis leur distribuer le document 6 (annexe, p. 200). Leur demander de le lire silencieusement. Pour s'assurer de sa bonne compréhension, interroger les élèves : « De quelles informations essentielles a-t-on besoin pour faire un schéma du système solaire ? » (connaître les diamètres des différentes planètes ainsi que leur distance au Soleil).

### PISTES DE TRAVAIL

- Synthétiser les données – diamètres et distances au Soleil des planètes – de manière à représenter le système solaire à l'aide d'une maquette.
- Établir une carte d'identité de toutes les planètes du système solaire.

# Analyse de l'œuvre

## Pop Shop Quad I

*Reproduction couleur p. 216*

- Sérigraphie
- 1987
- 24 x 30 cm

### Keith Haring

**Peintre (Kutztown, Pennsylvanie, 1958 - New York, 1990)**
*C'est une carrière fulgurante qui caractérise cet enfant du pop art, mort du sida à 32 ans. Poète de la culture urbaine (comme Basquiat), son œuvre est une synthèse de la BD, du graffiti et de l'art ethnique. Keith Haring commença par peindre des affiches sur les murs du métro et dans les espaces publics avant d'être remarqué par les galeristes new-yorkais. Il créa un univers symboliquement chargé, à base de petits personnages linéaires, véhiculant des messages existentiels. La facture de ses peintures est directe, simple, sans détail superflu. La couleur est vive et les formats, souvent monumentaux.*

## Présentation

Keith Haring dessine rapidement, sans ébauche, avec la volonté de garder toute sa spontanéité, sa fraîcheur, son envie de dessiner et de livrer un message.

Ici, il s'agit d'une sérigraphie diffusée par une galerie célèbre. Le choix de quatre images fait référence à la BD et transcrit une volonté affirmée de narration.

## Composition

Dans cette œuvre composée de quatre images, Haring utilise quatre rythmes de composition pour exprimer quatre sentiments ou émotions différents. La composition est à rayonnement central (fig. 1), en équilibre vertical, horizontal (fig. 2), en ovale pour exprimer l'union (fig. 3), et en V pointés vers le haut pour signifier la victoire (fig. 4).

Dans chaque case, les personnages sont réduits à leurs contours essentiels ; ils occupent pleinement le rectangle, touchant parfois les bords ou continuant en dehors de lui (fig. 5). On voit quatre histoires simultanément, mais chacune a sa cohérence et sa spécificité.

## Technique et couleur

Le dessin des personnages est constitué d'une ligne d'égale épaisseur souple et noire. Ce sont des « silhouettes pictogrammes » dont seules les proportions peuvent renseigner sur l'âge. Les attitudes sont dynamiques, les expressions sont accentuées et soulignées par de petits traits noirs.

La couleur est posée en aplat (trois primaires – rouge, bleu, jaune – et une complémentaire, le violet).

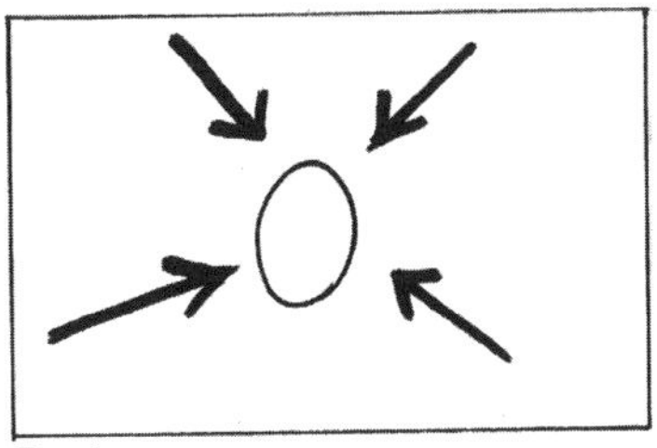
Fig. 1

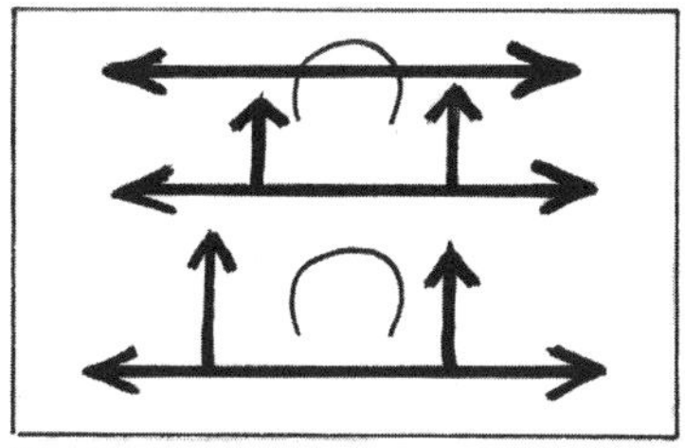
Fig. 2

Fig. 3

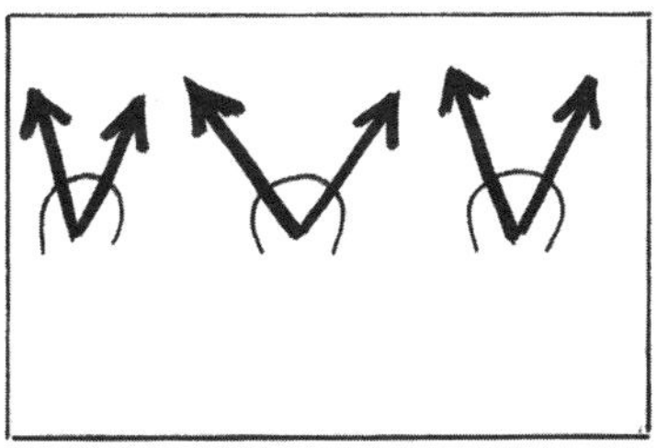
Fig. 4

Fig. 5

Fig. 6

# Mes quatres activités préférées/« À l'intérieur »

## Pop Shop Quad I

Keith Haring

### Objectifs

- Mettre en scène des personnages dans des situations définies.
- Exprimer par le dessin le souvenir de situations vécues.
- S'approprier un code de représentation.
- Transformer une réalité.
- Analyser une image.
- Mettre en forme une idée, devenue narration plastique.

### Matériel

- une feuille de Canson blanc 1/4 raisin ;
- des feutres de couleur ;
- du papier calque ;
- un crayon à papier.

### Durée

Trois séances d'1 heure

### • Proposition A : mes quatres activités préférées

Interroger les élèves sur l'œuvre de Haring : « Est-ce de la bande dessinée ? Comment sont représentés les personnages ? Pourquoi n'ont-ils pas de visage ? Quel âge ont-ils ? Que font-ils ? Y a-t-il beaucoup de détails dans chaque scène ? » Etc. Après cette petite introduction, proposer aux élèves de dessiner, à la manière de Keith Haring, les scènes représentant leurs quatre activités préférées. Faire d'abord des recherches sur une feuille brouillon : les personnages doivent être dessinés en silhouette, avec une ligne souple, et leurs formes doivent être arrondies (pas d'angle aigu) (fig. 1).

Tous les éléments superflus seront éliminés pour ne garder que l'essentiel (les bulles également). Faire le parallèle avec la simplicité des panneaux du code de la route.

Sur la feuille, dessiner les quatre activités au crayon HB, puis colorier aux feutres en prenant quatre ou cinq couleurs pour l'ensemble des quatre cases (fig. 3).

Afficher les productions au tableau et demander aux élèves de déchiffrer à tour de rôle la situation que leur camarade a voulu retranscrire.

### • Proposition B : « À l'intérieur »

Donner à chaque élève une photocopie du répertoire de personnage de la page précédente. Calquer les silhouettes (fig. 1) sur la feuille, et dessiner un personnage « façon Haring » (le plus grand possible) (fig. 2). À l'aide des calques, reporter les personnages à l'intérieur du dessin de façon à remplir au maximum l'espace (ils se toucheront mais ne se superposeront pas) (fig. 3).

Repasser l'ensemble du dessin au feutre noir ; animer librement les vides entre les silhouettes avec des petits graphismes (fig. 4). On peut également dessiner à main levée et colorier l'intérieur des personnages.

## Proposition A

Fig. 1

Fig. 2

Fig. 3

## Proposition B

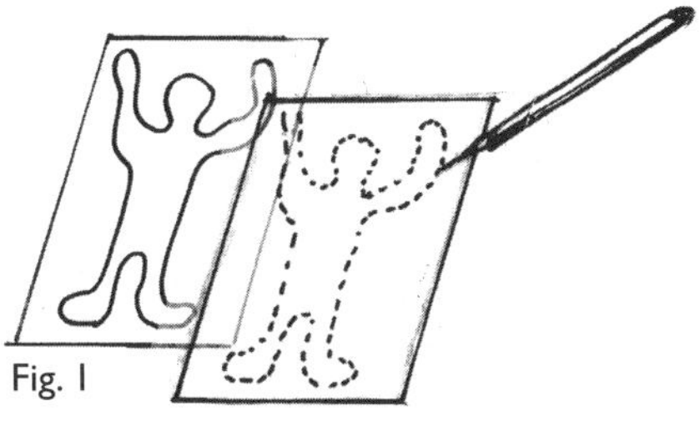
Fig. 1

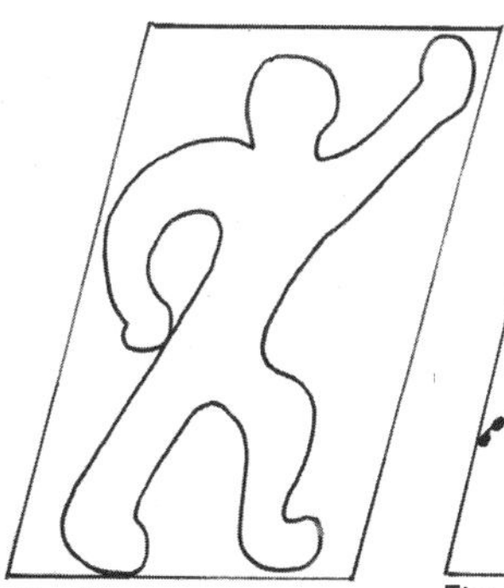
Fig. 2

Fig. 3

Fig. 4

# Production d'écrits : Le logorallye

## Pop Shop Quad I

Keith Haring

**Objectifs**

- Écrire un récit narratif.
- Traiter et organiser des informations pour l'écriture du texte demandé.

**Durée**

1 heure

### • Découverte de la situation

Les élèves auront préalablement travaillé la fiche d'arts visuels consacrée à l'œuvre de Keith Haring (pp. 194-195).

Redistribuer les productions des élèves en prenant soin de ne pas attribuer une œuvre à son auteur mais en mélangeant les productions entre les élèves.

Demander à chaque élève d'écrire sur une feuille de papier un mot ou un groupe de mots (nom, verbe, expression...) qui lui vient à l'esprit lorsqu'il observe chacune des vignettes de leur camarade. Chaque élève dispose alors d'une liste de quatre mots ou de groupes de mots écrits dans un certain ordre. De la même façon que pour les dessins des élèves, mélanger les listes et les redistribuer au hasard aux élèves.

### • Écriture d'une histoire : le logorallye

Donner la consigne suivante : « À partir des quatre mots ou groupes de mots que tu peux lire sur ta liste, compose une histoire en les utilisant tels quels et dans l'ordre où ils apparaissent dans la liste. Tu écriras ton histoire au présent de l'indicatif et à la première personne du singulier. » Laisser 15 minutes aux élèves pour écrire leur histoire.

### • Analyse des premiers jets

Après le temps d'écriture, procéder à une petite synthèse qui permettra de préciser de nouveau les éléments essentiels : le récit doit être cohérent (il doit y avoir un début, un milieu et une fin), il doit être écrit à la première personne et au présent de l'indicatif, l'orthographe doit être correcte...

Inviter les élèves à relire leur production et à apporter éventuellement des corrections pour répondre aux exigences de la consigne. Demander aux élèves de recopier leur texte avec soin.

## • Mise en relation des productions artistiques et des productions écrites

Afficher au tableau (ou dans tout autre lieu de la classe s'y prêtant) les productions artistiques des élèves. Demander à un premier élève de lire sa production écrite. Toute la classe doit alors retrouver la production artistique qui a servi de base à l'histoire. Si personne ne trouve, donner comme indices les quatre mots ou groupes de mots qui ont servi à composer l'histoire. Procéder ainsi pour tous les textes d'élèves.

Si les relations entre les dessins et les textes semblent trop difficiles à faire, on pourra s'en tenir aux productions les plus significatives. En conclusion, on affichera les textes des élèves sous chaque production plastique.

## • Remarques

Le logorallye est une activité d'écriture qui plaît beaucoup aux élèves. Elle peut être mise en œuvre de multiples façons :

- Lister collectivement des mots ou des groupes de mots suggérés par l'œuvre de Keith Haring, en choisir quelques-uns (maximum six ou sept) et écrire une histoire comportant ces mots dans l'ordre de la liste.
- Choisir quelques mots dans le dictionnaire puis écrire une histoire à partir de ces mots. L'enseignant peut évidemment jouer sur différents paramètres : nombre de mots, nature des mots (seulement des noms, deux adjectifs, deux verbes...). Ne pas révéler aux élèves l'intention d'écriture lors de la récolte des mots ou groupes de mots.
- Proposer aux élèves dix mots ou groupes de mots extraits du début d'une histoire que les élèves liront par la suite et leur demander d'imaginer le début du récit à l'aide des mots donnés (anticipation de récit par prédiction).

D'autres jeux d'écriture sont très productifs :

- *Le jeu du si* : un élève écrit le début d'une phrase commençant par « Si… » ; un autre écrit la suite au conditionnel sans avoir lu le début de la phrase.
- *Les cadavres exquis* : un élève écrit un groupe nominal sujet, un second écrit un verbe conjugué et un complément d'objet, un troisième écrit un complément circonstanciel (à chaque fois, l'élève cache ce qui a déjà été écrit au suivant). On peut ensuite décider d'enrichir les groupes nominaux, par exemple.
- *Le lipogramme* : les élèves écrivent des phrases ne contenant pas une lettre interdite.

### PISTES DE TRAVAIL

- Éducation civique : le style de Keith Haring étant très épuré et les silhouettes de ses personnages étant assez simples, le rapprochement avec des pictogrammes peut inciter à demander aux élèves de dessiner quelques articles du règlement de l'école dans le style de l'artiste.

# Annexes

*Fiche 3*

**Document 1**

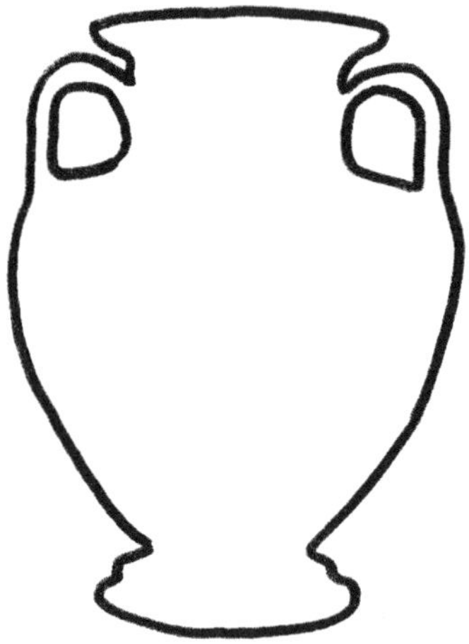

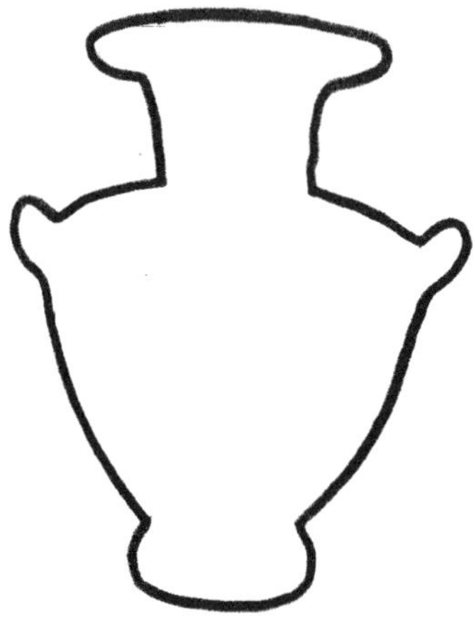

Hydrie

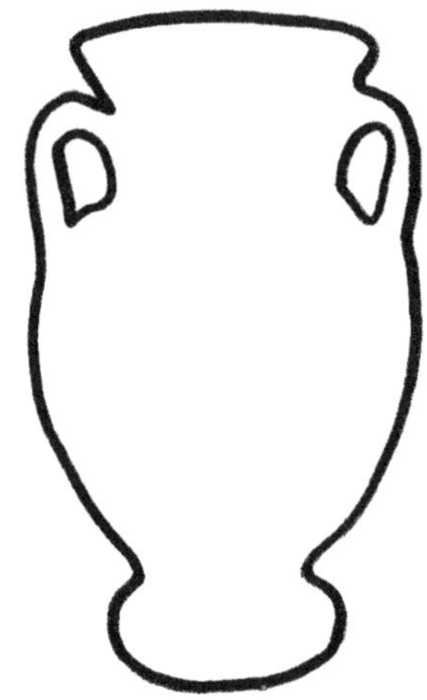

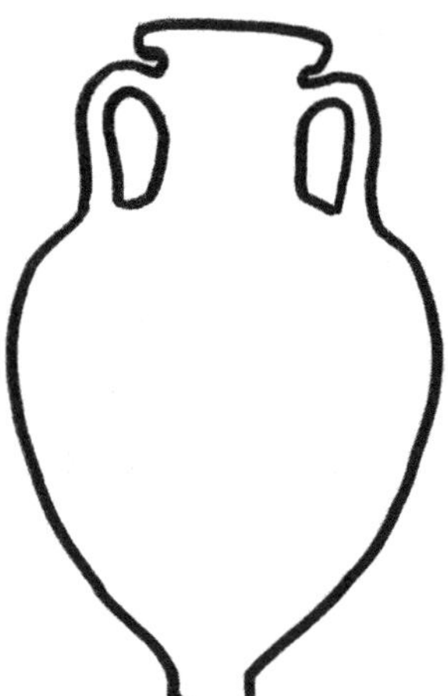

Amphore

Cratère

Lecythe

*Fiche 5*

**Document 2**

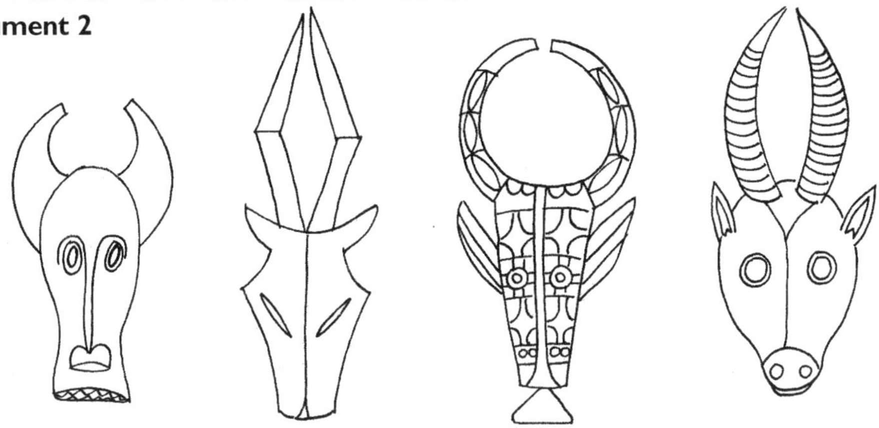

Buffle antilope
Côte d'Ivoire

Antilope
Gabon

Masque zoomorphe
Cameroun

Antilope
Côte d'Ivoire

*Fiche 12c*

**Document 3**

**Recette des sablés aux amandes**

**Préparation :** 20 min

**Cuisson :** 20 min

**Ingrédients pour 25 sablés :**
75 g de beurre ; 50 g de sirop d'érable ; 1 œuf ; 1 cuillère à café de levure ; 175 g de farine ; 100 g de sucre roux ; 100 g de poudre d'amandes.

**1.** Chauffer le four à 170 °C (thermostat 3). Tamiser la farine et la levure dans un saladier pour y verser le sucre et la poudre d'amandes.
**2.** Ajouter le beurre en petits morceaux. Le travailler du bout des doigts avec la farine.
**3.** Casser l'œuf dans un bol. Le battre avec une fourchette comme une omelette. Verser le sirop d'érable et fouetter jusqu'à ce que le mélange soit bien lisse.
**4.** Faire un puits dans le mélange farine-beurre, ajouter l'œuf et le sirop d'érable battus. Bien malaxer pour obtenir une boule de pâte.
**5.** Recouvrir la boule de pâte de film alimentaire et laisser reposer une demi-heure au réfrigérateur.
**6.** Saupoudrer le plan de travail de farine et le rouleau à pâtisserie puis étaler la pâte sur une épaisseur d'un demi-centimètre.
**7.** À l'aide d'un petit verre, découper des disques de pâte et les disposer sur la plaque du four recouverte de papier sulfurisé.
**8.** Mettre la plaque en haut du four pendant 15 à 20 min. Quand les sablés sont dorés, ils sont cuits. Les sortir du four et les disposer sur une grille à pâtisserie pour les laisser refroidir.

*Fiche 14c*

**Document 4**

- **Allure générale :** un peu voûté, crochu, tordu et fripé, maigre...
- **Corpulence :** maigre, gringalet, gros, fort, corpulent, costaud, trapu, ventru, grassouillet...
- **Visage :** rond, ovale, ridé, fripé, grimaçant, crispé, jovial, souriant...
- **Crâne :** tête d'œuf, crâne rond...
- **Cheveux :** roux, dorés, bruns, blonds, grisonnants, blancs, châtains, souples, épais, touffus, rasés, raides, fins, frisés...
- **Yeux :** petits, en amande, globuleux, bleus...
- **Regard :** vif, perçant, morne, vide, menaçant, profond, dédaigneux...
- **Lèvres :** lèvres pulpeuses, charnues, bien dessinées, fines, épaisses...
- **Oreilles :** larges, étroites, sans lobe...
- **Joues :** rondes, flasques, creuses, rebondies, pendantes, pâles, roses...
- **Nez :** épaté, aquilin, en bec d'aigle, retroussé, crochu, nez en trompette,...
- **Expression du visage :** souriant, grognon, méchant, dur, glouton, curieux, rêveur, peureux, faux, hargneux, renfrogné...

*Fiche 29c*

**Document 5**

C'est de la lumière que l'homme a tiré la plupart de ses connaissances de l'Univers. Elle permet, en effet, d'arpenter l'Univers. Les distances sont tellement importantes que les scientifiques les expriment en « années-lumière ». Une année-lumière représente la distance parcourue par la lumière en un an, c'est-à-dire 9 460 milliards de kilomètres. Ainsi, au lieu de dire qu'une étoile est à 47 300 000 000 km, on dira plus simplement qu'elle est à 5 années-lumière (5 a.l.). Cela signifie que la lumière de l'étoile mettra 5 ans à nous parvenir. On utilise aussi une autre unité : l'unité astronomique (u.a.), elle aussi inventée pour faciliter l'écriture des distances. Elle correspond à la distance Terre-Soleil, soit 149 597 870 km. On dira plus facilement qu'un objet céleste se trouve à 5 u.a. de la Terre qu'à 747 989 350 km de la Terre.

**Document 6**

Le système solaire comprend neuf planètes qui tournent autour d'une étoile – le Soleil –, une soixantaine de satellites naturels qui tournent autour de ces planètes, ainsi que des corps plus petits – comètes, astéroïdes, poussières interplanétaires.
Toutes les planètes décrivent autour du Soleil des orbites elliptiques presque circulaires. Ces orbites sont très faiblement inclinées les unes par rapport aux autres à l'exception de celle de Pluton.
Les planètes se divisent en deux catégories : les telluriques et les géantes.
Les planètes telluriques sont du même type que la Terre (tant au niveau de la taille que de la composition : roches et fer) et possèdent une croûte dure : Mercure, Vénus, la Terre et Mars. Les planètes géantes sont beaucoup plus massives et plus volumineuses. Ce sont des planètes gazeuses : Jupiter, Saturne, Neptune et Uranus. Reste Pluton, planète encore mal connue, qui apparaît à la fois comme une planète tellurique par ses dimensions mais comme une planète géante par sa constitution.

## 1. Bison se léchant (préhistoire)

## 2. Peinture murale (Égypte)

## 3. Amphore à col (Grèce)

## 4. Mosaïque aux perroquets (Rome)

## 5. Masque de bélier (Afrique)

© Photo RMN - Mathéus

## 6. Deux émeus près de leur nid (art océanien)

Djanambayngu

© Photo RMN - Jean-Gilles Berizzi

## 7. Trois pendentifs en forme de main « khamsa » (art du Maghreb)

## 8. Enluminure - Le procès du Christ

## 9. Saint-Georges terrassant le dragon (1456-1460)

Paolo Uccello

## 10. La Joconde, portrait de Mona Lisa (1503-1506)

Léonard de Vinci

## 11. François Ier, roi de France (v. 1530)

Jean Clouet

© Photo RMN - Hervé Lewandowski

## 12. Le panier de fraises des bois (1761)

Jean-Baptiste Chardin

© Photo RMN - René-Gabriel Ojéda

## 13. La barque dans les vagues (v. 1832-1833)

Katsushika Hokusai

## 14. Fruchard (1833)

Honoré Daumier

## 15. Trois études de chats allongés

Eugène Delacroix

## 16. La neige à Louveciennes (1878)

Alfred Sisley

## 17. Le vase bleu (1885-1887)

Paul Cézanne

## 18. La chambre à Arles (1889)

Vincent Van Gogh

## 19. La charmeuse de serpent (1907)

Le Douanier Rousseau

## 20. La guitare, statue d'épouvante

Georges Braque

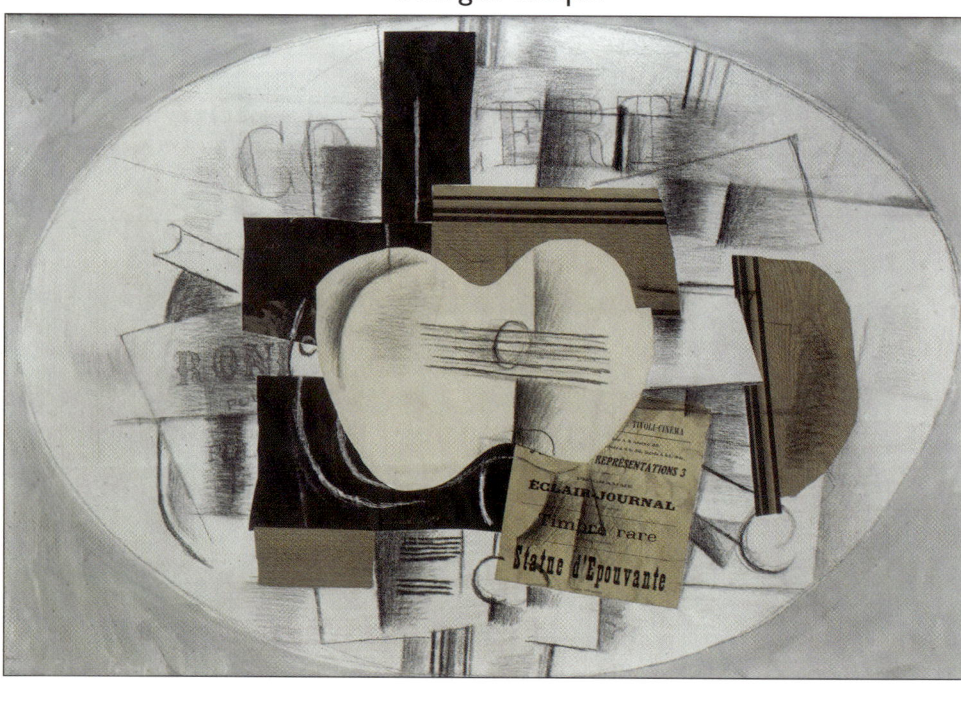

## 21. Les disques dans la ville (1920)

Fernand Léger

## 22. Croissance (1921)

Paul Klee

## 23. La tour Eiffel (1926)

Robert Delaunay

## 24. Le modèle rouge (1935)

René Magritte

**25. Ébauche de couverture pour « Verve » IV, n°13 (1943)**

Henri Matisse

## 26. Le chat (1951)

Alberto Giacometti

## 27. La bouture (1956)

Jean Dubuffet

## 28. Alom - Le rêve (1966)

Victor Vasarely

## 29. Danse de personnages et d'oiseaux sur un ciel bleu (1968)

Joan Miró

**30. Pop Shop Quad I (1987)**
Keith Haring